◇ **面试讲不下去怎么办？**

◇ **面试作答怎样答出亮点？**

U0739990

最新公考工具书

面试

◇ 编著　严冬根　陈洁欣

技巧与训练

面试常用语言汇编

适用范围

公务员面试

领导干部面试

企事业单位面试

ZHEJIANG UNIVERSITY PRESS
浙江大学出版社

图书在版编目（CIP）数据

面试技巧与训练 / 严冬根,陈洁欣编著. —杭州：
浙江大学出版社，2012.7(2021.8重印)
ISBN 978-7-308-09952-3

Ⅰ. ①面… Ⅱ. ①严…②陈… Ⅲ. ①公务员－招聘
－考试－中国－自学参考资料 Ⅳ. ①D630.3

中国版本图书馆 CIP 数据核字（2012）第 087314 号

面试技巧与训练

严冬根　陈洁欣 编著

策划编辑	张　琛(zero@zju.edu.cn)	
责任编辑	张　琛　何　瑜	
封面设计	联合视务	
出版发行	浙江大学出版社	
	（杭州市天目山路 148 号　邮政编码 310007）	
	（网址：http://www.zjupress.com）	
排　　版	杭州中大图文设计有限公司	
印　　刷	浙江省邮电印刷股份有限公司	
开　　本	889mm×1194mm　1/16	
印　　张	14.5	
字　　数	299 千	
版 印 次	2012 年 7 月第 1 版　2021 年 8 月第 2 次印刷	
书　　号	ISBN 978-7-308-09952-3	
定　　价	42.00 元	

序

　　面试是一门艺术,越来越受到人们的关注和重视,已经成为当今社会竞争的一种形式。面试也是考测考生处理人与社会、人与人、人与事、人与理的十分复杂的一门功课。面试涵盖的内容很广,社会问题错综复杂,各种观点精彩纷呈,解答的哲理性、科学性、实用性要求很高,从这层意义上说,面试确实很难。但是面试作为人们社会交往一种最原始、最直接的沟通形式,其实质是人们对社会、对工作、对生活的观照与感悟,是人们常用的一种情感交流方式。面试作为一种测检工具,只不过是提示或求解一些道理而已。从这层意义上说,面试这门功课又是浅显易学的。考生只要本着善良、真诚、仁爱和科学严谨的态度,那么面试也是可以考好的。

　　冬根先生作为一名在职公务员,近十年来,耐心细致地帮助参加面试的年轻朋友、同事、好友,解决他们的困顿,使他们走上成功之路。冬根先生因此成为有口碑的"严老师"。

　　我认识冬根先生,起于20世纪80年代。他刚从人民解放军的军营转业,一身正气,为人正直;一身才气,文笔流畅清新,在书画艺术上也颇有造诣。冬根先生勤奋好学,少时在越地农村放牛,上过几年小学。经过社会生活的历练,他逐渐成为一名理论研究者。他合编过档案出版社出版的书籍,撰写过数十篇获奖的研究论文。在辅导的过程中,冬根先生与考生相互探讨,相互研习,积累了丰富的面试经验,感悟了许多的心得体会。我多次鼓动冬根先生把积累的东西写下来,把面试的技巧与方法奉献给广大考生朋友,使他们少走弯路、少付学费。冬根先生非常赞同我的想法。

　　但当冬根先生在数月之后把一摞书稿放在我桌前时,我仍然感到惊讶和佩服。我知道冬根先生的个性:不管前面的路有多么艰难,人生一定要有梦想,一定要有所追求,只要坚持拼搏肯定会有收获;人要坚持思考肯定会取得成功。在我的朋友黄宝忠先生的帮助下,浙江大学出版社为冬根先生出版了专著《申论写作技巧50例》。此后,冬根先生笔耕不辍,他和洁欣老师合作,又为考生奉上更为实用的面试辅导书、工具书——《面试技巧与训练》。

我觉得面试对人的影响是长远的。学习面试知识,除了应考外,更多的是使我们增长智慧。学习面试知识,其实就是学习怎样做人、做事、做良心、做道德,无论世事如何变化,不管处世如何艰难,也无论你是年少还是年长,我们每个人都会在人性上或多或少存在缺点、弱点,都会在经世历俗中碰到诸多困惑,如果通过学习,感知到自我的这些缺点或不足,尽可能地弄懂其中的道理,提升自我适应社会的能力,那么我们的人生就可能多一些成功,少一些挫折,这就是面试的意图所在。

苏格拉底曾经说过:"没有思考的人生是不值得活的。"哲人的思想对于我们每一个人来说都是忠告。其实,我们每个人天天都在接受面试。生活中的人们,几乎每天都会碰到工作上的一些困难,总会遇到生活中的许多不顺,总会碰到人际间许多绕不开的矛盾,所有这些其实都是面试的题目,你答对了,做对了,就有可能赢得成功,人生就有可能多些精彩;你如果答错了,失误了,那么就有可能多些遗憾,成为教训。生活是最好的面试老师,学习面试知识就是要更多地体会生活、更多地作自我思考,领悟其中的哲理。

广大考生朋友,在《面试技巧与训练》这本书中,你会体会到坦诚,你会感悟到智慧,你会放飞梦想。当你读完读懂这本书时,你已经离成功不远了。因为,成为广大考生朋友的良师益友正是冬根先生和洁欣老师的追求。

马卫国

2012 年 6 月

目 录

第一部分　面试技巧篇

第一章　面试基本技巧

第二章　面试常规技巧

第三章 面试特殊技巧

第二部分 面试真题解答篇

第四章 面试真题作答示范

第三部分 面试常用语言篇

第五章 面试常用语言

第四部分　社会热点评述篇

第六章　社会热点评述

第五部分　精粹评论选篇

第七章　精粹评论选录

第六部分　面试历年真题篇

第八章　面试真题选录

第一部分

面试技巧篇

第一章　面试基本技巧

一、面试试什么

　　面试就是当面考试,是相对于笔试的另一种考试形式。面试作为一种考录人员、考量素质的测试方法,已广泛应用于学校、部队、政府机关、企事业单位的人员录用、岗位竞争、技术等级的测定以及日常人事管理工作中。

　　面试一般分为公务面试和非公务面试,公务面试是指公共事务管理单位或部门为了考量用人素质而推行的一种人事管理方法。广义的公务既包括政府行政部门,也包括所有社会组织、团体的带有公共性质的事务管理。非公务面试,一般称为私人面试或个人面试,在社会生活中常见的有民营企业的人员招录以及特殊行业的人员招录,甚至家庭用工都属于此类面试。

　　目前社会常规的面试种类有:各级国家行政机关、政法机关的招干招工面试,各类企事业单位的用人面试,公务机关的行政职务和技术职称晋升面试,社会各类组织的岗位竞争面试,学校招生面试以及其他人事管理面试。

　　面试作为一种相对公平公正的考录形式,其特点表现为考试方法的灵活性、考试形式的规范性、考试竞争的公平性和人事功效的实用性。考试方法的灵活性,主要是指面试方法多种多样,既可以是约谈式的、拉家常式的;也可以是讨论式的,甚至是游戏式的,更多的是考场式的。考试形式的规范性是指对某一项考录事务的考量形式具有规范性,如公务员面试、领导干部的公开竞聘面试等,其形式十分规范,这个形式包括考题、考场、考官、测评标准等都必须严格规范,不可有丝毫的随意,以确保面试的公平公正。考试竞争的公平性主要指面试相对于其他形式的考试,更具公平性。因为面试中的时间、空间,面试双方的地位、目的、作用与其他考试相比,具有独特性,具体地说就是面试的考测结果更具真实可靠,更显公开、公平、公正。面试的实用性体现在操作比较简单,应用范围宽广,考量比较科学,因而为现代人事管理广泛采用。

面试的考量内容十分丰富,可以涵盖人的思维活动、道德标准和行为素养。

面试主要考量以下内容:

1.思维能力。思维能力就是人的思想能力,能思想善思考,人就会聪颖,思维才能开阔,思想才能活跃开放。面试中的一切问题的解答都与考生的思维能力、思维水平、思维方法紧密关联。

2.临场应变能力。临场应变能力是指考生在复杂的社会环境和条件下的处事、处人、处理应对变化的能力,也就是俗称的"不变应万变"能力。

3.处理事务能力。处理事务能力也称工作能力,就是考生判断处置问题的能力,这是面试中最主要考量的内容。

4.组织指挥能力。组织指挥能力也称管理能力。管理能力包括对人的管理、物的管理、事务的管理等。组织指挥能力的强弱基本反映了人的组织管理能力的强弱。

5.人际交往能力。人际交往能力是工作能力、管理能力中的基础性能力。人际交往能力是凝聚团队力量、和谐人际关系,激发人的潜能,减少内耗,提高工作效率的重要管理能力。

6.口头表达能力。口头表达能力主要是指考生的语言表达能力、语言影响能力、鼓动能力以及组织指挥和管理中的号召力。

7.政策执行能力。政策执行能力是指考生对政策、法律法规的知晓程度、理解水平和实际应用能力。政策执行能力与社会问题的熟悉能力密切相关,一般而言,考生的政策执行能力愈强,对社会问题的熟悉程度愈高。

8.专业能力。面试一般都会涉及相关专业知识和专业工作,对考生专业能力的考量往往也是面试的一项重要内容,招录人员的目的是要完成一定的专业工作或专业任务,考生的业务知识和水平理所当然地成为考侧重点。

9.心理承受能力。心理承受能力是指人的心理压力承受能力。做任何工作都会承受一定的心理压力,因此,人的心理素质、心智高低很大程度上决定工作的好坏和绩效的高低,也基本反映了人的内在素质的高低。

10.形象影响能力。形象也是面试的一项内容。考生的形象包括行为形象和外表形象两个方面。面试中,考生的整体形象包括行为举止、穿着打扮、谈吐、气质、表情、长相等。

良好的形象也能打动面试考官,相反,不良的形象会降低考测的分值。

一句话,面试就是对考生的人、事、理、智、德、行的考量。面试中要解决的是如何处理好人与社会、人与人、人与事、事与理、理与智、智与德、德与行的相互关系。

人与事的处理,就是考生与考官通过对社会问题,即对事物认识的双向互动考问,测定考生对社会问题的认识程度,也就是考测考生对社会问题了解的程度,知晓的多少,知晓的深浅。事与理的处理,就是考量考生对社会事物运行中的基本规律、辩证关系的认知程度。如对社会政治与经济、经济与社会、社会与法制、文明与进步、文化与经济、生态与自然、资源与环境、体制与制度、人的生存与发展以及市场与计划、宏观与微观等基本社会规律的认识,通俗地说就是知晓现实社会生活中的诸多基本道理。理与智的处理,是考量考生对基本道理认知的层次与水平。道理都懂,但懂得多少,就是个"智"的问题。如对当前社会表露的高房价问题、分配不公问题、生态恶化问题,基本道理大家都懂,但如何解决这些问题,需要深层次的思考,才能有所求解。智与德的处理,就是人既要有智慧,更要有德行,有智无德,便是废品;有德无智,则是次品。辩证地看,智德又是统一的,真正的"智"是包含道德的"智"。也就是有什么样的"德",就有什么样的"智"。通俗地说就是对社会问题求解中的动脑筋想办法,是出于何种观念,基于何种力量,或者就是为谁说话办事的问题。如对分配不公问题,智者见智,仁者见仁,研究讨论一大堆,那么为何愈讨论反而分配不公现象愈严重呢?这就是智与德还在冲突协调,制度与政策还没有真正对弱势人群起作用。智与德的另一个问题是"知行合一"问题,智者常乐,智者常新,智者常仁,智者常为,是知行合一的最高境界,智者常乐是指思想者的心态,智者常新是指思想者的开放,智者常为是指思想者率先行为之实践。德与行的处理,就是考量考生既要有良好的德行,又要有处理实际社会问题的能力,这是面试的最终目的,这里不再多述。

为何要阐述上述这些问题,其用意是希望考生从中领悟到面试中的一些常理哲理,对这些问题考生如果有所思、有所悟、有所得,那么面试就不会成为一个难题了。

二、面试与笔试有什么不同

一些考生笔试成绩很好,但轻视面试,不好好学习训练,结果面试成绩糟糕,可谓前功尽弃,教训十分深刻。考生轻视面试,其实是他不知道什么是面试,以为面试跟笔试差不多,或者认为只是随便问问而已,将面试简单化。那么面试与笔试究竟有哪些不同,考生怎样认识面试,从而科学训练呢,这就是下面要讨论的问题。

既然是考试,面试与笔试有许多共同之处,比如考试内容都是社会问题,都是考测考生的思维、分析、观察和处事能力。面试与笔试的不同之处,主要表现在五个方面:一是考测内容不尽相同,笔试内容相对比较简单,一般都是社会热点问题,也即偏重于大的社会问题。而面试则不同,面试考测内容十分复杂琐碎,除了公众关心的社会问题外,还可考到家庭关系、人际关系甚至考生自己。近年面试真题中就有漫画题、伦理题、现场演示题等。二是考测形式不同。公考笔试如同高考,各省的试题、考试时间、评分标准等基本统一。而面试则由各地市或分行业划块,由相关人事部门自主组织,在考题内容、考试时间、评判标准等诸多方面自主确定,灵活掌握。尤其是企事业单位录用的面试以及竞争上岗面试,其形式更是多种多样。如2010年浙江省副厅级领导竞岗面试就采用讨论式,考官与考生一起就某个社会问题展开讨论评论,最后考官依据各考生的讨论发言确定面试成绩。另外,一些企事业单位录用面试也采用约谈制、讨论制、询问制等各种形式考测考生的真实水平。三是考测的目的不同。笔试的目的主要考测考生的政治理论水平、写作水平、分析处置问题的能力,比较着重于宏观层次。而面试考测的主要是操作性、实用性、细节性的理解处事能力。需要指出的是,公务员考试选拔的是担负行政管理职能的公务人员,口头表达能力与处事能力是有一定要求的,可以设想,如果某考生笔试成绩优异,但面试时语言表达能力很差,组织能力很弱,那么你即使有满腹经纶,也难以胜任管理社会管理人的重任。四是要求不同。对考生而言,笔试有相对充足的酝酿时间,可以慢慢作答,而面试必须在极短的规定时间内完成答题。同时笔试写错了可以涂改,而面试讲错了就难于纠正。笔试要求的是书写表达能力,而面试要求的是口头表达,甚至是肢体表达,因此两者相比面试难度更大,要求更高,考生更要花大工夫刻苦学习训练,只有如此,才有可能考出理想成绩。五是场景不同。笔试的场景比较宽松,考生紧张度不高,而面试的场景比较严肃刻板,考生容易紧张。有些面试是领导与考生面对面直试,考生更会感到异常紧张,会徒然增加面试难度。

了解了笔试与面试的区别,考生就可以量体裁衣,根据自身实际,设计面试训练计划。一般来说,口头表达能力强的考生要多从"道理"、"观点"和操作层面多下工夫;而口才一般或口才不佳的考生则要多作临场模拟演练,壮壮胆子,练好口才。有的考生口头表达能力虽不强,但只要能在"讲到位"上下工夫,也同样可以考出好成绩。

三、面试中的道与理

中国古代哲学的核心是"道",包括道家之道、儒家之道、天道、地道、人道、王道等；而西方哲学的核心是理,包括"理念"、"理性"、"原理"等。

面试就是讲道理,那么何谓道、何谓理？道,本义是指人走的道路,又引申为规律、原理、准则,如对宇宙万物的规律性认识,就是天道；人的行为规范、原则,即人道。道与理原先不是一个词,直到近代才合并成"道理",这可能与中西文化融合有关。古人对"道"的内涵又作了多方面的规定,主要有：①道,理也,即道为道理之道；②道与器相对,道为道具之道；③道即义也,道为道义之道,如圣人之道、君子之道、为官之道等；④道与德相对,道为道德之道,德是主体对道的价值认同和内化；⑤道,术也,道术之道,道术也指学术,也指三教九流五种技术工艺；⑥道,路也,道路之道；⑦道即言说,是人们为主体的思维言说之道,或谓陈述、论说之意,"道"作为言说又与人的思维相关联。

理主要侧重于对事物必然性、规律性的知识性追问,即讨论的是事物的原理、原因和根据。道与理相比,更具复杂的内涵,道置于理的前面,道为网,理为目,道为规矩,理为依据,两者合并成现在人们通常说的"道理"。

研究道与理的关系,对于面试来说大有帮助,因为只有弄懂了事物间的道理,面试问题也就迎刃而解了。

1. 面试中要懂得用"道"

有些面试题考生一下子很难用理说清楚,或者想用"理"说,但愈说愈说不清楚,究其原因主要是考生不懂得用"道"去解答去解套。如个别"撞墙题"、刁难的人际关系题等。考生善用"道"去解题,就是要求考生用哲学的观点、事物发展变化的基本规律来回答问题。这里举一个例子,各种纷繁复杂的人际关系题,如果要考生去作答,有时很难"理"出个所以然,俗话说"清官难断家务事"。但考生如果用"道"去解套,只要把握谦、诚、真三个字就能回答所有人际关系难题。"谦"就是为人要谦虚、虚心,不要傲慢自大,对人要"尊敬"；"诚"就是做人要诚实,淡泊名利,不要自私；"真"就是对人要真心、真意,自己要真抓实做。用这三个字作为关键词去作答与同事的关系、与领导的关系、与家人的关系、与邻居的关系等都会很容易作答,这就是"道"的妙用。这里再举一个例子,面试中我们经常会碰到处理诸如质量与效益、公平与效率、经济与环境、执法与服务、海洋经济与陆地经济、传统产业与现代产业、城市建设与文化保护等关系问题。有的考生因为知识面有限,加上缺乏对"道"的研究,作答就比较困难。实际上,处理各类关系题只要把握"通、度、势"三个字,一切问题都会迎刃而解。首先,两个不同的社会事物总是有联系的,也是相通的,如严格执法与热情服务的两者并不矛盾,相互可以协调,实现共赢,这就是事物间"互通有无"之道。其次,把握好"度",也就是科学有度,中央提出科学发展观,其实就是度,用儒学的解释就是"中庸之道,不偏不倚",发展经济与保护环境都有个度,环境破坏超过这个度就会影响经济,反过来,发展经济超过度,也必然会能源枯竭,破坏环境。再就是要依"势",这个势就是情势,就是因地制宜,因人制宜,因物制宜,应机制宜,说白了就是坚持实事求是。用"相通、有度、情势"这三个词去套解,所有关系题也会很容易做出解答,考生不妨试试。当然光掌握"道"的妙用,不会用"理"去证实也是答不好题的,这正是下面我们要讨论的问题。

2. 面试要巧用"理"

掌握了"道"的妙用后,还必须学会巧用"理",那么如何以理服人呢?下面介绍几种说理方法。

一是重复论理法。如关系题中的执法也是服务,服务本身也是执法的内容,这就是重复矛盾后反而消解了矛盾。又如人际关系中的谦虚,谦虚就是"三人行必有我师",就是表面看"不太懂"的人其实很懂,经常讲很懂的人其实什么也不懂。重复论理法可用排比句深入论证,如对会风不正问题的批评,可用"会议落实会议,领导落实领导,文件落实文件,应付落实应付"。二是反说论理法。从哲学观点看,好与坏、多与少、良与劣是相对的,没有好就不存在坏。因此,在面试理论时,考生可大胆采用反说法去论证自己的观点,如对看病难、看病贵的看法,考生论证"好",好就好在"民怨逼善政"、"世乱促变革"。在论述当前社会热点问题,如物价暴涨、食品安全、生产安全、分配不公等方面都可以广泛采用,反论能极大提升面试的深度,一般为考官所看好。三是旁敲侧击法。有些面试题很难直接回答,必须用"理"去外围解套。如"你到农村去做群众工作,农民不理你,你怎么办?"这道题很难直接回答,考生如果用旁敲侧击的道理去叙述,就能解套,考生可这样作答:做群众工作关键是你先问问自己,你是什么人?你来干什么?你的屁股坐哪里?这三个问题弄明白了,农民自然就会把你当朋友,当亲人,如果弄不明白,你就只能当逃兵。此答题,考生虽然不直接回答应怎么办?但答案已经有了,就是农民之所以不欢迎你,就是要求你要改进作风,把农民当父母,当兄弟,想他们所想,为他们排忧解难,把自己的屁股坐到与农民同一条板凳上,真正做农民的贴心人,只有如此,才能赢得掌声,才称得上人民的公仆。这些道理陈述后再现场发挥一些实际的行为就可以了。四是事例论证法。事例论证法就是选择你熟悉的、具有典型代表意义的、生动的现实事例,去论证考生自己的观点。如野蛮拆迁、民工讨薪、海洋污染、食品卫生等,考生都可列举一些真实生动的例子去论证。总之,面试中的道理很多,只要考生多学习多领悟,就能触类旁通。

四、怎样理解面试"天天试"

　　向生活学习是最好的学习方法,面试中的多数社会问题包括人际关系的处理,其实我们经常碰到,有的甚至天天遇到,只是你不留意罢了。比如你去上班、去学校学习,总要乘车前往,途中你如果注意观察社会,就会发现许多社会问题,比如环保、民生、住房、交通、市场等。你到办公室上班或学校学习,总会与同事、领导、同学打交道,就会遇到各种人际关系问题。你平时在家看电视看报,更是大量的社会问题进入你的视线,只要你稍加留意,就是面试中要考的问题。因此,考生要多留意、多观察生活,多观察身边的人与事,多问一些为什么?怎么办?日积累月,你就会拥有丰富的知识,就会把自己变得"很智慧"。

　　面试的科学在于对现实社会生活的真切感受与处理,作为考生要在"天天学习"上下工夫。首先,要对社会热点问题的高度关注,你可以将自己置身其中,去感受感觉,去分析思考,不能熟视无睹,更不能无视无思、麻木不仁,不管从考试角度还是从提升自我素质角度,"天天观察"对丰富自我人生是大有益处的。考生可通过日常生活中同事朋友间的探讨,通过媒体、社会对热点问题的反映,感受丰富多彩的社会生活,使自己变得充实,得到心的滋养。其次,要多留意生活中的"特别"现象,有时甚至是"怪现象",如老人撞倒要不要帮扶这类奇怪现象。同时对诸如河里的绿藻、社会重大伤亡事故、某个物品的突然涨价、某项政策措施的出台、某些人群的生存现状、某个社会矛盾的特别变异等也要留意观照。"留"就是要记住这些社会现实问题,留在自己的脑子里,以备日后使用;"意"就是要有自己的意识、看法、见解;"照"就是放在某种位置去比较分析,得出自己的结论。再次,对"天天碰"到的社会问题要注意归纳、总结、分析,理出个所以然,找到一些规律性的东西,既要耳闻目睹,更要入脑思考,如此这般,那么考生还会惧怕面试吗?

"面试天天碰"还有一个重要的效用是当你收集掌握了足够的素材时,你就会有话要说,面试中需要的实例就会信手而至,生动贴切,评论有据,可谓心中有物,临场不慌。如对马路上老人摔倒要不要帮扶问题,其实帮扶的是道德,是良心,这样的观点就比较深刻。

五、揭开面试高分的秘密

面试成绩的高低直接决定考生是否成功。经验告诉我们,要想面试取得好成绩,必须研究其中的技巧与秘密,在现实生活中,一些原本口才较差、自身知识储备很一般的考生,通过短期训练,在面试实战中取得较高的分数,研究其中的奥秘,主要有这样几个要素,供考生参考。

一是考生要自信、大气。所谓自信就是考生自己对自己要有信心,面试其实既难又不难,掌握了要领就能应对自如,不得要领就会心慌心虚。作为一名想当公务员的考生,自身一定要树立干大事的意识,战略上要视面试为"小菜一碟",因为面试说到底是拉拉家常,谈谈看法而已,考生根本不用紧张。心理上要树立题目愈难愈好的竞争意识,因为题目愈难,自己愈能脱颖而出,绝不要被难题吓倒。所谓大气,就是要尽可能"扮得"老成、老到,公务人员重要的职能是管理,作为管理者本身必须要沉着稳重,遇事不慌乱,否则怎能履行好职责。大气的另一表现是考生在答题中要有一定的思想认识高度,要在处理问题作答中既有宏观把握,又有微观的处置艺术,也就是既要就事论事,又不能就事论事,作答中多用一些照应、辩证、创新,充分显示考生的大气。

二是注重自身形象。形象是可以设计的,考生报考何种岗位,就一定要将自身的形象设计成与岗位要求相匹配,如报考国家行政机关、党委及政府办公厅(室)的公务员,考生就要穿正装、修脸面、理头发、穿皮鞋,给考官第一形象就是"很像个公务人员"。如果考生穿得过于休闲,甚至不修边幅,那么就"很不像"。形象设计也是面试的内容,试想如果考生连岗位"形象要求"都不知道,那么其知识面肯定是有限的。考生要根据自身的条件,扬长避短,尽量把最好最光彩的一面展示给评委。考生要依据自身的身高、胖瘦、肤色、长相等根据岗位要求作适当的形象修饰。如个子较小的考生可以从鞋子、衣服样式上作些处理,小个子考生也不必自卑,个子不高但智商高、气质好,照样可以赢得考官的赞许,光有个子或长相,如果"草包"一个,又有何用呢?当然,形象塑造还涉及面试时的礼貌、行为举止等。有一真实的面试实例,考场中考官有意设计在桌边上放一香蕉皮,如果考生进入考场后能将香蕉皮放入纸篓,就评为过关,否则就定为淘汰,这很有道理,因为一个公务员如果连起码的行为修养都没有,他怎么能胜任公务管理?怎么能为民谋福呢?在西方一些国家,将仁爱作为公务员的首要标准,其他如专业技术、管理能力、社会影响都为其次,试想,一个公务员如果缺失对百姓的仁爱之心,那么他再有能力,再有本事也是不合格的。宁波市将孝敬作为公务员考核重要条件也很有道理,是人事管理的一种进步。

三是作答问题富于创造。面试作答中把握好层次、条理、观点、阐述固然重要,但更重要的是考生要有独特的思维与处事方法。要注意对社会问题中异端的寻找、分析,尊重异端、修正异端、挖掘异端、利用异端。这里的异端是指对社会问题的不同观点甚至相悖的观点。社会进步一定意义上是由异端推动的,有异端才能争议、讨论,有异端才有创新改革,没有异端就会"死水一潭"甚至社会退步。如在 20 年前,有人提出"酒驾入刑",肯定被视为异端;又如 10 年前,有人提出创办"民营银行"也肯定被视为异端;第一个吃螃蟹的人,当时也会被人耻笑。随着社会的发展进步,有些原本的异端,现在成为社会活动的常态,这就是创造。考生要领悟其中的道理,面试中多注意创新,提出自己的思想与观点,这正是面试的目的意义所在。一些成功人士正是巧妙利用异端而取得成功的,学界如此、商界如此、政界也是如此。

如何创新自己的面试,考生要对热点社会问题的评论多留意观察,再作些自己的思考,看看哪些可用哪些暂不可用,不要过分迷信专家、迷信文件、迷信法律,要相信自己,肯定自己。当然,创新面试中的观点、做法需要考生平时下工夫刻苦学习,绝不是"拍脑袋创新"。

四是自始至终绝不放松。面试一般有三四道题,有较容易的,也有较难的,一些考生在面试中往往只注意作答好熟悉的题目或较难的题,作答中对基础题不重视,马虎作答;有的遇到难题后,丧失信心,胡乱作答,应付了事;有的自恃能力强、口才好,轻视面试,话说了很多,但许多表述只是泛泛而论。所有这些毛病,考生必须认真克服加以纠正。正确的方法是,绝不放过小题、易题,作答好难题,自始至终保持"精良"状态,这如同高考一样,作答时不能"偏答",有些考生难题答得很好很圆满,就是一个小题答偏,甚至答错,给考官一个不好印象而得不到高分,教训十分深刻。

总之要想面试取得高分,必须注重细节,注重理性,注重事先充分准备,注重创新,注重追求整体效果。

六、什么是面试中的"德试"

　　"德试"是指面试中对考生的道德品质测试。道德测试将在面试中愈益重要突出,因为社会的进步,公众对公务员的道德素质要求愈来愈高。

　　道德是个无形的属于意识、精神方面的东西,在短短的十多分钟测试中,怎样体现考生的道德水平呢?其实在多数面试题中,都会涉及道德问题,如自我认知中的自我评价、家庭情况陈述以及对民生问题的理解等都有道德成分,只是隐含于答题中而已。在以后的面试中,用人单位与考官都会更加重视对考生的道德考量,中央和各省市已经明确这方面的规定。事实上,所有用人机关单位都需要德才兼备之人才,人称"有才无德"是次品就是这个道理。

　　作为考生如何在面试中把握好"德试"呢?

　　首先,考生要注意平时的道德修炼,加强对公德、私德的学习理解,如"八荣八耻"学习教育等,并注意身体力行,只有考生真正树立仁爱、报国、廉洁、谦卑、尊上、奉献等美德,才能在面试中坦然表露,展现自己的人格魅力。

　　其次,要对社会热点问题有个基本道德判断。如对见义勇为、团结互助、尊老爱幼、大公无私、乐于奉献、民生至上、扶老携幼等公序良俗,要有正确的理解与判断。面试中有时考题往往出得比较含糊,或者说社会上还有争议的道德行为,如"行人摔倒在马路要不要帮扶"这类问题,作为考生有时不要去钻牛角尖或纠缠于具体细节,要多从社会整体道德层面去评判问题。如对"老人摔倒马路"要不要帮扶问题,这是十分简单的社会问题,作为公民如见死不救、见危不帮那就不是一个合格公民,社会也不是一个正常的社会,也就谈不上建设道德社会。道德问题解决了,至于怎么帮扶,问题就简单了,如加强立法立制,普及救护医学知识,对诬陷者予以处罚,建立见义勇为基金等。

　　考生千万要注意的是,面试中的道德测试与社会现象是两个即联系又有区别的问题,面试以道理见长,许多社会现象在短时间内往往有违伦理道德的,但又是得到社会认可的,如医院对无钱患者的救治,没有钱就停药、等死,虽是不道德的行为,但作为医院又有几分无奈。考生要注意从两方面,即道德层面和社会矛盾层面去解答,但要重"德行",也就是在肯定道德前提下再去作行为上的修补照应。

再次，以"德"突围。许多面试考题表面看并不涉及道德问题，但作为聪明的考生要找到表述道德的"触点"，以"人不讲我讲"的独特思维去突围作答，往往起到显著效果。可以这样说，所有的面试题中都涵盖道德问题，就看考生有没有"慧眼"。比较明显的如食品安全、民生问题、"三农"问题、政府服务问题等都体现道德的作用。有些不明显的考题如水利建设、环保生态、自主创新、转型升级、文化建设等表面似乎不太涉及道德问题，其实个中都有道德问题。水利建设是积德修善之事，是为子孙后代造福之事，这就是道德；由于环境污染，出现了许多的癌症村、断子绝孙村，也是道德问题；自主创新中对技术人才的重用也是政治道德问题；转型升级中对小企业的帮扶，对企业主的精神支持、金融支持说到底也是"见危帮扶"，也是道德问题。文化建设中加强扫黄管理、网吧管理以及腐朽文化的整治更是道德问题，如果考生对文化德治表述为"当今道德文化建设显得尤为重要"，这就起到突围的作用。

最后，道德扩展。道德扩展是对社会某个问题的道德评断时扩展到其他社会问题，也就是可以从"甲道德"扩展到"乙道德"，如对食品安全的评述，从无良企业主的道德沦丧扩展到监管者不作为的政治道德、职业道德缺失，还可扩展到社会层面的以利是图、道德下滑。现实生活中，做人的道德、做事的道德、处世的道德、社会公德、政治道德、经济道德、商业道德、职业道德等往往不是孤立的，而是相互影响、相互作用的，这是道德扩展的内在联系，考生要注意把握应用。

第二章　面试常规技巧

七、面试中的"撞墙题"答题技巧

所谓"撞墙题"是指操作题中那些"碰鼻子"题型，如"你是公安机关的一名警察，领导要你去处理调解某村村民打架纠纷一事，但村民不理你，你怎么办？"又如"你是政府招商局的一名公务员，领导指派你去某市商谈招商引资事项，对方不理你，你怎么办？"这类考题在政府机关、政法机关以及企事业单位招录面试中比较常见，考生作答有一定难度，但是仔细分析，这类题在我们日常工作生活中经常遇到。打个比方，你是个产品推销员，你到社会推销某一产品，90％以上的单位或用户会当场拒绝，将你拒之门外，这是正常现象，但推销员的职责就是想把产品推销出去，"撞墙"也得把"墙"撞开才行。在政府机关、政法机关以及企事业单位工作中，经常遇到要向兄弟单位、部门求助协作，一些单位由于各种原因，拒绝与你协作，这也是工作中经常碰到的问题，能否公关做通对方工作，达到自己的目的，这就是考测你能力水平的一个标尺。

作答好面试中的"撞墙"题，考生首先要弄清考测目的，面试考测你的不是办事是否成功，而是考你如何应对，也就是应对过程是否得体有效，至于对方最终与你协作不协作，那是另外一个层面的事情，也就是考生不要钻牛角尖。其次，作答此类考题时，考生要抓住几个关节点：一是对问题的总体评价，即对"撞墙"题中的事物要有个综合了解，有个客观定性，也就是"对方不合作很正常"。反过来说，如果你到一个单位请求协助，每次都很顺利，那么考你什么呢？再说，如果某个推销员每到一处都能顺利推销自己的产品，那么大家都当推销员好了,这是不现实的。二是对公关过程要选择好横向作答还是纵向作答。所谓横向作答,就是抓几个关键词去解套题目,纵向作答就是按时空程序分阶段解套。

下面举一实例进行分析,题目是"你单位要组织一台大型国庆文艺汇演,领导指名你去向某艺术院校求助艺术指导,你到院校后,对方不支持,不协作,你怎么办?"面试是一个"说圆"的过程,好比有根绳子打了个"死结",你去解怎么也解不开,但如果抓住绳子两头使劲往中间推,三下五除二就解开了,面试也就一个道理,对这道题的解答可采取两种方法。

第一种,纵向作答。即按时间顺序作答,将公关过程分为三个阶段,即热情服务,巧妙接近;随机应变,争取支持;迂回公关,达到目的。考生可这样作答:

请求艺术院校的支持,我主要采取三种公关方法:第一,热情服务,巧妙接近。我到院校领导办公室后,进门要有礼貌,我是一名人民警察,进门要喊报告,要向校领导敬礼,先给领导一个好印象。同时可以随机给领导提供一些服务,如倒茶之类的,显得尊重对方。如果在请求后,领导不同意不支持,那也不要紧,因为有些时候领导很忙,或者马上要去参加一个会议,或者马上要接待重要的客人,领导起初将你拒绝也情有可原。如果我初次上门求助,校领导正在与他人商谈事情,那么我是万万不能贸然进门的,要等待时机。如果首次上门,校领导回绝我的请求,我可以将准备好的相关材料,如文艺演出的规格、哪些领导出席等书面文本放在校领导桌上,以期领导有空时阅读我的来意。第二,随机应变,争取支持。我的办法是通过各种关系,想办法弄清校领导不支持的原因,对症下药,连续公关,比如是否艺术指导的酬劳问题,系统管辖体制问题,交通问题或与本单位原先关系问题或者人手确实紧张问题等。弄清以后想法再次公关,修正请求策略,多给领导诚意,多为对方考虑,我想通过我的真诚努力,领导一定会改变决定,支持我们的工作。第三,迂回公关,达到目的。我可以用手机短信形式或者通过我的同学、老师、领导等各种关系,帮我做校领导工作。我想采取上述三种办法,艺术院校一定会同意为我单位提供艺术指导的。在商业经营中,采购或销售人员第一公关的对象是"门卫",一个单位的门卫非常重要,他可以为你提供各种信息,为你挡住其他销售员入门,为你成功销售提供帮助,许多销售人员不懂此理,往往连门都摸不到。可见迂回公关的重要。

第二种,横向作答,抓住几个关系要素进行公关。考生可以这样作答:请求艺术院校艺术指导,我的公关办法是六个字:真诚、坚持、理性。真诚就是公关中态度要诚恳,服务要热情,请求要讲礼貌,要尊重对方,求得对方的理解支持,我会向校领导详细介绍我单位文艺演出的规格,我单位艺术水平的差距,对请求艺术指导的渴望,以及对艺术事业的尊敬等,使校领导体会到我的诚意和尊敬。同时,真诚地为领导提供一些倒茶、抹桌子之类的服务,接近与对方的距离。坚持就是不能对方不同意就放弃。对方不同意支持可能出于许多原因,比如没真正弄清你的来意,没有书面请求,或者经费问题等,对此,我要多为对方考虑,尽可能满足对方要求,本着换位思考的原则,我会趁领导空隙时间再做公关,同时我也会用手机短信,或通过朋友、同学、领导等各种关系做校领导的工作,以达到对方支持的目的。在公关中,要坚持理性,做到不急躁,实事求是,不说大话空话,以低微谦逊的姿态去说服对方。不能认为自己单位多大多了不起,那样只会事与愿违,把事情搞糟,我会与领导这样说:我们公安民警文化生活十分单调,平时没时间看演出,国庆汇演大家都当做节日,排练节目十分认真,但苦于艺术细胞太少,请领导支持我们,如果老师能抽出时间帮我们一下,我想通过我的努力,校领导一定会帮我们的,我们会给你们敬礼的。

一般而言,面试中的"撞墙"题考生只要把握真诚、虚心、坚持、迂回攻关这样几个关键词,再套入题意作答就会解套的。

八、人际关系题答题技巧

人际关系题是面试中最常见的考题,因为所有公务活动都会涉及人际关系,集体中的团结共事是对每一个公职人员的基本要求。人际关系十分复杂,社会矛盾也十分复杂,处理好人际关系是发扬团队精神、提升公务管理水平的重要保证。人际关系在面试中主要涉及上下级关系、同事间关系、领导之间关系、与外界社会人士的关系,包括干群关系等。

作答人际关系题之前,考生首先要把握三个作答要素。一是人际关系中的矛盾是客观存在的,多数也是正常的,没有矛盾就没有世界。二是人际关系中的矛盾是由三种因素造成的,即人的名利思想、人的道德修养、人的自我作为所致。只要不计名利、谦虚谨慎、带头实干,一切矛盾都会解决。三是人际关系是可以处理好的,关键在于自身的素质。

考生只要掌握上述三个要素,任何人际关系都可以迎刃而解。面试中,无论遇到怎么样的人际关系,都可以用上述三种方法去解决。这里举一实例解答:题目为"你同事工作能力不强,你工作能力很强,为完成一项重要任务,领导指派你去与这个同事共同完成这项任务,但同事不与你合作,你怎么办?"这是一道如何处理与同事协作关系的题目,也即人际关系题。考生作答时可以分几个层次表达。

第一层次为:①这是一道与同事协作共事的人际关系题;②我觉得这个同事不与我合作很正常,因为人总是有自尊心的;③我要冷静分析,理性处理。

第二层次为:我与同事合作主要本着"三个心",即虚心、诚心、真心地与同事合作共事。

第一,虚心向同事学习。我的同事虽然办事能力不强,但他肯定有业务专长等其他方面的长处,我要虚心向他学习,向他求教,三人行必有我师。与同事的协作也好,处理与他人的关系也罢,很多时候是因为你不谦虚,自以为是,骄傲自大,不把别人放在眼里,那么自然不会处理好人际关系,只要虚心地先当小人,后当君子,才能与同事搞好关系,赢得同事的理解、尊重继而相互配合。

第二,诚心待人。诚心就是淡泊名利,世界上所有的争斗都源于名利,国家如此,单位如此,家庭如此,人与人之间也是如此。我会真诚地跟我同事表态,如果这项任务做好了,成绩归你,做得不好,有什么问题,责任我挑,如果有什么奖励归你,我只是做好工作而已。用真诚去打动我的同事。

第三,真心对待工作。人际关系处理不好,很多的是发生在当事人眼高手低,讲话头头是道,干起工作来拣轻怕重,怕苦怕累。我会在与同事的共事中不摆架子,苦累脏活干在前,加班加点做在前,用自身的踏实工作来赢得同事的尊重。我想只要我本着这"三心"去和同事合作,哪有他不配合的道理呢?

上述作答方法既简单又入理,答题生动理性,滴水不漏。这种答题方法的要领是先找到关键词,再将问题穿插其中,也即"夹叙夹议"法去圆满解套。有些时候,面试答题不要直接切入具体细节,那样你讲半天也讲不清楚,既没有条理,又显得婆婆妈妈不得要领。

处理上下级关系也是同样,要找到论理的几个关键要素,如"领导看不起你,刁难你等,你如何处理"。这里撇开具体不讲,要先抓道理要素,即领导看不起我也很正常,因为我新到一个单位,业务不熟,工作也没有成绩,领导不可能一下子器重我。答题要素就是"正常"。另一个要素是"自我认识"。处理与领导关系关键是自身素质、修养与能力,如果自我认识正确,努力工作,不计名利,一心扑在事业上,管他领导看得起还是看不起,天长日久总会有个客观评价,再说干工作也不是为了某个领导而干,这里的要素是"理性对待"。再一个要素就是自我奋斗。用上述三个要素去解答就能较好解决问题。下面用实例解题,题目为:"你到一个单位工作后,你的两个领导之间有矛盾,一个器重你,一个看不起你,某日两个领导同时给你布置一项任务要你去完成,你怎么办?"这是一道真题,考测你如何处理好与领导的关系,以及如何同时完成两项工作之难题。考生可这样回答:

①我觉得领导之间在工作上有矛盾非常正常,但是,这与我无关;

②个别领导看不看得起我,对我不重要,重要的是自己如何做好工作;

③我的处理办法是:首先愉快地同时接受两个领导布置的任务,然后根据轻重缓急,安排好自己的工作,我觉得许多工作有时是可以穿插进行的,也是可以同时做好。我会想方设法把这两项任务出色完成好的,交给领导一份满意的答卷。其次,自己要加强修养,对领导

要一视同仁,不能厚此薄彼,搞小宗派、小圈子,要尊重领导,服从分配,多请示汇报,以自身良好的德行和大气来与两位领导处理好关系。再次,提高自身的工作水平和能力,个别领导看不起我,可能不是他个人偏见,而是我的能力问题,因此,关键是通过学习锻炼,提升自己的管理水平与业务能力,我想只要本着坦然、虚心、实干的态度,工作能做好,任务能完成,领导关系也能处理好。

人际关系还有许多种题型,如办公室同事冷淡你,领导批了违规的报告要你办,群众工作中的老百姓不理你等。作答这些题目时,考生一定要理性地找到几个关键要素,一般是"很正常"、"加强自身修养"或者"努力工作"等去解套。如办公室同事冷淡你,首先要理性看待,你新到一个单位,同事不与你亲近也很正常,因为不熟悉你,也可能是你业务能力太差,大小事情做不好,同事当然会冷淡你,要多从自身找原因,是不是你自身修养不好,礼貌不周,工作懒散,或者说话不得体等,同事冷淡你总是有原因的,要理性对待,理性处置。还有领导草率批了个报告让你去办,你办了就是违反制度,不办就是得罪领导,作为考生要动一下脑子,分析一下客观实际。有的领导草率批了条子是因为工作太忙,无意识地做错事情;有的领导是对政策制度掌握不够好造成疏忽;还有的领导批条子是由于本身单位职能不清而草率行事。作为考生就要理性作答,一般的套路是及时汇报,向领导讲清政策制度,对领导礼貌尊重,同时多给领导出好主意、提好建议、当好参谋,领导总是会理解支持的。面试考的是常理,不是钻牛角尖,考生要切记这个道理。

九、两难题答题技巧

所谓"两难",就是指通常生活、工作中碰到的左右为难的问题,如领导今天要你参加重要会议,但你的家人正巧生病需要你去医院陪护,此时,你左右为难,到底该怎么办?事实上,两难问题我们经常遇到,但如果处理不好就会影响工作、生活。

面试中的两难题一般分为"人"的两难与"事"的两难。"人"的两难是指在处理人际关系问题上左右为难,如有个出国学习机会,名额只有一个,你和你的另一个同事都符合条件,你如何对待。还有如职称、嘉奖等问题,人与人之间竞争激烈,一般公职人员都会碰到此类难题。"事"的两难主要指遇到两件同样重要、同样紧急的事怎么处理,如上面提到的开重要会议与陪家人就医就是个"事"的两难。

解答两难题时,考生首先要弄清面试的规律,面试时要对某个事物作出你认为最适当的安排,也就是"说圆"就行,主要考测你的处事处人能力,而绝不是要你回答结果。两难题的答题技巧主要分以下四个层次去处理:

第一,选择一个你认为恰当的人或事去"说圆"。如题为"领导要你完成一项重要任务,而此时你的家人正在医院急需你去陪护处理,你怎么办?"回答这道题时,你可以选择先完成重要任务,也可先去陪护家人,随选一个没有问题。因考题不考你选择先做什么,而是考测你怎么去处理好这对矛盾。当然,一般而言,作为考生是年轻人,刚参加工作,应以事业为重,首先"完成重要任务",比较容易表述,当然你也可以选陪护家人,只要理由充分也可以答好。

第二,说出选择理由。面试时,考生面对的是一个词语十分简单的考题,对事物的表述则可以随意自由发挥,只要符合逻辑、符合常理就行,只要能"自圆其说"就行。当然,考生在陈述理由时也要抓"点",要一二三,要讲究层次性、逻辑性,不能乱说一气。如考生选择先去完成重要任务,可表达为:①任务重要必须服从;②技术业务需要,必须亲自参加;③家人还有姐妹陪护;④可以利用通讯工具及时联系解决,尽量做到工作与家庭两不误。如考生选择先陪护家人,其理由是:①家人病危,无其他亲人,必须亲为;②重要任务有同事完全可以承担;③在简短处理好家人后立即去做重要任务,或在处理家人事务时,同时通过其他方法处理好重要任务。

第三,注意照应,多讲道理。考生要牢记"事是死的,人是活的,理是可以讲的"。如考生选择陪护家人,那么考生就可以陈述:对于公务人员而言,孝敬父母亲人是一种道德要求,体现了一个人的基本素质,其实在许多时候,只要科学协调,合理安排,完全可以处理好工作与家庭的矛盾,关键是看你的能力和水平。如考生选择先做重要任务,就可这样陈述:作为一个年轻的刚参加工作的大学生,应该以事业为重,勇于担当责任,无条件地服从命令,听从指挥,当然我觉得,在工作与家庭发生矛盾时,既要全身心地做好工作,也要讲求工作效率,妥善处理好家庭困难,尽可能做到"两不误"。

第四,理性表述,提升答题质量。所谓理性,就是对两难的人或事多作理性阐述。下面以真题为例,题目是:"你是一名派出所民警,你勤奋敬业,为民做了许多实事好事,但群众对你还有意见,有的不法之徒甚至扬言要报复你,你如何处理这些问题。"考生在答题时需要十分理性、淡定。考生可这样作答:对于上述问题,我的处理态度和方法是:①虚心接受批评意见,群众对我的工作还不十分满意,说明我的工作还没做好做到位,要真诚地与群众沟通,听取意见建议,及时改进工作质量和提高服务水平。②群众对执法工作还有意见,说明我们在作群众宣传工作、普法工作上还不到位,个别群众对法制不了解、不熟悉,这正是我要注意改进的。③对个别不法分子采取恐吓威胁手段,作为一名执法者,一是不惧怕不退缩,只要有利于社会安定,有利于促进民生,我会义不容辞地为民严格执法,不辱这身警服,哪怕牺牲生命也在所不辞;二是依法处置,绝不手软,维护法律的尊严。

两难题其实在我们的工作社会生活中经常碰到,有时甚至每天碰到,只要理智地思考,理性地决断处置,就会化解难题,享受工作生活的乐趣。

十、多难题答题技巧

面试中的多难题是指在一个考题中涉及考生如何处理人与人、人与事、原则与制度、法律与亲情等十分复杂的问题。这类考题较多出现,考生要重视解决。

题例:"你是一名财会出纳人员,你的亲友来报销一笔费用,领导已作同意报销的批示,你在办理时发现不符合财务规定,你怎么处理?"

这道题涉及考生与亲友、考生与领导、考生执行财会制度等诸多层面的问题。处理不好会出现得罪朋友,得罪领导,违规违纪的后果,但这类事情又在现实生活中较为常见。作为考生在作答时既要"旁敲侧击",又要"就事论事"。考生可这样作答:作为一名财务人员,负有单位经济财务管理相关职能,必须认真负责,尽心尽职,我的方法是:首先,热情服务。作为一名财会出纳,不管服务对象是熟人还是生人,都要一视同仁,笑脸相迎,周到服务。对我亲友的报销问题,我会耐心地让他等一下,放一放,让他放心,我会去正确处理,绝不可态度生硬,一推了之。其次,及时与领导沟通,讲清财会制度,为领导当好参谋,争得领导的理解与支持,相信领导也会通情达理支持我的工作的。再次,积极想办法解决问题,亲友的报账不符合财会制度是因为开支渠道不当与事先没有相关报告所造成的,我会帮助亲友补办开支报告手续,同时与相关领导和部门协调开支渠道,圆满解决这个问题,做到亲友、领导满意,自己执行制度满意。

面试中的多难题还有较多的执法矛盾问题,这类考题主要考察考生如何处理与群众的关系,与领导的关系,与同事亲属的关系以及与法律法规的关系。碰到此类题目,要抓住几个"道",即"服务"(服务大局、机关建设)、"民生"(民生至上、群众利益)、"严格执法"、"公关协调"(与领导关系协调、与兄弟单位和部门协调、与群众关系协调)。再将这些"道"贯穿于具体事例中,考生要充分发挥自己的主观能动性,多对事物作延伸性扩张,再加上表述要讲究层次、逻辑,这类考题也是可以答好的。

为使考生熟练掌握多难题作答技巧,下面再举一实例解答,题目是:"你是一名城管执法公务员,你的执法范围内有一条街道上有许多无证摊贩,领导督促你去整治,摊贩都是失地农民,不愿搬离,你怎么办?"这是一道多难题,涉及执法、与领导的关系、与民生的关系等。考生可这样作答:我的处理方法是:①冷静分析,理性处理。失地农民摆摊做生意是不得已而为之,要以疏化堵,主动出击,作好摊主的政策、法规宣传,要求其依法经营,服从城市管理;②积极帮助摊主办理经营执照,使其合法经营;③给领导出主意,出谋划策,创建城管与商贩共建文明活动,把服务商贩作为城管的职责任务,开创人性化城管新模式;④与相关部门、社区协调专门开辟失地农民摊位一条街,妥善处理好交通、商贩经营和方便市民生活三者关系,为建设服务型政府作出自己的努力。相信通过我的工作,达到和谐的管理效应。

十一、面试操作题答题技巧

面试操作题范围很广,这里所说的操作题是指考生假定为公务人员,如何组织领导管理工作的题目,如"假如你是镇文化站站长,你觉得应该怎样抓好镇里的文化工作?"又如"假如你是乡镇分管工业的领导,你镇小企业普遍缺乏资金,有的面临倒闭,你怎么解决?"又如"假如你是市政府办公室领导,某日有数百村民到市府上访诉求有关拆迁赔偿问题,你如何处置?"又如"你是一名政法机关宣传干部,你单位某干部在社会公共场所行为失态,被媒体曝光,领导要你负责应对,你如何处理?"

实际操作题一般为面试必考题,是分量较重的考题,此类考题考测考生的知识水平、认识水平、法制水平、管理水平以及处置能力,是一项要求很高的综合性考试。对此,考生要把握这样几个作答技巧:一是迅速大胆转换角色,考生在答题前就要立马将自己置于考题中的身份位置,这样才能得体作答。二是要迅速理出几个"道",即对所操作的问题理出几个处置原则或规则。三要设计几个操作框架,就是先做什么后做什么。四是要突出重点,注重创新,发挥自身主观能动性。五是注意照应,将其"说圆"。

下面以真题作一示范解答:题目为:"假如你是乡镇文化站站长,你怎样做好你乡镇的文化工作。"考生的作答思维为：我是文化站长→文化工作要素为体制、人才、资金、群众、重点文化项目→确定表述要点为体制、资金、创新活动载体、人才→找新意亮点→文化、文化广场、群众文化、一台精品剧目→照应→群众性、务实性、创造性。考生可这样作答：①作为文化站长，我对发展我镇群众文化主要采取以下方法：第一，健全我镇文化体制机制，成立乡镇小文联，推举乡镇主要领导为文联主席，同时着力抓好三队、三馆、三室建设，即成立镇业余文艺演出队、篮球队、秧歌队，投资建设好镇文化馆、图书馆和运动馆，抓好乡村的图书阅览室、文体活动室、老年活动室。第二，争取资金，加大文化投入，积极争取县里镇里财政支持，同时发动企业主投资文化产业与文化联姻。第三，抓好场馆建设，对镇里和各乡村的文化硬件设施建设要逐步建设到位，力争在两三年内建成基础文化设施。第四，引进文化人才，招收培养一批专业的有一定特长的文化体育人才，提升文化工作档次，同时与相关文化院校联系，争取支持，定期给予文化辅导。第五，着力培育一批特色文化精品，花工夫创作排练一台剧目，在省内具有一定影响力，同时重点加强秧歌队、秧歌舞的传承与创新，成为我镇的一张金名片。作答这类操作题，考生要结合自己平时感知学知道的东西，灵活运用到答题中去，另外也可以某乡镇的样板文化工作作为参照物去"复印"陈述，一般都能答到点子上，答出新意。

为考生方便练习，下面再作一示范作答。题目为："假如你是政法机关宣传干部，你单位某干部在社会公共场合行为失态，被媒体曝光，领导指定你去应对，你如何处理？"这是一道如何处理舆情的考题，也是一道真题。考生的作答思路为：我是宣传干部→我单位某干部行为不端→媒体曝光指责→接受应对任务→迅速应对，提出方案→迅速弄清事件真相→实事求是公布事实→提出明确处理意见→整顿干部作风→健全干部监督制度→跟踪收集事后信息。考生可这样作答：作为一名分管宣传的干部，我对这一媒体舆情事件应付如下：首先，迅速向领导汇报情况，提出应对基本方法，同时迅速通过各种渠道，包括找当事人谈话弄清事件真相，最大可能地收集到人证物证，以确定事件性质。其次，根据案情提出处理意见，提出停职待岗的先期处理意见，报组织批准后，上网公布事实真相与处理意见，以单位名义召开与媒体沟通会，向社会坦诚承认错误，接受社会监督。再次，建议召开机关干部大会，通报案情，通报处理决定，及时出台《机关工作人员社会生活十不准》规定，迅速抓好落实。最后，根据网上信息反馈，及时作出妥然回应，尊重舆论，接受社会监督。

十二、面试观点题答题技巧

所谓观点就是人们对某种社会现象的见解或看法。比如当前社会流行的"一切向钱看"就是一种观点。观点的形成与人们的世界观、人生观密切联系。

面试中的观点一般分为这样几类：一是绝对错误的观点，如"人生就是享乐"、"有钱就是幸福"、"群众都是刁民"等。绝对错误的观点往往把事情说得很绝、很死，或者严重违背社会常理，违背辩证科学的哲理，违背社会发展的一般规律。对绝对错误的观点考生比较容易辨识。二是既对又不对的观点，如"行人闯红灯一律罚款"，对这一观点的认识，如果法律有此规定，那么这个观点是正确的，是维护交通秩序的必要措施。但是，如果法律没有规范，交警管理还没有这个能力，市民素质也与此差距甚大，社会公众还不能接受，那么这个观点是值得商榷的。又如"只要加强监管，食品安全就能保障"。从字面上看，这一观点并无不妥，搞好食品安全必须加强监管。但从宏观看，食品安全涉及许多方面，有企业问题、不法分子赚黑钱问题、监管问题、制度与体制问题等，光有监管是不能彻底解决食品安全问题的，应该采取科学的综合措施。三是绝对正确的观点，如"城市建设必须保护传统文化"、"孝顺仁爱应当列入干部考核"、"传统文化必须传承创新"等。绝对正确的观点也很好理解，这里不再多述。

面试中的观点题题型很多，考生要注意识别理解，常规的出题形式较多的是既对又不对的，或者叫观点不全面的为多，考生如果仔细想想，考题中的观点如果绝对正确或绝对错误，那么它要考你什么呢？下面以真题为例，详细解析观点题的答题思路。题目是：对我国粮食安全有专家提出四种思路。A专家认为，我国现在粮食库存丰富，外汇储备很多，如果粮食出现短缺问题，只要大量进口就能解决粮食安全；B专家认为，现在我国的粮食生产要整合资源，沿海发达地区可以少种或不种粮食，大力发展工业经济，东北和中部地区多种和种好粮食，这是解决粮食安全的创新之举；C专家认为，要解决我国粮食安全，关键是全民节约粮食，倡导多用其他副食品替代粮食，这样也能解决粮食问题；D专家认为，我国的粮食生产要坚持自力更生，保护耕地，确保种植面积，调动农民种粮积极性，如果进口，只进口少量的工业用粮，这是解决我国粮食安全的根本之策。上述四种观点，D专家的观点无疑是正确的,其他都是片面的,甚至是错误的。第一种观点,只要有钱就可进口解决我国粮食问题,那么如果全球粮食生产欠产或者自然灾害,你有钱又有谁卖给你呢?你能吃钱吗?第二种观点也是片面的,不切实际的,沿海发达地区不种或少种粮食行吗?显然是不行的。沿海发达地区必须种粮,而且要种好才能保障农民权益,解决我国粮食安全。第三种观点是节约粮食少吃粮食是有一定道理,但如果闹粮荒,你节约有何用呢?人总不能不吃粮食吧,再说光节约粮食是不能解决粮食安全问题的。只有第四种观点是正确的,解决粮食安全必须依靠自力更生,多种粮食,种好粮食,保护耕田,才是根本之策。

下面介绍几种观点考题的答题方式:

1.绝对正确题解答方法

温总理在人大会议上说:"要让老百姓活得更有尊严。"要求考生对这句话或者总理的这一观点作出理解评述。解答方式是:首先,要对这句话或这一观点进行解释认定,考生可表述为"我十分赞同总理这句话,让老百姓活得更有尊严是党和政府的根本职责所在"。其次,为什么赞同这句话呢,要说出理由。考生可这样表述:"一是总理这句话反映了党和政府对民生的关切与重视,也反映了当前解决民生问题之迫切之重要。二是怎样让老百姓有尊严呢,我的理解是要让老百姓有钱富起来,这样才有尊严,要让老百姓生活各方面有保障才能有尊严,要让老百姓有发言权、选举权、民主权才能有尊严。三是要真正实现老百姓的尊严,政府要关心弱势群体,出台好的政策,加大政府财政对民生的投入,努力发展生产,扩大就业,才能让百姓富起来。我们每个公民要自强不息,努力创造生产生活环境,让自己活得有尊严;当然,社会分配也要坚持公正公平,社会政治要更加昌明,民主法制要更加健全,才能使百姓活得更有尊严。"又如考题为:"为什么说城市建设'里子'比'面子'更重要。"考生可这样解答:①这句话中的城市建设"里子"是指地下基础设施工程,如水管、供电供水通讯设施等工程;"面子"是指地面建筑物或绿化等。②我十分赞同这一观点,即城市建设中的基础设施建设相比于地面建设更加重要,其理由是:第一,城市建设中,地面建筑固然十分重要,是城市的形象或门面;而"里子"即地下基础设施建设也同样重要,相比而言,还更加重要,因为地面建筑相比地下设施容易改造,而地下工程则不易改造重建,如城市下水道如果建得太小太狭,你要改造扩大就不是容易的事情了。第二,城市基础设施对于民生更加重要,老百姓不太关心造多少高楼大厦,关心的是下雨天路淹不淹,家淹不淹,水电通不通。第三,城市基础设施是百年大计,而地面建筑很多的只是几十年之计,甚至是几年之计,城市乱拆建即是证明。③"里子"比"面子"更重要,彰显的是城市建设的科学与远见;而"面子"比"里子"重要,暴露的是一些政府的片面政绩观或是形象工程。有人对城市建设类同化论评说:"低头看是商铺,抬头看是喷泉,前面一排水晶灯,后面就是市政府。"还有讥讽道:"城市建设,南北一个样,但都不是东西",深刻地揭示了城市建设中传统文化快速消逝的不良现象。

2. 模棱两可题答题技巧

模棱两可题也就是既对又不对题,或者说是左右都对的题。如"2012年房价是涨还是跌"、"中小企业脱困关键是钱还是人"、"行人闯红灯一律实行罚款"等。模棱两可题考测考生的不是必须这样做或必须那样做,而是考测考生这样或那样做的理由是什么。如房价是涨还是跌,考生可以选择涨,也可以选择跌,关键是讲出理由就行。联想到现实社会生活中的"酒驾入刑",赞同或不赞同酒驾入刑已讨论多年,为何法律一直没有做出规范,直到2011年法律才正式颁布。其中理由有很多,考生要作答的正是这些理由,这是衡量公务人员管理社会能力水平的一个重要标准。当然,考生在作答这类题目时,选择自己主张观点时,要慎重,要符合社会实际,要符合一般常理,要选择自己能够较好表达的比较熟悉的理论作为论述依据。

3. 相对错误题的解答方法

面试中的观点题,绝对错误的观点是很少作为题材出现的,如"有人认为民生不重要,国强才重要"。这样的绝对错误题是不可能作为考题的,但相对错误的题就比较多了,考生如果知识面窄,就往往容易上当了。如"有人认为,只有国强才有民富,因此,现阶段还要加强税收,搞好公共事业建设,造福于民。"这个观点是值得商榷的,国强民富应该相互统筹兼顾,如果国家很强大,而老百姓很穷,这个国家也强不了多久;反过来,民很富,国家实力很弱,那么就会受到外部的侵略欺凌,最后民也富不了。相对错误题考生如果辨别清楚,作答一般不成问题,问题在于有些考生的判断正好相反。如有这样一道真题:"你和你的领导一道去完成一项紧急任务,车行驶途中遇到一辆货车翻下路基,你想停车救援,领导考虑任务紧急,不同意停车施救,你怎么办?"对于这道试题,多数考生的观点是:不停车施救,而是用电话联系交警实施救援。这道题考测的真实意图是:当人民群众生命财产受到损害时,作为公务人员该是何种态度,何种行为。如果考生选择不停车去执行紧急任务,那么这个考生就没有资格通过公务面试。试想:①什么任务比救人救命更要紧呢?②政府公职人员的公德示范表现在哪里?③服务型政府建设的基础是什么?④现实社会生活中为何见义勇为少见公职人员的身影。如果考生选择停车施救,再与领导解释,再陈述上面这些观点,那么这道题就答得比较深刻到位了。

对相对错误观点题的识别还有许多的方法,如绝对肯定或否定某种事物的题型,一般来说其观点是片面的、不正确的。

十三、自我认知题答题技巧

　　自我认知题也就是面试基础题，一般包括对工作岗位的认识、介绍你的家庭、谈谈你的优缺点、为何要报考这个岗位以及你对考试的看法等。这类考题考生一般都不太重视，认为不难作答，也答不出新意，这是错误的。自我认知题其实也很难作答，要答出新意或亮点更难。作为考生要第一时间给考官评委一个好印象，答好自我认知题十分重要。

　　研究分析自我认知题的作答技巧非常重要，一般考生要掌握这样四个要领。其一，考生要对所报考的岗位尽可能地了解其重要性、特殊性；其二，对你自身的素质要有个自我评介；其三，要理出作答层次，抓要点；其四，要想方设法提升扩展语句。总之要达到简洁好记，道理要得体，形象要鲜明，个性要突出。

1. 岗位认知题解答技巧

　　考生要报考某个岗位，首先要对这个岗位有个粗线条的认识，面试时为了考测考生对报考岗位的了解程度、热心程度以及如果录取后的忠诚程度，许多面试都设置了此类题目。就常识而言，考生报考某个岗位绝大多数会事先有所了解，如岗位的性质，管理服务的职能以及所需的基本业务素质，但也有极少数考生在报考时"瞎猫碰死老鼠"，结果笔试入围了，面试前对所报岗位认知甚少，有的甚至一无所知。因此，无论是熟悉还是不熟悉所报岗位的考生，都要花些时间认真了解研究所报岗位的基本要求和工作职能，否则很难答好岗位认知题目。

　　对岗位认知题的作答有两种技巧。一种是抓住几个重要的关键词展开作答，如重要、艰辛、热爱、锻炼等。如题目为："请你谈谈你对所报岗位的认识。"考生就可抓住三个关键词即"重要、艰辛、锻炼"去展开。考生可这样作答："我觉得我报考的岗位首先是个重要的岗位……其次，这是一个十分艰辛的岗位……再次，这是一个锻炼人的岗位……"岗位肯定重要，哪个岗位不重要？考生只要再抓几个要素表述就可以了。岗位工作艰辛既是事实也是对考官的褒扬，考生可将自己的态度一并表述。

　　下面，以某考生报考监狱民警岗位为例，作一框架式表述。

```
                                    ①监狱是国家重要的刑罚执行机关，担负着惩罚和改
                        重要的岗位        造人的重任；
                                    ②监狱工作对于维护社会稳定，推进和谐社会、平安
                                       浙江建设具有重要作用；
                                    ③监狱民警依法履行监管改造、教育改造和劳动改造
                                       职能，既是人类灵魂的工程师，又是服务社会安定
                                       的重要力量。

对
监                                    ①教育改造罪犯是十分艰辛的工作，做人的转化工作
狱                                       是最艰难的工作；
民                      艰辛的岗位       ②常年与罪犯打交道，经常加班加点；
警                                    ③对罪犯的改造工作有时需要面对十分危险的暴力对
岗                                       抗；
位                                    ④不少监狱地处偏僻、信息不畅，有的条件简陋。
认
识
                                    ①改造罪犯岗位能提升自身的法制素养和执法能力；
                        锻炼人的岗位     ②改造罪犯岗位需要法律素养、教育管理、生产经营、
                                       心理矫治等多方面知识；
                                    ③改造罪犯岗位能使人的意志、信念、道德、人格等
                                       多方面得到锻炼、提升。
```

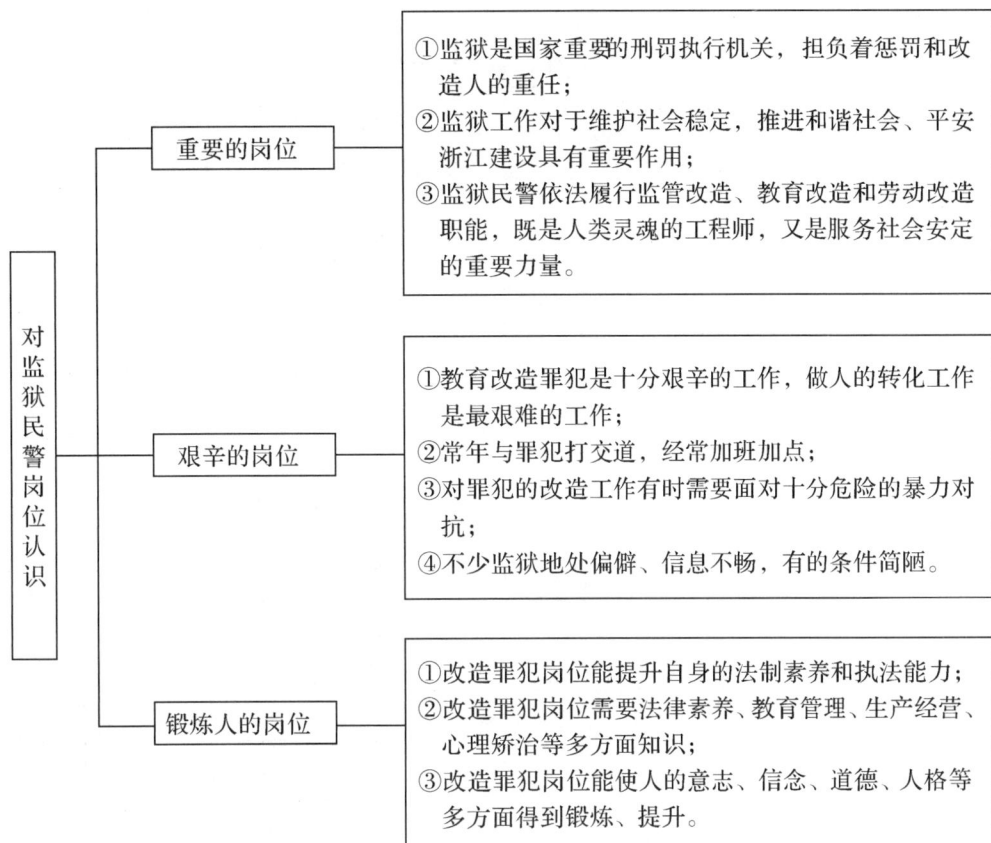

当然考生不必死套硬背这几个关键词，可以根据自己的认识，独立设计，只要答题实在、得体、简练、易记就可以了。

对岗位的认识作答还有一种技巧，就是抓住几个关键词去展开作答，这对于不太了解岗位性质的考生也是不错的选择。如报考某市政府招商局或某机关人事岗位，因为考生不太了解招商局的具体职能，只能瞄准某个关键点去展开作答。市招商局肯定是招商引资，人事岗位肯定是做人的调配管理工作，那么考生就可以将招商岗位设计成需要"智慧"的岗位，人事岗位设计成"服务"的岗位。

具体可如下这样展开。

```
                              ┌──────────┐
                    ┌─政府智慧─┤ 政府形象 │
                    │          │ 政府目标 │
                    │          │ 政府理念 │
                    │          └──────────┘
         ┌────┐     │          ┌──────────┐
         │招商│     │          │ 公关智慧 │
         │岗位├─────┼─管理智慧─┤ 决策智慧 │
         │    │     │          │ 协调智慧 │
         └────┘     │          └──────────┘
                    │          ┌──────────┐
                    │          │ 市场智慧 │
                    └─经济智慧─┤ 经营智慧 │
                               │ 科技智慧 │
                               └──────────┘
```

```
                                    ┌──────────────┐
                  ┌─服务党的中心工作─┤ 党的方针政策 │
                  │                  │ 党管干部原则 │
                  │                  │ 党对干部的要求│
                  │                  └──────────────┘
       ┌────┐     │                  ┌──────────────┐
       │人事│     │                  │ 科学调配     │
       │岗位├─服务岗位─服务于服务型政府建设─┤ 高效廉洁 │
       │    │     │                  │ 公平公正公开 │
       └────┘     │                  └──────────────┘
                  │                  ┌──────────────┐
                  │                  │ 人事改革     │
                  └─服务于干部队伍建设┤ 培养教育     │
                                     │ 监督管理     │
                                     └──────────────┘
```

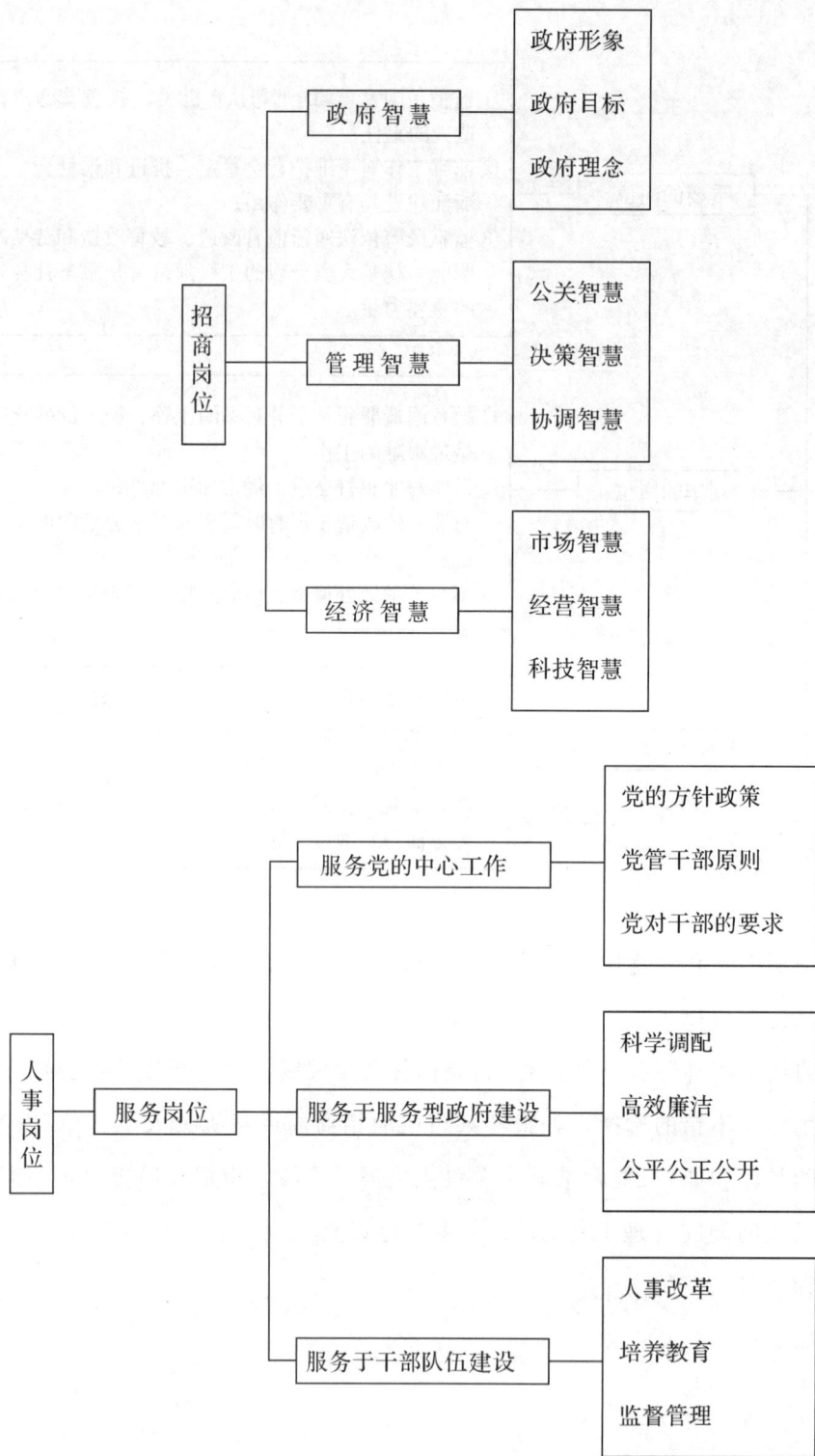

2.自我认知题答题技巧

自我认知就是自我评价,自我评价既要客观实在,又要有些新意,自我认知其实是很难的;多数人因受环境、传统观念等影响对自己未能有个客观的认知,妨碍了自我发展。

面试中的自我认知，一般是考生对自己优缺点或特长的自我陈述。常规表述为几个方面的优势和几点不足就可以了。人总是有所长有所优点的，考生可列举专业优势、学历优势、特长优势、组织优势、身体优势、实践优势、家庭优势、年龄优势等。根据需要有的放矢地选择三至四个优势即可，比较常用的有专业优势、实践优势、管理优势、家庭或家族优势，这里的家庭优势是指"穷人的孩子早当家"。特别需要指出的是考生面试时要了解用人单位需要怎样的人才，你作为考生要尽量地"贴上去"，如目前政府机关普遍缺少"笔杆子"，原因除了写文章很累外，这方面有真才实学的确实很少，还有用人单位一般要用能吃苦耐劳，家庭背景比较清贫的，不喜欢"富二代"、"官二代"之类的，另外，有的考生的名利观比较讲究，一些考生喜欢大谈福利什么的，考官会十分反感。至于缺点或不足可以坦率地点一下就行了，多说缺点对考生而言也是不利的。

3. 家庭陈述题答题技巧

家庭陈述题考的较少，但作为家庭背景的陈述，也能反映考生的心智水平。对家庭条件好的，考生是否有优越感；对家庭条件差的，考生有否自卑感，以及考生对家庭背景的看法，也是考测的一个目的。考生作答家庭陈述题一般把握三个环节。其一，考生陈述家庭情况时，不要事无巨细面面俱到，科学得体的表述应该是既讲家庭又不讲家庭，要从家庭表述中延伸出考生的观点和看法。其二，陈述要得体，既不能夸夸而谈，又不能过于卑微。家庭背景很"硬"的考生，往往把家长、亲属什么的，担任什么职务，干什么工作都说得"天花乱坠"，结果是事与愿违，并不能得到考官的肯定，因此，得体的表述要谦虚、含蓄、不可张扬。而对家庭背景很"低微"的考生，也不能没有自信，应充分挖掘其"优势面"去表述，反而会得到考官的同情肯定。其三，要表述好对家庭的理性认识，家庭问题涉及人、事业、工作、亲情、道德、友谊、俭朴、传承等诸多因子，考生如果借题发挥，是大有文章可做的，当然需要考生平时加强学习修炼。

需要指出的是，许多考生不太注意自我认知题的实践训练，以为已经掌握要领，准备不足，结果一上考场就答得"丢三落四"。总之，不管考什么，都得上心、用心、细心。

十四、会议组织题答题技巧

　　会议组织又称办会,办会是公务人员在行政管理中的一项重要职能,许多的行政管理工作都要通过会议形式组织落实。会议的种类、性质、大小不等,有几个人参加的会议,也有上千人参加的会议,较大会议如人代会、党代会、运动会等。会议组织是项科学缜密的行政工作,需要组织者精心策划,科学管理,以确保会议的效果。

　　面对会议组织题,不管如何,考生都要先对题意进行认真的审核,即考生要作答的会议到底是何种性质、何种规格,只有吃透题意才能放心作答。

　　下面介绍一般会议的组织流程与如何答出新意、答出亮点的技巧。

1. 会议的一般组织流程

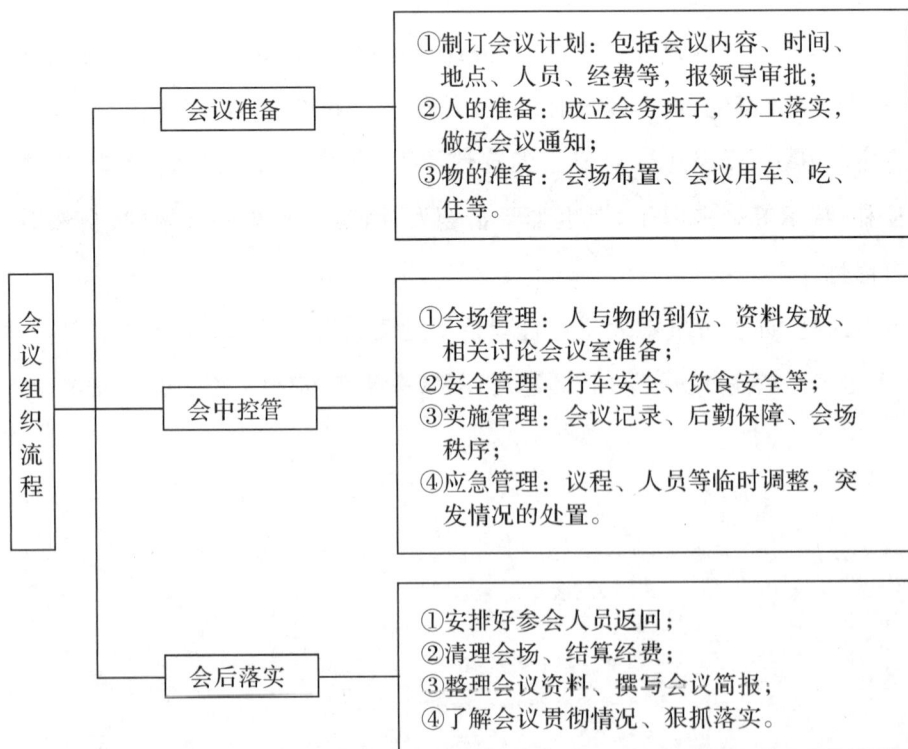

```
                    ┌ 会议准备 ─┤ ①制订会议计划:包括会议内容、时间、
                    │            │   地点、人员、经费等,报领导审批;
                    │            │ ②人的准备:成立会务班子,分工落实,
                    │            │   做好会议通知;
                    │            └ ③物的准备:会场布置、会议用车、吃、
                    │                住等。
                    │
    会议组织流程 ─── 会中控管 ─┤ ①会场管理:人与物的到位、资料发放、
                    │            │   相关讨论会议室准备;
                    │            │ ②安全管理:行车安全、饮食安全等;
                    │            │ ③实施管理:会议记录、后勤保障、会场
                    │            │   秩序;
                    │            └ ④应急管理:议程、人员等临时调整,突
                    │                发情况的处置。
                    │
                    └ 会后落实 ─┤ ①安排好参会人员返回;
                                 │ ②清理会场、结算经费;
                                 │ ③整理会议资料、撰写会议简报;
                                 └ ④了解会议贯彻情况、狠抓落实。
```

会议的一般组织流程,考生很容易掌握,一般可依时间程序结合会议性质临时发挥即可。但面试是项竞争性考试,如果只能作答出一般的流程,那么考生就不可能取得高分,脱颖而出,因此,对于考生来说,无论是大题目还是小题目都要作独立思考,考出自己的独特的水平,以赢得考官的赞许。

2. 会议组织题的另类答法

会议组织也叫办会,实际上是经营会议,会议是有成本、效益可计算的,因此,考生在面试这类题目时,一定要打破常规,答出考生自己的"道道"。首先,作为会议组织者,你要有个科学的办会理念,也就是节俭、高效、低耗,或者称低碳会议理念。考生在作答"会前准备"内容时,作为会议组织者,也要特别强调节省会议经费,在吃、住、行三方面都要坚持节俭、实惠原则,加强车辆调度,节油节省费用。要防止和克服借会议之机,铺张浪费、大吃大喝,反对那种"三天一个会,只能管个醉"的不良会风;要防止和克服会议不出政绩,"一天一个会,大家打瞌睡"的懒政作风;要防止和克服会议中的形式主义,会而不议,议而不行,行而无果的无为会风。

上述这些表述,既是对会议组织者智慧的考量,也是现实生活中常见的现象,考生这样作答,肯定会给考官一个惊喜,因为对于会议组织题许多考生很少能答出自己的思想。其次,在会中控制与会后管理上,也都有许多新意可陈,考生要简化流程,多答一些独立思考的东西。如在会中控制中,考生作为会务组织者一要当好领导参谋,策划好会议实际任务的落实;二要及时发现问题及时修正;三要创新会议形式,多给基层同志表达意见建议。考生也可用这样一些排比句作答:提升会议的质量与效率,要让领导的报告短之又短,让基层的声音多之又多;要让务虚会议少之又少,现场办公会会议多之又多;要让与会者大话套话少之又少,让会议实际成效多之又多。在会议落实问题上,要陈述和纠正那种会开好了,精神传达了,人走散了,任务也完成了的那种会议落实会议、精神落实精神、领导落实领导、问题落实问题和行政官僚的作风。

考生在面试中,既要注重原则、理性,又要注意语言表达的生动性、哲理性,有些话语看似诙谐,其实背后隐藏着很深的哲理,相信考官会有一双慧眼,辨识人才。

十五、调研考察类题目答题技巧

调查研究是经常性的公务活动,在行政管理中,许多的社会问题需要解决,许多的社会矛盾需要调解,作为公务人员必须深入实际,通过大量的实地调查研究,才能找到问题的原因,才能给出科学的解决办法。调研形式很多,有市场调研、质量管理调研、队伍建设调研、执法调研等。考察本身带有调研性质,但严格说来,考察只是一种学习借鉴,是浅层次调研,如某个政府部门去外地考察,总不能像正规调研一样去查人家的数据,再作分析研究。考察只是一种常规的活动组织。

调查研究题的作答,考生也必须先弄懂其基本流程,然后再想办法如何答出新意。

1. 调研题基本流程与基本要领

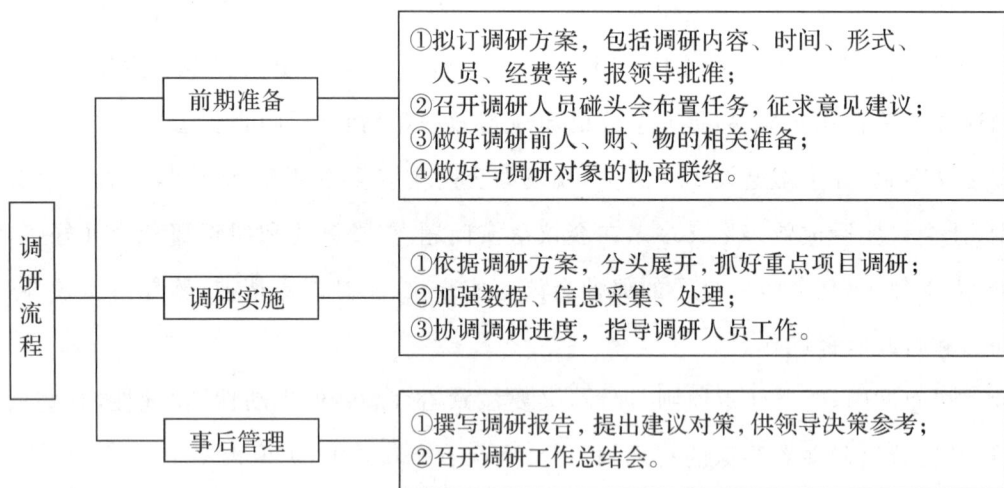

```
                    ┌────────────┐   ┌────────────────────────────────────────┐
                    │            │   │①拟订调研方案,包括调研内容、时间、形式、  │
                    │  前期准备   │───│  人员、经费等,报领导批准;               │
                    │            │   │②召开调研人员碰头会布置任务,征求意见建议;│
                    │            │   │③做好调研前人、财、物的相关准备;         │
                    │            │   │④做好与调研对象的协商联络。               │
                    └────────────┘   └────────────────────────────────────────┘
 ┌──────┐
 │调研流程│         ┌────────────┐   ┌────────────────────────────────────────┐
 │      │──────────│            │   │①依据调研方案,分头展开,抓好重点项目调研;│
 └──────┘          │  调研实施   │───│②加强数据、信息采集、处理;               │
                    │            │   │③协调调研进度,指导调研人员工作。         │
                    └────────────┘   └────────────────────────────────────────┘
                    ┌────────────┐   ┌────────────────────────────────────────┐
                    │            │   │①撰写调研报告,提出建议对策,供领导决策参考;│
                    │  事后管理   │───│②召开调研工作总结会。                     │
                    └────────────┘   └────────────────────────────────────────┘
```

```
                    ┌─────────────┐     ┌──────────────────────────────┐
                    │找准主要矛盾  │     │①抓住主要矛盾，把握政府工作的重点、│
                    │精选调研项目  ├─────┤  亮点，找准着力点；             │
                    │             │     │②了解实情民意，找对社会热点、难点；│
                    └─────────────┘     │③捕捉基层干部群众创造的经验和做法。│
                                        └──────────────────────────────┘
         ┌──┐       ┌─────────────┐     ┌──────────────────────────────┐
         │工│       │善于综合分析  │     │①科学分析形势，把握宏观方向；     │
         │作│       │找对经验问题  ├─────┤②做好要素综合，找准经验问题；     │
         │调│       │             │     │③理性分析原因，寻找对策措施。     │
         │研├───────┤             │     └──────────────────────────────┘
         │基│       ┌─────────────┐     ┌──────────────────────────────┐
         │本│       │领会领导意图  │     │①围绕主要领导意图思考问政；       │
         │要│       │善谋决策所需  ├─────┤②掌握领导思路、风格与要求；       │
         │领│       │             │     │③把握政策形势，科学判断走向。     │
         └──┘       └─────────────┘     └──────────────────────────────┘
                    ┌─────────────┐     ┌──────────────────────────────┐
                    │勤于理性思考  │     │①理性思考，献计献策；             │
                    │献好对策建议  ├─────┤②倾听民声，采纳意见；             │
                    │             │     │③短小精干，切中要害，易于操作；   │
                    └─────────────┘     │④措施创新，力保实效。             │
                                        └──────────────────────────────┘
```

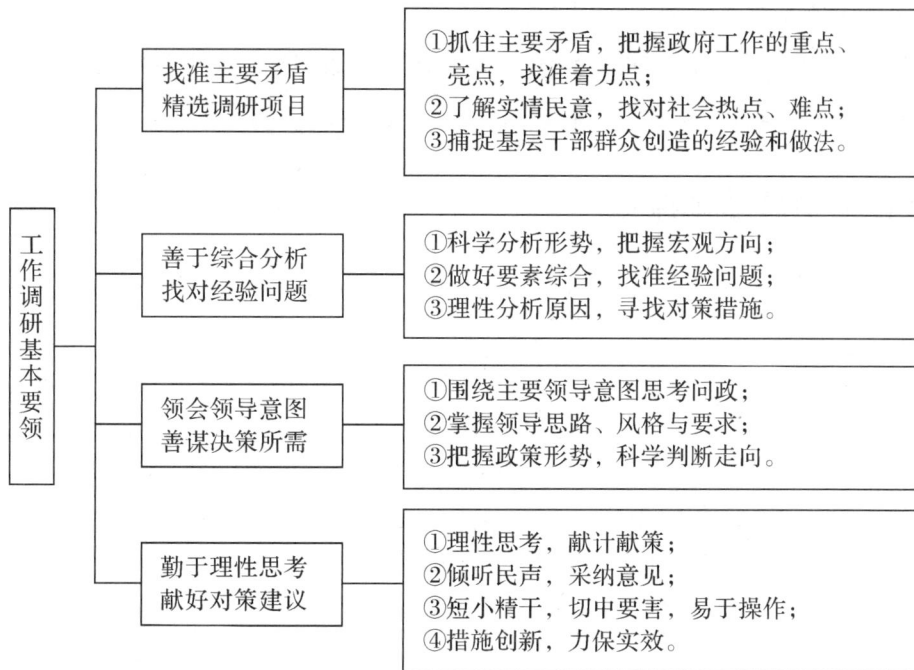

2. 调研题的分类作答

考生作答调研题的流程比较简单，要下工夫在作答新意上有所突破。

下面以真题为例，示范作答如下：

例题：2010年5月10日下午广东省公务员面试真题：单位派你去农村进行摸底调查，你会如何开展此项工作？

作答：

①单位派我去做农村调查，我首先要设计好一个调查方案，包括调查的内容、地点、时间、形式等。

②其次做好实地调查，我的调查项目是农村发展特色经济，我确定三个重点课目：一是乡镇特色经济发展现状，包括企业、产值、效益、从业人员等情况；二是农户农民对特色经济的反映情况；三是当地发展特色经济中人才资源与自然资源情况；四是当地发展特色经济的经验，做法以及存在的哪些困难和问题。我主要采取数据采集分析、农户随机采访、特色产品的市场分布与产销统计等方法开展调研。

③最后，我要认真撰写好一个"关于发展农村特色经济的调查报告"，重点是分析疏理发展特色经济的理念制约、人才制约、市场制约等，提出我的建议，就是农村特色经济的发展，政府要加以引导扶持，提供优良的服务；企业和农户要敢闯敢干，选准项目，开拓市场；金融机制要提供金融服务等。农村特色产业，既是可以传承的，也是可以培育的，如有些生产木地板的地板之乡，自身并没有种一棵杉木，说明特色经济是可以培育的。因此，发展农村特

色经济关键在于地方政府的理念与作为。

以上答题，考生人为地加入自己熟悉的许多调查元素，既丰富了答题内容，又将调研流程贯穿其中，给考官一个不刻板、有新意的印象，一般都能得到好评。

3.考察活动题基本流程

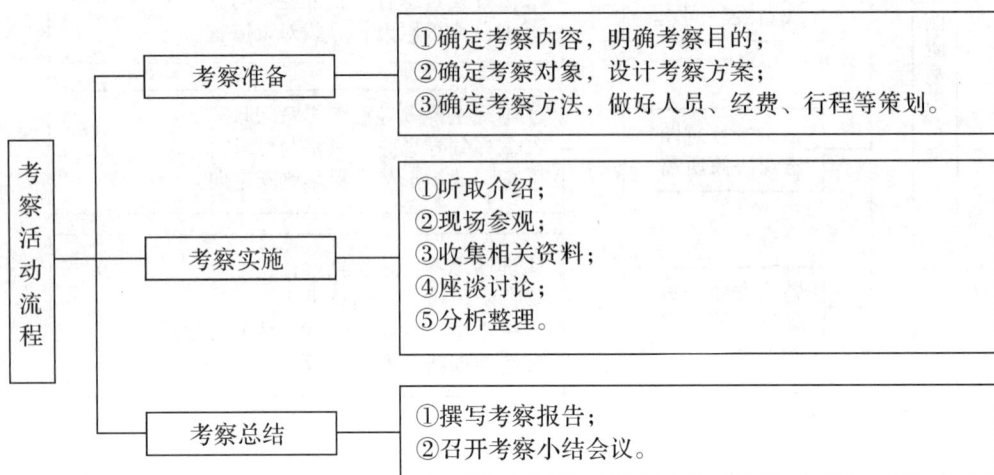

```
                    ┌── 考察准备 ──┬─ ①确定考察内容，明确考察目的；
                    │              │  ②确定考察对象，设计考察方案；
                    │              └─ ③确定考察方法，做好人员、经费、行程等策划。
考                  │
察   ┌──────────────┤              ┌─ ①听取介绍；
活   │              │              │  ②现场参观；
动   │── 考察实施 ──┼─ ③收集相关资料；
流   │              │              │  ④座谈讨论；
程   │              └─ ⑤分析整理。
                    │
                    └── 考察总结 ──┬─ ①撰写考察报告；
                                   └─ ②召开考察小结会议。
```

十六、社会关系题答题技巧

社会关系题是指相关社会问题之间，既相互联系，又辩证统一的一种面试题型，如执法与服务、环境与资源、民生与社会管理等关系的处理。社会关系题在近年的面试题中较为常见。同时，在阐述热点社会问题时，也常以几个社会问题之间的关系作为考生作答内容，如在阐述民生问题时，就涉及城乡一体化建设与户籍改革之间的关系，降低副食品价格与保护菜农积极性之间的关系。上面已经谈到，社会问题不是孤立的，相关社会问题之间总是既有联系，又有矛盾，如何作答社会关系题是考量考生熟悉和处理社会问题的一个重要因素。考生作答社会关系问题要把握以下四个方面的技巧：

第一，辩证看待，在矛盾中求统一。不管什么社会问题都有其两面性。如高房价问题，老百姓不高兴，房价太高，买不起房；但房地产商则希望房价越高越好；政府对高房价则是宏观调控，房价太低，地价卖得也低，政府财政收入就低；房价太高，会引起社会不稳定，如果出现太多泡沫经济,从长远看,政府也得不偿失。那么如何看待高房价与经济发展的关系,现在比较流行的说法叫"理性回归",或者叫"合理水平",但"理性回归"与"合理水平"是个虚词,房价到底多少,很难说得清。但得出的"合理水平"就是辩证的统一,矛盾的统一,或者叫"双赢"。考生在作答社会关系题时,也要学会这个套路。下面介绍一个实例:题目是"怎样处理好经济发展与保护环境的关系"。经济要发展,就要大量办企业,肯定污染环境;而污染环境又肯定反过来影响经济发展,这是一对矛盾,也是发展市场经济最难解决的问题。但是辩证地看又没有矛盾,经济发展要讲求质量,要低消耗高产出,要尽可能地少污染环境;只有经济发展了,有钱了,才能治理污染,保护环境。那么这个矛盾如何统一呢? 或者说是双赢呢? 这就是考生要作答的重点。以此题为例,考生可以这样作答:我认为发展经济与保护环境并不矛盾,在发展经济中要调整产业结构,发展第三产业、高新技术产业、无污染产业,招商引资要严把环境保护关,不引进高污染项目,作好环保设施的到位,加强监测,确保达标。保护环境也要讲究科技,讲究理性,讲究经济杠杆,如采用排污集中处理、创新有偿排污制度、垃圾集中处理管理、废气废水回收利用等先进管理技术,那么环境问题也是可以解决的,可以达到经济发展、环境优良的双赢目标。

第二,中庸处置,讲求适度。任何社会问题的产生都与"过度"有关,如高房价问题,就是超过"度"的价格,普通房子一平方米卖三四万元。又如食品安全,大量的食品产生问题,就是"超度",如果只是个别食品发生问题,是社会正常现象,也就不称之为社会问题。又如甘肃校车超载死亡20名学生事件,9个座位的小面包车坐了60多个孩子,就是"超度",如果坐10个还不是什么严重问题。又如生产安全问题,如果在一两个月内,发生四五个煤矿矿难事故,死亡数百人,那也是"超度",如果一年内全国发生一两起矿难事故,还不至于成为严重的生产安全社会问题。考生对社会关系题的作答一定要抓住这点去阐述。下面举一实例,题目是"怎样处理好严格执法与热情服务的关系"。考生对严格执法与热情服务的"过度"问题要作深刻阐述,所谓的严格执法,是一切按法律法规办事,严要有据,不能"过度","城管一脚踢"、钓鱼执法、乱罚款、打骂体罚犯罪嫌疑人、强制拆迁等,都是"过度"执法,也可称为执法违法。对热情服务也是同样,热情服务是"有度"服务,不是搞人情服务,不是走后门、搞关系,不是看人服务,如高速收费站强制员工记住领导车辆的号码,记不住背不出的要扣罚奖金,这种过度为领导服务,就不是热情服务,而是"马屁式服务"。考生在评论社会关系题时,把握"中庸"两字十分要紧,其实中庸就是科学、理性。

第三,作答四段式。第一段讲社会问题客观存在,两者相互联系,既有矛盾,又相互促进,是可以统一的、协调的、共赢的。第二段再集中阐述其中的一个社会问题,从正反两方面去论证,论证不要扩散,"死讲"一个社会问题。第三段再集中阐述另一个社会问题,也是"死讲"一个社会问题,不要扩散。第四段将两个社会问题并起来讲圆就行了。如题目是"如何处理好发展海洋经济与保护海洋环境的关系"。考生可按上面四段式作答如下：①我认为发展海洋经济与保护海洋环境并不矛盾，两者可以兼顾，海洋经济要发展，海洋环境要保护，只要科学统筹协调，两者完全可以实现双赢目标。②海洋经济必须发展。海洋有丰富的矿产资源、食物资源、物流资源、旅游资源等，海洋是个聚宝盆，开发海洋资源是实现科学发展、可持续发展的必经之路。忽视海洋资源的开发利用，既是对资源的浪费，也不符合全球经济一体化之潮流。当然，发展海洋经济要科学规划，要防止出现那种"拍脑袋"决策，以牺牲海洋环境来换取资源的错误做法，要坚决反对乱围海涂、过度开采海底石油、严重污染海洋环境等不良行为。③要切实保护海洋环境。海洋也是我们母亲，优良的海洋环境，才能促进渔业生产，才能保障旅游业的发展，才能保证海洋生态的良性循环。保护海洋环境要防止和克服地方主义、片面追求经济利益、哄抢或恶搞海洋资源、肆意污染海洋的错误做法，加强海洋保护的法律法规建设，落实海洋环保责任制，实现开发海洋与保护海洋双赢的战略目标。④总之，我们在发展海洋经济中要注重科学、理性，合理开发，协调好海洋开发与保护环境的关系，协调好资源开发与资源保护的关系，协调好人与自然的关系，协调好海洋开发与陆地开发的关系，协调好开发质量和效益的关系。只有这样，我们的海洋经济发展才是健康的、有序的、可持续开发的、符合科学发展观的。

第四，熟知标本，触类旁通。考生在作答社会关系问题时，只要掌握一个处理社会关系问题的技巧，就可以套用到任何社会关系问题的作答。只是内容与论述的口气不同而已。如上面作答的"发展海洋经济与保护海洋环境的关系"一题，可套用到"城市建设与文化保护的关系"、"发展交通与保护农田的关系"等。

十七、词语解释题答题技巧

面试中，有些考题用几个词语或一个古代词语作为论点，让考生先去理解，然后作答。有些考生对面试题中的词语一时不理解或者看不懂，或者把握不准，这就给作答带来困难。

怎样作答好词语解释类考题，考生要事先做些准备，同时掌握一定的技巧。

首先，要想办法看懂词语。如考题为"木秀于林，风必摧之"，你怎么看？许多考生对这个词语看不懂，有的理解为要多种树木，有的理解为做人做事不要太过表面，也有的理解为多种树可防风沙等。又如"临渊羡鱼,不如退而结网";"古有孟母择邻而居,今有孟母为子择校而居";"开胸验肺"等词语,有的考生是语文水平问题或是社会知识缺少问题,对这类词语看不懂,难理解。解决的办法是:首先,考生要仔细地阅读词语的每一个字,尽量去理解单字的含义,然后去联起来理解整个词语,再联系社会热点问题去"套",这样就可能看懂词语。如"古有孟母择邻而居,今有孟母为子择校而居",在这两个词语中,有"子"、"校"、"居"三个字,考生很快就会想到子女到学校读书、住宿,这样题意就基本出来了,就是如今的妈妈为子女读书而住宿到学校旁边。又如"开胸验肺",考生在字面上肯定理解,但不知道是什么社会问题,"开胸验肺"可以联想到医疗、工伤、体检或者赔偿,如果考生真的对这事件一无所知,但只要作答出"这种验肺方式是不科学、非人道的",必须坚决禁止,即使你答不出其他东西,但这样作答总比答不上来强。考生要千万记住,在面试时不管如何,都要讲话作答,不能冷场,有时在作答中会突然想起词语的真实意思,如"木秀于林,风必摧之"一题,有的考生在训练时,不经意地讲出"枪打出头鸟",此时,考生已经领会词语,再作阐述就可以过关了。

其次,要解释好词语。词语解释题有些考生知道题意,但在作答时没有表明,这是不正确的。如上面列举的"古有孟母择邻而居……"这一词语,考生在作答时首先要点明词语意思,考生可这样作答:这句话的意思是,古代孟母要选择好邻居做伴,今天的母亲为子女读书选择陪读,这句话告诉我们,现在有的父母教子心切,望子成龙,溺子庞子。这种社会现象很值得深思。

再次,扩散思维,抓住一点,展开论述。词语解释题就是观点题,但这个观点需要反复演变而成,如"大智若愚"四个字,意思是具有大智慧的人有时看起来好像也很糊涂,再往后推进,演变成"难得糊涂",再往后推,演变成"大事讲原则,小事装糊涂",再往后推演变"遇事不可太计较",考生对上面这些观点就此展开阐述即可。面试的观点题也是因人而异,只要符合"大意",就可论述,面试本身就是说圆而已。又如"父母陪读"问题,考生在论述时可从家庭教育角度、社会竞争激烈角度、富二代角度、学校管理角度、学生素质角度等都可论述。

十八、活动组织题答题技巧

活动组织题在面试中较为常见,因为公务管理的过程需要通过很多活动得以实施,如各类检查活动、评比活动、帮困活动、劳动竞赛活动、宣传教育活动、党团组织活动等。公务活动的组织管理是公务工作一项重要内容,活动组织得高效有序能提升工作效绩,反之则降低公务工作效率。面试中,为考察考生的组织指挥能力,尤其是对想进入公务员队伍的年轻朋友的组织管理能力、交际能力、决策能力,活动组织类考题十分科学实用。

考生如何作答好活动组织题,除了常规的分段实施外,要答出新意,就要多请教,多实践,多体验。事实上,组织一项活动,就组织管理者而言,是一件很吃力的事情,有些大型活动的组织更是要倾注大量的人力、精力和物力,必须周密考虑,精心组织,否则定会出乱子,降低活动的成效。下面介绍活动组织题作答的几个要领:

其一,熟练掌握基本管理技术。任何活动都要求做到事先精心准备,事中认真管理,事后总结提高三个要件。其常规活动框架图如下:

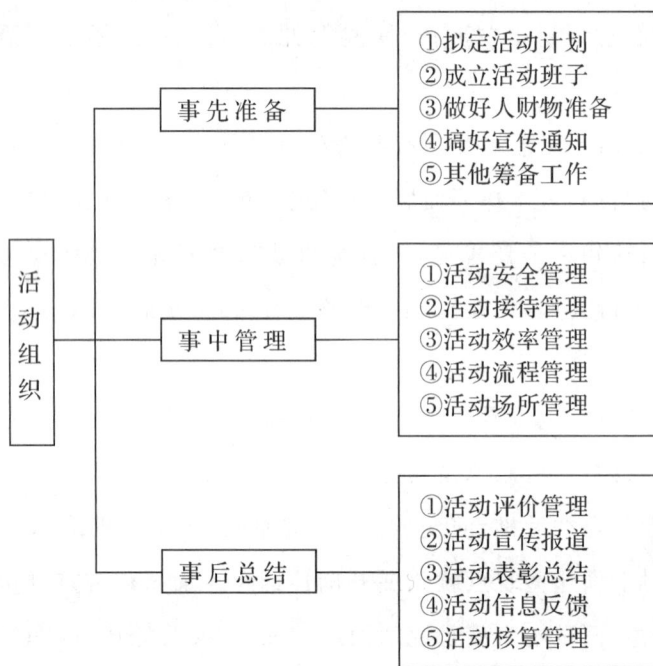

```
                          ┌─────────────────┐
                          │ ①拟定活动计划    │
                          │ ②成立活动班子    │
              ┌─事先准备─│ ③做好人财物准备  │
              │           │ ④搞好宣传通知    │
              │           │ ⑤其他筹备工作    │
              │           └─────────────────┘
 活          │           ┌─────────────────┐
 动          │           │ ①活动安全管理    │
 组          │           │ ②活动接待管理    │
 织──────────┼─事中管理─│ ③活动效率管理    │
              │           │ ④活动流程管理    │
              │           │ ⑤活动场所管理    │
              │           └─────────────────┘
              │           ┌─────────────────┐
              │           │ ①活动评价管理    │
              │           │ ②活动宣传报道    │
              └─事后总结─│ ③活动表彰总结    │
                          │ ④活动信息反馈    │
                          │ ⑤活动核算管理    │
                          └─────────────────┘
```

其二,突出活动组织创新。与其他工作一样,公务活动的组织方式、活动的开展形式等都可以创新,以期获得最佳效果。考生要根据考题内容,结合实际,创造性地作答好活动组织题。活动组织的创新一般分为内容创新、方式或形式创新以及管理中的自主创新。例如组织一个给老年人送温暖的活动。作为组织者既可以开展常规的上门送钱、送物,也可以采取给老年人组织体检或送医送药活动,也可以开展老年人集中度假活动,以及参观城乡新貌活动等。考生在作答此类活动题时,尽可能对活动的内容有所创新,如组织五四青年节活动,考生如果选择帮助城市清洁工清扫马路活动就很有新意,因为多数清洁工为外地务工人员,青年们开展这项活动既是对外地务工者的尊重,也是对青年自身的一个教育。又如单位组织开展一场文艺演出,考生作为活动组织者也可大胆创新,在参与人员上可以让食堂炊事员、清洁工或者有特长的临时工上台表演,不失为一个创新。在活动形式上,既可以在舞台上演,也可以在车间里演,将车间设备作为布景,活动可能更有创新;在评奖颁奖上让普通员工当评委,让他们给演员颁奖也很不错。总之,活动组织创意无限,公务活动也是如此。亲民、俭朴、参与度高是活动组织者应考虑的问题。

其三,活动组织题也可以反答。现在有些活动确实很花哨,名义搞活动,实质吃吃喝喝,花公家钱,图个人乐,或者为领导贴金,或者有政绩工程之嫌,或者为了应付上级的考查,此类华而不实的活动不在少数。考生在作答时要结合题意,适当做些反答,也能提升答题质量。如组织开展低碳宣传活动,就可请领导骑自行车到会,不能汽车接送。考生可反答为,现在有些活动,老百姓虽然参与,但大多不叫好,领导签名排排坐,警察保安围其转,领导讲话长又长,又是录像又照相,群众陪衬做做样,报纸登登很像样。总之,考生千万不要答成俗套。

十九、哲理式面试题答题技巧

哲理式面试题是指我们在社会生活中经常遇到的,具有哲学观点的题目,如"一个和尚挑水吃,两个和尚抬水吃,三个和尚没水吃"。又如"一个手表能准确掌握时间,两个就不能精确掌握时间",又如"沟通对人不对事,合作对事不对人"。哲理式面试题主要是通过一个社会现象,反映一个哲理,考察考生联系实际,如何看待和如何解决现实社会问题的能力。

考生在作答哲理式面试题时要注意掌握以下要领:

首先,要归纳出一个哲学道理,如"一个和尚挑水吃,两个和尚抬水吃,三个和尚没水吃",其哲理就是"人多力量大,但人多有时力量反而小",说明"人是有惰性的",人多不一定能办好事。解决"人是有惰性的"这一问题,联系实际,就是要分工明确,落实责任,奖罚分明。又如"一个手表能准确掌握时间,两个就不能精确掌握时间",这句话的哲理就是"目标只有一个,目标愈多,方向愈不明"。联系实际就是做事要专一,要认准目标,坚忍不拔,一心一意,不可三心二意。一个集体要有一核心,不能多个核心,否则下属会无所适从。哲理题是一种十分难答的题,作答时考生的思维要缜密,要辩证地看待问题,得出一个科学的结论。如有一真题为"救济穷人不好"。这就是哲理题,救济穷人从正面看肯定是好的,救济得愈多愈好,扶贫帮困为何不好;但是往往有的贫困地区或贫困人口因为救济而躺在政府"身上",产生愈多救济就愈穷的怪现象,原因是由于救济,使他们失去了艰苦创业的动力。考生在作答时得出一个"穷则思变"的哲理,从两方面辩证地回答问题,并结合实际作出自己的见解。

其次,作答哲理题时,需要理性,需要合乎社会常规,不能乱论一气。如"有人说当官好,有人说当官不好"。在作答此题时,首先要确定一个主论点,即当好官好,也就是常说的"做事要像官,做人要不像官"。考生不能说成当官绝对好,或者绝对不好,关键是要看你当什么样的官,当为老百姓服务的官,就是好,当不为民办实事的官就是不好。又如题目为"有人说犯罪率高,就业率高,你怎样看待"。从字面上看,犯罪率高,公安、检察院、法院和监狱等就要增加力量,破案、审判、关押、教育都需要大量人力,确能提高就业率。对此你不能认为犯罪率高就是好事。犯罪率高,老百姓没有安全感,社会动荡会影响经济建设和社会和谐,犯罪本身就是对社会的创伤,怎么能与提高就业率相提并论呢?正确的理性的解答应该是"犯罪率高,不等于就业率高",也可转换为"犯罪率低,不等于就业率低",因为犯罪少了,社会太平了,能让更多的人安居乐业,就业率自然就提高了。总之,哲理式面试题作答时虽然比较复杂,但只要弄明白道理,还是可以答好的。

二十、讨论式面试题答题技巧

讨论式面试题愈来愈多地应用于国家公务员、领导职位竞岗面试以及其他各类面试中。讨论式面试题由于形式新颖,竞争对手共同参与,考题相对范围宽泛,许多考生一时弄不清该如何应试。

讨论式面试题的作答,一般是考生共同参与讨论某个问题,发表自己的看法,同时也有可能接受考官的临场提问,有时还会有考官指定某位考生作讨论总结,还有或者是考生之间互动讨论。

讨论式面试考生要把握好这样几个应试节点:

一是事先精心准备。包括形象包装、素材准备、事先演练等。考生可在面试前,找几个同学或家长,就某个社会问题进行讨论,接受模拟考官的提问,做一些总结发言的训练。模拟讨论对于提高考生面试成绩十分有帮助,实践证明,考生模拟练习得愈多,考试成绩愈好,因为面试好比开车,车开得愈多就愈熟练,面试也是同例。另外,讨论式面试与单个面试在作答的宽泛性、操作性上有很大不同,一般而言,讨论式面试更注重实际操作。

二是注意行为举止。讨论式面试由于考生集中在一起,人多场地大,考生对其他考生和考官要讲究礼节礼貌,既不要缩手缩脚,又不能过于张扬。要注意每一个细节,如落座时的时间、位置、拉椅子的声响、落座后的姿态与眼神等都要尽可能得体大方,要根据考场的安排,落落大方地进入位置,考生与考生之间不要过多地交头接耳,随便议论,要严肃庄重。同时严格执行考场规定,禁止带入的东西千万不要带进考场,以免违反考场规定。

三是注意讨论发言质量。讨论发言质量是决定能否成功的关键。考生要注意以下几点:①不要抢先发言,也不要有意地推后发言,抢先发言有"显露"之嫌,考官一般不看好;②不要过于从众,不要讲与其他考生差不多的内容,人家已经讲了,你就少讲或不讲,你可另外选择一个角度讲或者从另一侧面去讲;③要大胆表达自己的观点,尽可能地出新意、出亮点;④要注意对讨论问题的扩展,如校车学生死亡事故,考生可从学校、政府、教育部门、交警、媒体、司机以及公费购校车等多角度阐述;⑤作答要有条理,要一、二、三,语言尽可能规范;⑥要适当运用反讲艺术,把问题说深、说清、说透;⑦要注重实际操作,迅速转换角色,以一个管理者的身份提出独到的解决问题的措施与办法;⑧注意前后照应。

四是巧妙应对考官提问。对考官的提问,一般回答得不要过多过长,语言要精练,不可长篇大论,既要放得开又要收得住。同时,对考官比较刁钻的提问,吃不准的先从外围答起,慢慢答深答透。对实在难以回答的,要讲究礼貌,实事求是地表明态度。有些考官可能会提出一些看似与考题不相干的问题,如对新闻发言人制度,考官如果问你有关民生问题,考生可马上将民生中的若干问题与新闻发言人制度联系起来,巧妙应答,答出新意。有些考官还可能提出一些脑筋急转弯问题,如有个县重视新闻发言人制度建设,每个乡镇和社区都设立了新闻发言人,请谈谈看法。对此,考生就要开动脑子,作出正反两面的回答,指出新闻发言人过多过滥问题。

五是做好总结发言的准备。不管你是否会被考官指定作总结发言,你都要事先做好准备,打好腹稿,对这场讨论作出客观的评价,否则被指定发言后,脑子一乱,就很难做好回答。

第三章　面试特殊技巧

二十一、面试语言扩展技巧

　　困扰考生面试的最大问题是讲话时"讲不出来"，"讲不出来"的原因是"想不出来"，"想不出来"的原因是不知道怎么个"想法"。这个"想法"就是语言扩展能力和技巧问题。

　　为何有的人能滔滔不绝地讲半天，为何有的领导能长时间做即兴演讲，语言表达层次清楚，表述准确，其实只要掌握语言扩展技巧，那么你也能讲得滔滔不绝。

　　语言表达能力既需要平时多练，但更重要的是研究其中的奥秘，当然平时语言素材的积累也相当重要。

　　下面介绍几种语言扩展基本方法：

1. 上扩法

　　所谓上扩法也就是提升法。我们知道，世上任何事物之间都是相互联系的，比如我们每一个人都有父母、爷爷、奶奶、外公、外婆，还有兄弟姐妹或者儿子、女儿、孙子、外甥等。如果说"你"作为一个人物，那么上扩法，就要扩展到你的父母、爷爷、奶奶、外公、外婆；平行扩展就会扩展到兄弟姐妹或者同事、朋友；往下扩展就会扩展到你的子女、侄儿或者孙子、外甥等。

　　社会事物的扩展也是同样，如"种树"这一概念，往上扩展就可上升为植树造林→绿化→环境保护（水土保护）→绿色发展→生态平衡→生态文明→可持续发展等。事物的往上扩展主要是反映事物的本质，揭示更高层次上的事物之间的有机联系。在实际面试中，考生对某一社会现象的表述就经常需要上扩法,比如对"食品安全"问题的表述,考生就可扩展成"加强食品安全是提升全民健康水平的根本保证"。这个"全民健康"就是"食品安全"的上扩。当然也可将食品安全上扩为"建设小康社会、和谐社会,实现社会经济可持续发展的重要保证"。食品不安全,怎么建设小康社会? 小孩吃有毒奶粉,百姓怒气冲天,怎么建设和谐社会? 食品老出问题,国家声誉受损,出口受阻,怎么能可持续发展? 因此,学会上扩法无论是面试还是笔试都是必需的。那么上扩的思维技巧又是怎样的呢,这里介绍几种方法:

首先,先找"近距离"的扩升。如"食品安全"问题,最近距离的上扩就是"确保产品质量,提升企业素质",如"食品安全管理是确保产品质量,提升企业素质的重要环节"。又如"种树",大力种植花草树木是美化城乡环境的有效措施。"近距离"扩升只要想想就清楚了,食品总是企业生产的,种树总是种在农村或城里的。但是许多的社会问题不是那么容易找到"近距离"的,如大量的政治类、经济类、社会类事物,是需要平时学习积累的。比如"社会主义核心价值观"这一概念,属于政治、意识形态方面的名词,近距离扩展就比较困难,作为考生你要联想到"人",因为"价值观"是"人"的价值观,你要扩展为"树立社会主义核心价值观"是提升"人"(公民)的素质,培育"四有新人"的客观要求。再比如"民生"问题,近距离扩展可以联想到"民",也即百姓,百姓的生活、生存、生计等贴切语言,如重视民生建设是提高百姓生活质量,解决贫困群体生活问题的迫切需要。其次,再作"远距离"扩展。"远距离"扩展就是对"近距离"扩展的再延伸,一般会扩展到整个社会层面。

2. 平扩法

平扩法就是平行扩展,平扩是最容易也是最难扩展的一种方法。打个比方,"你"的平扩就是你的兄弟、姐妹或者朋友、同事,这是最简单容易的事情。但是从论述要求看,平扩要呈爆炸式思维,在思维中进行选择、对比、分析,找到适合你运用的素材进行思想表达。比如"你"的平扩,你就很难想到"罪犯"、"外国人"、"残疾人",甚至"亡故人"。如在表述"什么是幸福"这类题材时,你如果在平扩时,想到一般人不会想到的"人或事",那么你的论述一定会更加深刻、完美,更加独到。

下面还是以食品安全为例,平行扩展可扩为:企业、检验、有毒化学品、不法商贩、政府、公民、超市、蔬菜基地、养鱼、制度、法律、健康等。平扩既是无限的,也可以是有限的。常规的平扩技巧,可采用归类式扩展,如食品安全可归类为:主体、客体及其他体,食品安全的主体是企业或某个自然人,客体有政府、社会、法规、公民等,只要在归类基础上再延伸即可,如对政府的扩展,就可扩为监管、制度、责任、官商勾结、体制、机制等。如果考生聪明,你可将当前社会问题一一列出来,也不外乎十多个主要问题,再通过学习,将其每个问题平扩成几十个小问题,再仔细地分析理解,掌握其中基本的道理,那么应付面试就十分轻松了。

要想面试试出好成绩,这里给大家一些好方法,也就是平扩时要尽量扩展到常人不易想到的,但与该事物相联系的问题,也就是常说的别人说的,我少说或不说;别人不说的,我多说,说得深刻。这就需要考生多运用反向思维,寻找异端,远距离审视等独特方法。这样才见你的语言功力和思想水平。如对食品安全的表述,你如反向扩展,就可看成"并不一定是坏事","民穷才买廉价有害食品",食品安全别忘农村小市场的监管,食品监督要建立民间组织等。

下面列出社会问题扩展一览表:

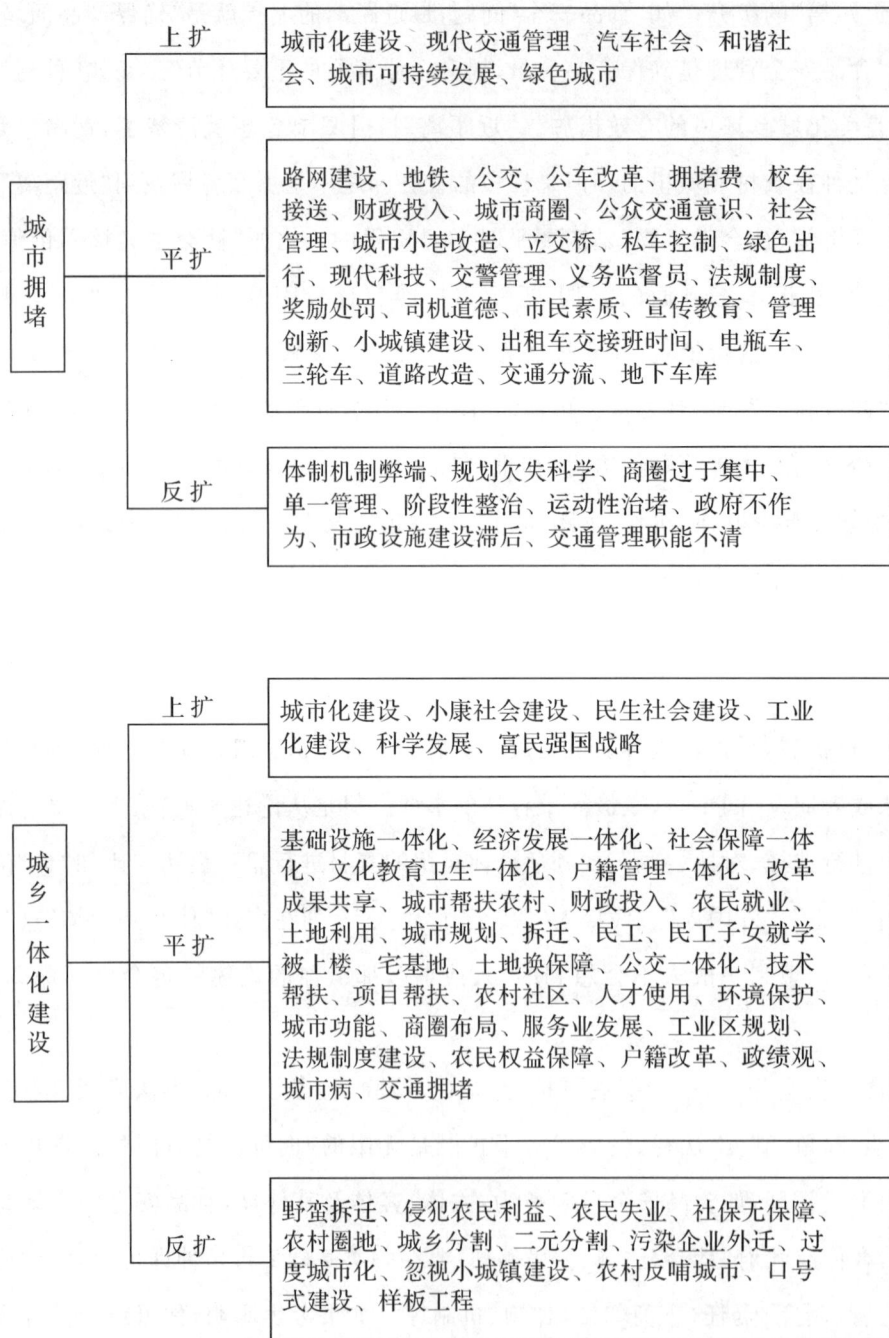

城市拥堵	上扩	城市化建设、现代交通管理、汽车社会、和谐社会、城市可持续发展、绿色城市
	平扩	路网建设、地铁、公交、公车改革、拥堵费、校车接送、财政投入、城市商圈、公众交通意识、社会管理、城市小巷改造、立交桥、私车控制、绿色出行、现代科技、交警管理、义务监督员、法规制度、奖励处罚、司机道德、市民素质、宣传教育、管理创新、小城镇建设、出租车交接班时间、电瓶车、三轮车、道路改造、交通分流、地下车库
	反扩	体制机制弊端、规划欠失科学、商圈过于集中、单一管理、阶段性整治、运动性治堵、政府不作为、市政设施建设滞后、交通管理职能不清

城乡一体化建设	上扩	城市化建设、小康社会建设、民生社会建设、工业化建设、科学发展、富民强国战略
	平扩	基础设施一体化、经济发展一体化、社会保障一体化、文化教育卫生一体化、户籍管理一体化、改革成果共享、城市帮扶农村、财政投入、农民就业、土地利用、城市规划、拆迁、民工、民工子女就学、被上楼、宅基地、土地换保障、公交一体化、技术帮扶、项目帮扶、农村社区、人才使用、环境保护、城市功能、商圈布局、服务业发展、工业区规划、法规制度建设、农民权益保障、户籍改革、政绩观、城市病、交通拥堵
	反扩	野蛮拆迁、侵犯农民利益、农民失业、社保无保障、农村圈地、城乡分割、二元分割、污染企业外迁、过度城市化、忽视小城镇建设、农村反哺城市、口号式建设、样板工程

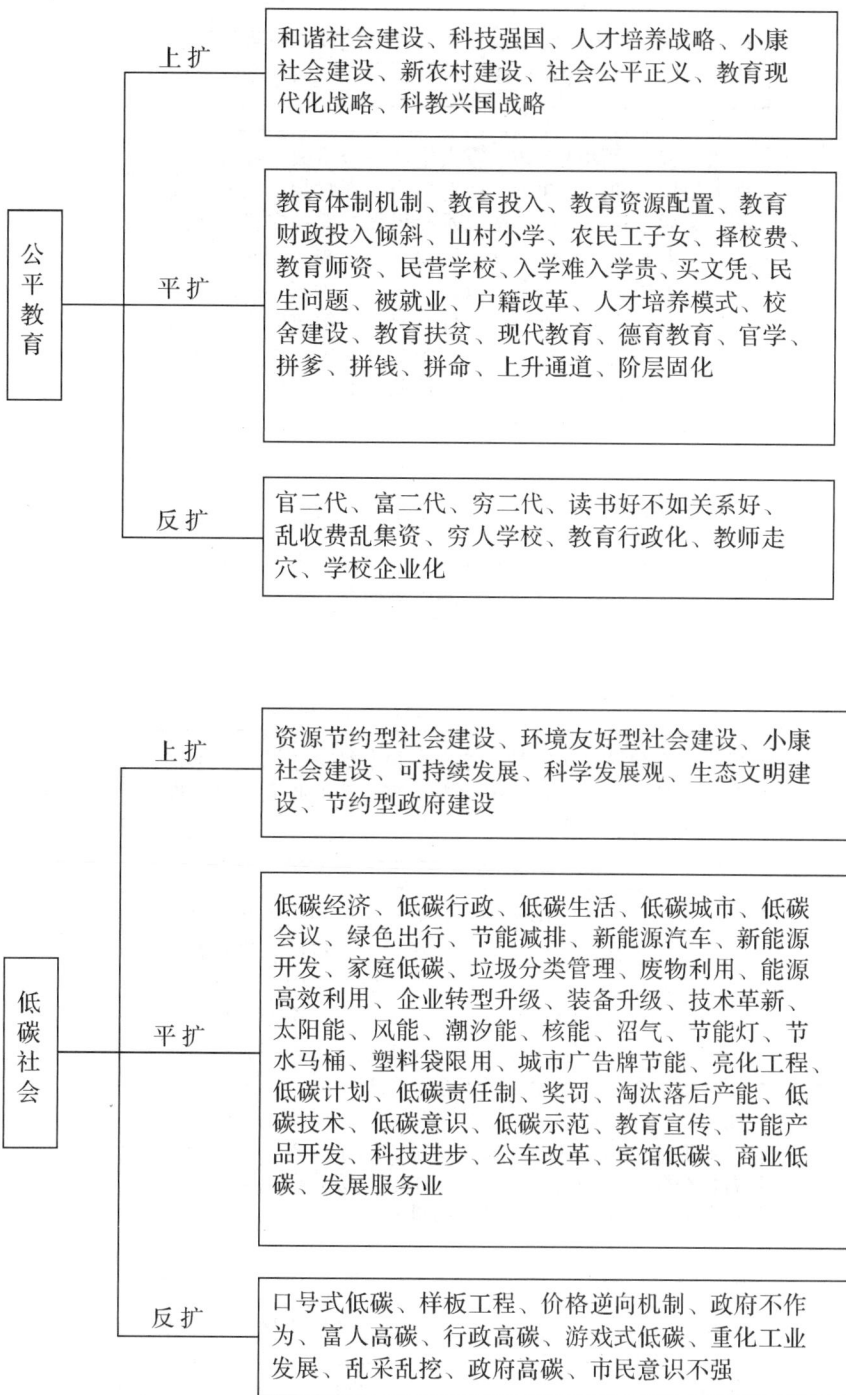

公平教育

上扩
和谐社会建设、科技强国、人才培养战略、小康社会建设、新农村建设、社会公平正义、教育现代化战略、科教兴国战略

平扩
教育体制机制、教育投入、教育资源配置、教育财政投入倾斜、山村小学、农民工子女、择校费、教育师资、民营学校、入学难入学贵、买文凭、民生问题、被就业、户籍改革、人才培养模式、校舍建设、教育扶贫、现代教育、德育教育、官学、拼爹、拼钱、拼命、上升通道、阶层固化

反扩
官二代、富二代、穷二代、读书好不如关系好、乱收费乱集资、穷人学校、教育行政化、教师走穴、学校企业化

低碳社会

上扩
资源节约型社会建设、环境友好型社会建设、小康社会建设、可持续发展、科学发展观、生态文明建设、节约型政府建设

平扩
低碳经济、低碳行政、低碳生活、低碳城市、低碳会议、绿色出行、节能减排、新能源汽车、新能源开发、家庭低碳、垃圾分类管理、废物利用、能源高效利用、企业转型升级、装备升级、技术革新、太阳能、风能、潮汐能、核能、沼气、节能灯、节水马桶、塑料袋限用、城市广告牌节能、亮化工程、低碳计划、低碳责任制、奖罚、淘汰落后产能、低碳技术、低碳意识、低碳示范、教育宣传、节能产品开发、科技进步、公车改革、宾馆低碳、商业低碳、发展服务业

反扩
口号式低碳、样板工程、价格逆向机制、政府不作为、富人高碳、行政高碳、游戏式低碳、重化工业发展、乱采乱挖、政府高碳、市民意识不强

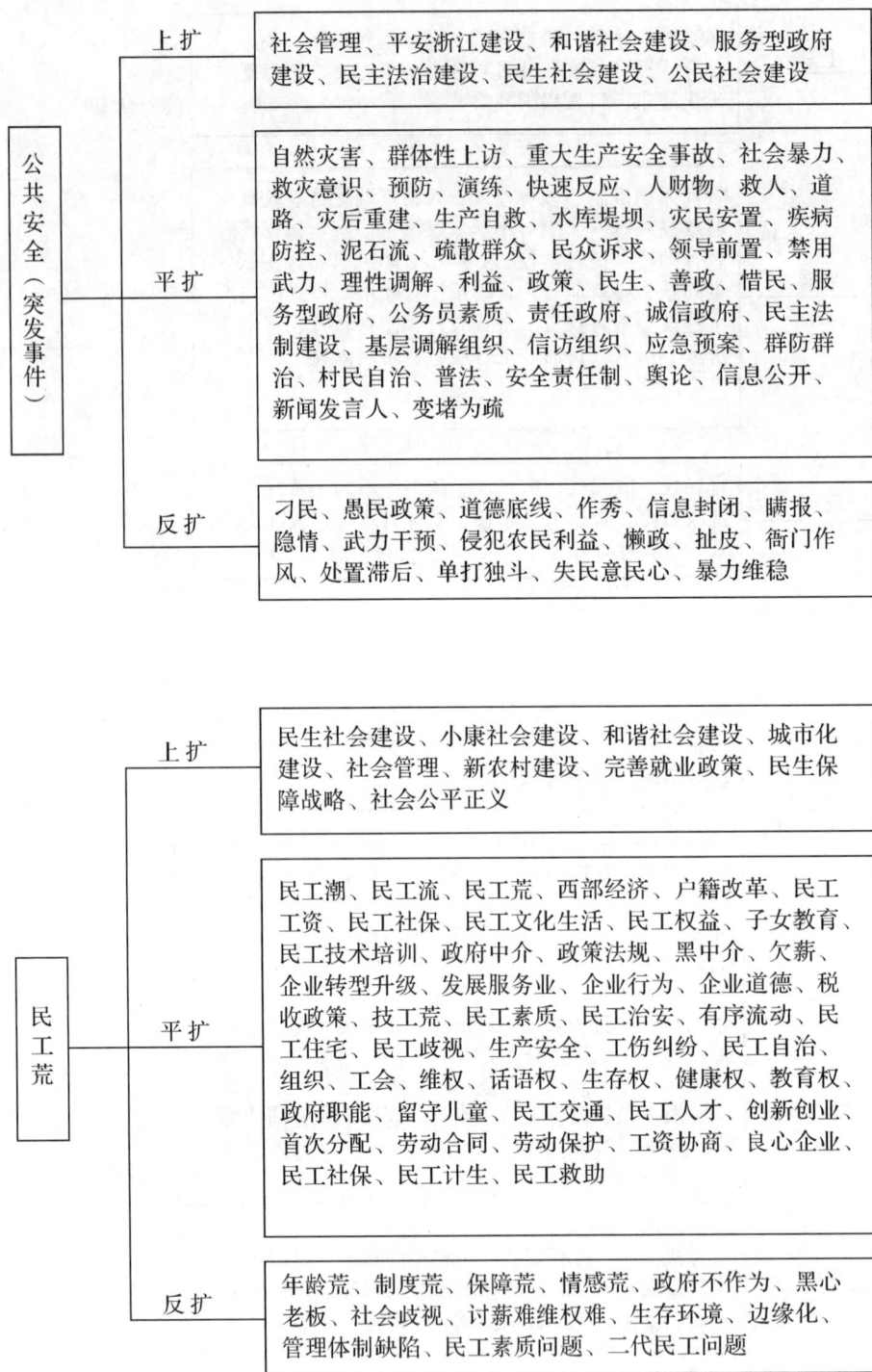

上扩　社会管理、平安浙江建设、和谐社会建设、服务型政府建设、民主法治建设、民生社会建设、公民社会建设

公共安全（突发事件）

平扩　自然灾害、群体性上访、重大生产安全事故、社会暴力、救灾意识、预防、演练、快速反应、人财物、救人、道路、灾后重建、生产自救、水库堤坝、灾民安置、疾病防控、泥石流、疏散群众、民众诉求、领导前置、禁用武力、理性调解、利益、政策、民生、善政、惜民、服务型政府、公务员素质、责任政府、诚信政府、民主法制建设、基层调解组织、信访组织、应急预案、群防群治、村民自治、普法、安全责任制、舆论、信息公开、新闻发言人、变堵为疏

反扩　刁民、愚民政策、道德底线、作秀、信息封闭、瞒报、隐情、武力干预、侵犯农民利益、懒政、扯皮、衙门作风、处置滞后、单打独斗、失民意民心、暴力维稳

上扩　民生社会建设、小康社会建设、和谐社会建设、城市化建设、社会管理、新农村建设、完善就业政策、民生保障战略、社会公平正义

民工荒

平扩　民工潮、民工流、民工荒、西部经济、户籍改革、民工工资、民工社保、民工文化生活、民工权益、子女教育、民工技术培训、政府中介、政策法规、黑中介、欠薪、企业转型升级、发展服务业、企业行为、企业道德、税收政策、技工荒、民工素质、民工治安、有序流动、民工住宅、民工歧视、生产安全、工伤纠纷、民工自治、组织、工会、维权、话语权、生存权、健康权、教育权、政府职能、留守儿童、民工交通、民工人才、创新创业、首次分配、劳动合同、劳动保护、工资协商、良心企业、民工社保、民工计生、民工救助

反扩　年龄荒、制度荒、保障荒、情感荒、政府不作为、黑心老板、社会歧视、讨薪难维权难、生存环境、边缘化、管理体制缺陷、民工素质问题、二代民工问题

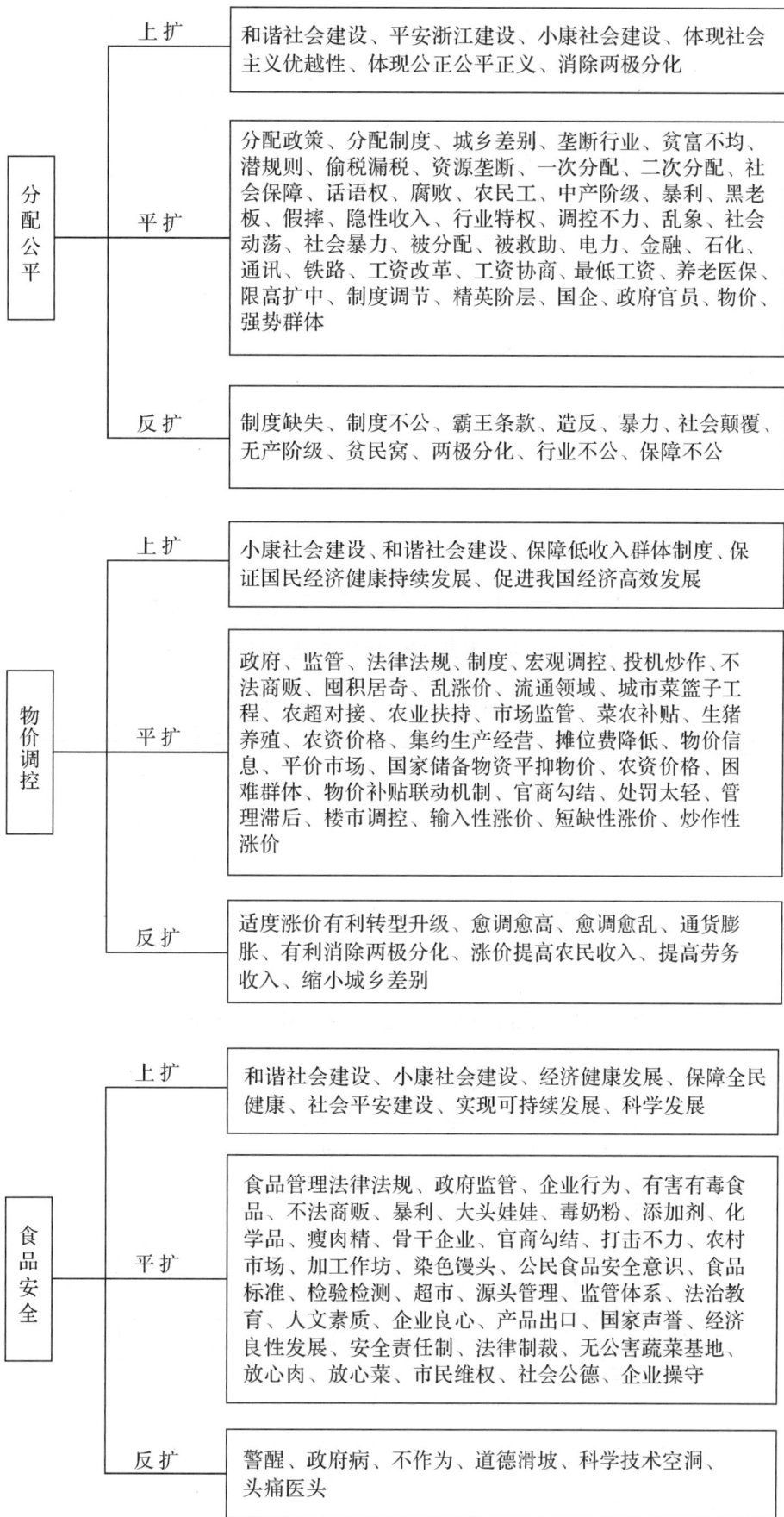

	上 扩	和谐社会建设、平安浙江建设、小康社会建设、体现社会主义优越性、体现公正公平正义、消除两极分化
分配公平	平 扩	分配政策、分配制度、城乡差别、垄断行业、贫富不均、潜规则、偷税漏税、资源垄断、一次分配、二次分配、社会保障、话语权、腐败、农民工、中产阶级、暴利、黑老板、假摔、隐性收入、行业特权、调控不力、乱象、社会动荡、社会暴力、被分配、被救助、电力、金融、石化、通讯、铁路、工资改革、工资协商、最低工资、养老医保、限高扩中、制度调节、精英阶层、国企、政府官员、物价、强势群体
	反 扩	制度缺失、制度不公、霸王条款、造反、暴力、社会颠覆、无产阶级、贫民窝、两极分化、行业不公、保障不公

	上 扩	小康社会建设、和谐社会建设、保障低收入群体制度、保证国民经济健康持续发展、促进我国经济高效发展
物价调控	平 扩	政府、监管、法律法规、制度、宏观调控、投机炒作、不法商贩、囤积居奇、乱涨价、流通领域、城市菜篮子工程、农超对接、农业扶持、市场监管、菜农补贴、生猪养殖、农资价格、集约生产经营、摊位费降低、物价信息、平价市场、国家储备物资平抑物价、农资价格、困难群体、物价补贴联动机制、官商勾结、处罚太轻、管理滞后、楼市调控、输入性涨价、短缺性涨价、炒作性涨价
	反 扩	适度涨价有利转型升级、愈调愈高、愈调愈乱、通货膨胀、有利消除两极分化、涨价提高农民收入、提高劳务收入、缩小城乡差别

	上 扩	和谐社会建设、小康社会建设、经济健康发展、保障全民健康、社会平安建设、实现可持续发展、科学发展
食品安全	平 扩	食品管理法律法规、政府监管、企业行为、有害有毒食品、不法商贩、暴利、大头娃娃、毒奶粉、添加剂、化学品、瘦肉精、骨干企业、官商勾结、打击不力、农村市场、加工作坊、染色馒头、公民食品安全意识、食品标准、检验检测、超市、源头管理、监管体系、法治教育、人文素质、企业良心、产品出口、国家声誉、经济良性发展、安全责任制、法律制裁、无公害蔬菜基地、放心肉、放心菜、市民维权、社会公德、企业操守
	反 扩	警醒、政府病、不作为、道德滑坡、科学技术空洞、头痛医头

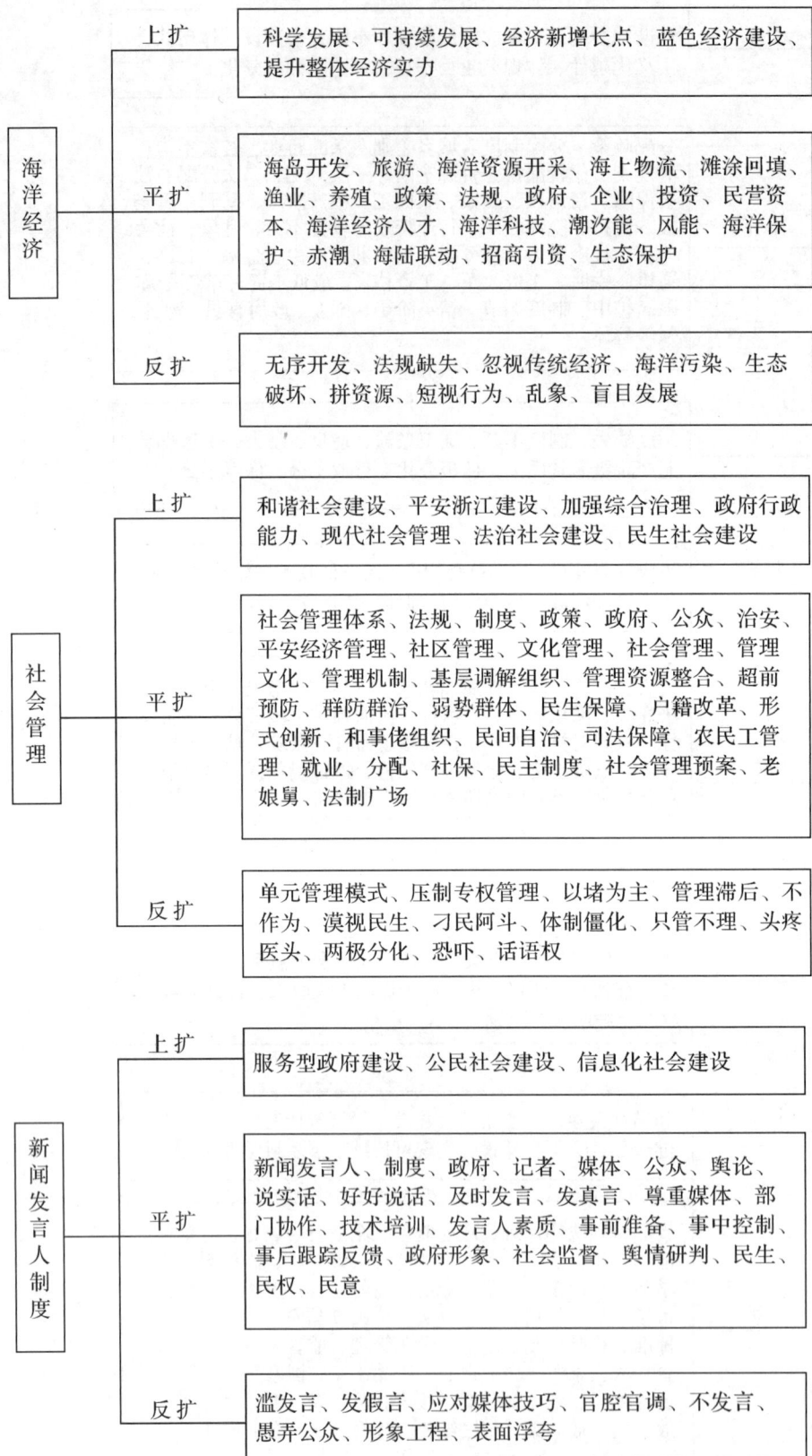

	上扩	科学发展、可持续发展、经济新增长点、蓝色经济建设、提升整体经济实力
海洋经济	平扩	海岛开发、旅游、海洋资源开采、海上物流、滩涂回填、渔业、养殖、政策、法规、政府、企业、投资、民营资本、海洋经济人才、海洋科技、潮汐能、风能、海洋保护、赤潮、海陆联动、招商引资、生态保护
	反扩	无序开发、法规缺失、忽视传统经济、海洋污染、生态破坏、拼资源、短视行为、乱象、盲目发展
	上扩	和谐社会建设、平安浙江建设、加强综合治理、政府行政能力、现代社会管理、法治社会建设、民生社会建设
社会管理	平扩	社会管理体系、法规、制度、政策、政府、公众、治安、平安经济管理、社区管理、文化管理、社会管理、管理文化、管理机制、基层调解组织、管理资源整合、超前预防、群防群治、弱势群体、民生保障、户籍改革、形式创新、和事佬组织、民间自治、司法保障、农民工管理、就业、分配、社保、民主制度、社会管理预案、老娘舅、法制广场
	反扩	单元管理模式、压制专权管理、以堵为主、管理滞后、不作为、漠视民生、刁民阿斗、体制僵化、只管不理、头疼医头、两极分化、恐吓、话语权
	上扩	服务型政府建设、公民社会建设、信息化社会建设
新闻发言人制度	平扩	新闻发言人、制度、政府、记者、媒体、公众、舆论、说实话、好好说话、及时发言、发真言、尊重媒体、部门协作、技术培训、发言人素质、事前准备、事中控制、事后跟踪反馈、政府形象、社会监督、舆情研判、民生、民权、民意
	反扩	滥发言、发假言、应对媒体技巧、官腔官调、不发言、愚弄公众、形象工程、表面浮夸

```
                    ┌─────────────────────────────────────────────┐
            上扩     │ 服务型政府建设、机关作风建设、改善干群关系、责任    │
                    │ 政府建设、现代政府建设、民生社会建设、领导作风建设  │
                    └─────────────────────────────────────────────┘

                    ┌─────────────────────────────────────────────┐
                    │ 政府、平台、网络问政、微博问政、政府官员、机制、制 │
    ┌──────┐        │ 度、常态、政务公开、沟通民意、社情民情、得民意、促 │
    │ 网络 │        │ 民生、放下架子、俯身为民、信息交流、办实事好事、体 │
    │ 问政 ├─ 平扩 ─ │ 察民意、尊重群众、听证、问政创新、问政机制、干部素 │
    └──────┘        │ 质、领导能力、问题诉求、解民困帮民难、监督、共赏、 │
                    │ 回音、理解、考核、责任制、说实话、首先说、好好说、 │
                    │ 迅速说、便民桥、连心桥、致富桥                  │
                    └─────────────────────────────────────────────┘

                    ┌─────────────────────────────────────────────┐
            反扩     │ 形式主义、居高临下、问而不办、懒政、好看不中用、   │
                    │ 傲慢、虚假、被服务、空架势                      │
                    └─────────────────────────────────────────────┘
```

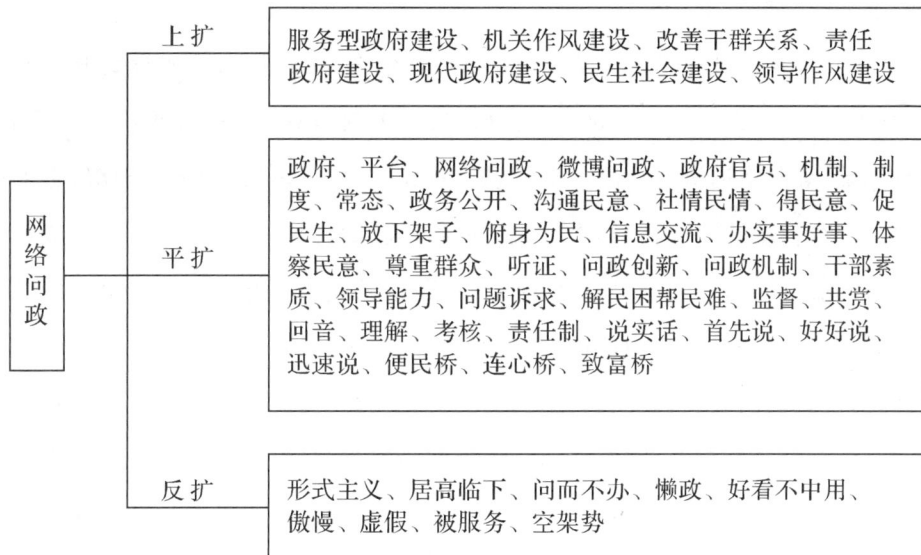

二十二、面试的思维技巧有哪些?

　　思维也就是思考,现今许多面试考生,当面试来临时,急于参加一些培训班,企图在短时间内掌握面试中的所有问题、所有技巧,而平时懒于思考,懒于钻研学习,将面试看做是一种纯粹的"技能",对各类社会问题进行背书式的诵述,而当真正走进考场时,遇到一些"拐弯"的题目,作答时或束手无策,或笑话连篇,最终以失败而告终。思维盲从是多数考生存在的通病,比如对电视中的相亲节目、家庭情景节目,你看得津津有味,信以为真,其实这类节目多数只是"演戏"而已。又如对食品安全问题,进超市购买物品习惯于看"生产日期"和"保质期",而对食品的真实质量很少做质疑性思考。联系到面试中考生对现实社会问题的评述,往往较多地依赖资料或老师的传授去理解,去作答,考生没有自己的主见,因而形成面试成绩平平,鲜有令考官"眼前一亮"的回答。

　　面试是一种复杂考试形式,需要扎实的社会学、管理学等基础知识,更需要考生具有敏捷的科学思维方法。办法是人想出来的,"想"就是思维,怎么个"想"法,有许多的"门道"。许多考生平时能说会道,但真正到了考场,遇到一些不太熟悉的社会问题,往往就"束手无策",其关键在于平时没有养成科学的思维训练的习惯。

面试常用的思维技巧有以下几种：

第一，常规思维。常规思维就是一般思维，也即看到什么，想到什么。如看到城市汽车拥堵，就会想到汽车太多，马路太窄。在面试中，常规思维重要的是对"字面"或事物作表面思维，如对"蒜你狠、豆你玩"等网络词语的看法。常规思维首先是对"蒜你狠"的字面理解，也就是大蒜太贵、价格太狠。"豆你玩"的字面理解为"绿豆价格奇高，简直是开玩笑"。考生一般都有常规思维能力，但在常规思维中，也要防止被考题"欺骗"，也就是考题中的社会问题，是以一种"影射"或"反讲"方式出现，如考题为"对穷人给予经济补贴不好"的评论，常规思维一般理解为这种观点不正确，即"给穷人补贴是好的"，是对弱势群体的关怀，应该多给穷人经济补贴。但正确的思维方式是两面看这个问题，既有好的一面也有不好的一面。首先什么是"穷人"，如果因懒而穷，那么这个"穷人"就不值得补贴；如果是有钱"装穷"那么更不应该补贴。其次对穷人补贴只能解决一时困难，不能解决其根本问题，给穷人既要补贴，更要帮助他们就业或解决生产经营中的困难，使他们早日脱贫致富。再次，面试中常规思维不要"太老实"，也即要对"字面"多一些分析，不要"受骗"。常规思维一般的思维逻辑都是在分析问题时"容易看表面"，即把事物看得"很好"、"很美"、"很感动"，不太作深层次的思维，看不清事物背后或深层次的东西。

第二，正向思维。正向思维就是"向前"思维，如对"蒜你狠"的评述，正向思维一般为：①网络用语很好很形象，揭示了物价飞涨的社会现实；②物品涨价太过离奇，应该加以遏制；③政府应加强调控，打击非法牟利等；④增加生产供应，平抑物价。面试中的正向思维一般可归纳为：往好的方面想，往好的方面做，达到好的社会效果。正向思维也可称之为常规思维，但也要防止出现思维中过于程式化、僵化的思维方式。如对高房价的调控，政府和社会一直采取正向思维的方式去限制房价的暴涨，但为何会走进"越调控，房价越涨"的局面，其根本问题是这种思维方式或者是政策措施过于程式化、过于僵化，与事物发展规律"不合拍"，如果考生在面试中，习惯地用正向思维去破解社会问题，很有可能会造出"千篇一律"，也就是大家答得差不多，没有考生的新思想、新见地，当然也不会有新的解决门道。如对重庆、上海两地开征物业税问题，正向思维肯定是值得肯定，值得推广，改革很有必要，但如果用其他思维看两地的房产税改革，就会得出一个完全不同的结论，即两地的房产税改革肯定不会成功，肯定得不到百姓的赞成，是一种虚化的改革。在面试中，正向思维是前提，是基础，是考生必须具备的思维基本功，没有正向思维，就不可能有反向思维、侧向思维、抽象思维。

第三，反向思维。反向思维也称逆向思维。面试中采用逆向思维一般都能达到出奇制胜的效果。因为人们头脑或者思想在考虑问题时，必须要多一个心眼，这是学者十分推崇的一种思维方式，不会反向思维的人肯定是个不聪明的、缺少智慧的人，面试中不会反向思维的考生也很难有新思想、新措施，也难以取得高分。反向思维就是要求我们对社会事物在做正向思维的同时,从反方向去考察事物,揭示其本来面目,辩证法中的"一分为二",就是说得这个道理。有许多评论文章,包括专家学者的讲演,之所以成功,之所以能引起社会的巨大反响。其原因就是采用反向思维去研究、观察、处理社会问题。如马云对"企业转型升级"的反向评论引起社会轰动,马云的观点是目前企业转型升级唱得多、做得少,政府文件多,给企业实质的支持少等。他还指出有些企业根本不需要转型,转型不能空喊。又如许多学者提出"金融危机好"、"城市拥堵好"、"物价飞涨好"等。还有学者认为日本沦为经济"老三"是理性的战略、别把创新弄成口号,双汇集团"瘦肉精"事件好、陕西政府农业网三年只有六条信息好等。上面这些"好"是反向论证事物,陕西农业网的有名无实将政府的懒政暴露无遗,就加强执政而言,此事的曝光是个警醒是件好事。反向思维也是科学思维,任何社会事物都不可能十全十美,百姓能给政府提意见,提批评,说明百姓相信政府,也有利政府改进工作更好地为百姓服务,如果连百姓都不提政府意见了,那么这个政府也就没有多少公信力了。

第四,侧向思维。侧向思维就是从事物的一个侧面去观察去评述问题。在面试中,考生利用侧向思维去观察论述比较符合考生实际,因为考生年纪较轻,纯粹用反向思维显得过于"老到",同时因经验和社会阅历不足,往往勉为其难。侧向思维一是对思维做倾向性的肯定或否定,如对当今的民生问题,考生在思维时,对政府、社会对民生的关注以及民生问题的解决,先做个倾向性的评述,即民生建设有所推进,有所成效。当然也可作个倾向性否定,即当前的民生建设还只是个起步,还没有实质性成效,更谈不上已经较好解决了民生问题,其理由不管是肯定还是否定,都要说出个一二三。侧向思维也就是冷眼看世界、看事物,如对当前的新农村建设,正向思维是成效大,样板好,政策多,进步快。侧向思维则是,新农村建设有一定成效,有些样板村好,有些则有形象工程之嫌。农民集中搬迁"请上楼"有违民意,某些政府部门醉翁之意不在酒,利用农村拆迁腾地转手谋取利益等。又如对"民工荒"现象的侧向思维是,东部许多企业设施设备陈旧,转型升级慢,用工多导致民工荒;民工受剥削,待遇太低,保障较差。又如对"城市交通拥堵"的侧向思维为:城市小巷太多,小巷私家车多,进出主干道影响交通;城市商圈过于集中,造成人流拥堵形成交通堵塞;中小学生放学家长汽车接送太多,影响交通;政府和公务机关公车泛滥,使用时公私不分,造成交通拥堵。又如对食品安全的侧向思维为:国民人文素质太低,见利忘义;食品生产企业缺乏监管,缺失法律法规制约;对问题企业、不法商贩处罚太轻,以至屡禁屡犯;政府部门监管严重滞后或官商勾结,丧失社会良知等。

第五,形象思维。形象思维就是以实物作为思维的参照物展开思维的一种方式。面试中大量问题需要通过形象思维解决答题问题。人的知识水平是有限的,考生不可能事事都知道,样样都精,尤其是年轻的刚出校门的考生更是如此。那么怎样在答题中利用形象思维做好回答呢?其技巧有以下三种。一是以生活、工作中的人为参照物展开思维。如对人际关系题的解答,考生可以根据题意,以某个同事、领导、朋友为参照物,就很容易"想到实处",说到"点子"。如"怎样处理好同事之间的关系"为例,如果你是考生,就会联想到你与某同学或某些同学平时怎样处理关系的,你的同学中有与你相处近的好的,也有相处不好的,面试时只要以某些熟悉的人为参照就很容易作答。当然,建议考生要有目的地熟悉身边的人,如领导、老板、民工、老人、朋友、亲戚、患者等。还要熟记一些正向反向对你影响深的人,如善良的农妇抓小偷等。二是物。形象思维中的物很多,但作为考生要记住一些"重要的最能影响自己的物"。如看到某块常年闲置的荒地,太湖里的成片的绿藻,一个刚造好三年就拆除的政府大楼,那条堵得最惨的街道,一个超豪华的医院或是一桌挥金如土的宴席。三是意。意象也可以称之抽象。意象思维就是依据事物的变化发展,再通过头脑的思维,朦胧中感觉到要发生什么变化。如我们某天感觉很闷热,就会意识到可能要下雨,人可能会感冒,老人可能要犯重病,开空调可能会解除湿热等。意象就是意识到可能要发生,但不一定发生。意象在思维过程中十分重要。如春节鞭炮开禁,就会意象到喜庆热闹,意象到火灾伤人,意象到鞭炮业大有发展。这里举一个例子,有个城市小区,紧邻一豪华大酒店,某年大酒店扩建,因此某个专家预言,这个小区将遭到重窃,结果这个小区的居民户户遭窃,许多居民向专家求教,遭窃是否与酒店扩建工程脚手架方便行窃有关,专家摇头表示否定,那么这个专家如何判断该小区要遭盗窃呢?这是专家的意象。专家认为,豪华酒店扩建时那么多的民工在脚手架上终日辛劳,酷暑寒冬,有时劳作到深夜,他们每天低头看到的是俊男靓女灯红酒绿,歌舞升平,抬头看到的是星星月亮和遥远的家乡,以及自己灰头土脸,他们感到人生之不平,他们没有抗争的能力,唯一可以平衡心理的是偷一把回家过年。事实上这个小区最后连保安室的铝合金窗户都给小偷强拆走了。在人的思维过程中,意是谋的基础,意是经验的启迪,意是一种预见,意是对事物发展的判断,当然意也是修正事物前进的方向。无论在社会行政管理实践中,还是在我们面试中,重视意的思维,我们就会变得更加聪明,变得较有预见,更能减少失误。

二十三、面试中开头语与结束语表达技巧

面试中如何开好头、说好话十分重要,而面试中的结束语更是对面试表述的归纳总结,无论从作答的规范性还是考官对考生答题的整体印象都至关重要。因此,有必要研究如何答好"开场白"和收好"尾巴"。

1. 开头语作答技巧

一般而言,面试中考生要对所答题目作一个重复性表述,也就是告诉考官我下一个要作答什么,如题目是"请你谈谈如何发展海洋经济"。考生的开场白应该是:"关于如何发展海洋经济问题我谈几点看法"。这个"开场白"就是对答题的重复描述,也是对往下回答正题的一个引申。如果考生直接表述为海洋经济的发展要怎么做,那就显得太突然。又例:题目为"你的一个领导很器重你,另一个领导不看好你,疏远你,你怎么办?"考生的"开场白"先要对所答题意或性质作个归纳性表述,考生可这样作答:"这是一个关于如何处理好与领导关系的问题,我的方法是……"这是将题意作为"开场白"去引申出往下的作答。实际生活中,如果你要对某个男士或女士作出评价,你总要表明评价对象的性质,即是男还是女,如果开头没表明,那么旁人不知道你在评论谁。

开场白中还有对某种观点、疑难问题的评述,考生要有前置语铺垫,如"对这个问题要理性分析,理性处理"。哪个问题不要理性分析,考生这样开场就会给考官一个成熟、理智的好印象。

开头表述中对会议组织、活动组织等题目,考生都要置前置语,如"关于组织现场会议问题,我的方法是……",或者"关于会议组织,我觉得也是行政管理的必备技能……",或者"组织会议也是一项行政科学管理工作……"。

2. 面试中间语言过渡技巧

考生在作答问题时,总要分些层次表达,那么层次与层次之间或者一个层次内的语言表述都要讲究过渡衔接。一般的方法是:一是多使用"我觉得"、"我认为"之类的主观意图表述。二是每个层次表达结束时有个因果交代,比如只有如此,才能……三是将层次表达的序号后置,即不要使用一是、二是、三是,可将"序次"放在最后,即表述完一个层次后,说上这是"其一",这是"其二"。四是理论论述与实例的连接,考生在论述理论后,用明晰的语句求证以实例,如海洋经济的发展必须坚持科学发展、理性发展,切不要拍脑袋决策,许多的海洋环境事件就是由于草率决策所造成的,譬如……五是多用"目前"、"当前"、"当下"、"如今"这样的时空概念词,既可作为语言连接,又可引申后面的话语。六是多用一些连词,"不但……而且……"作为过渡语言。

3. 面试结束语表达技巧

在时间允许情况下,考生对一个问题的作答,在最后要将前面作答过的观点、做法作个小结,例如"总之,处理好人际关系,关键是要有个好的心态,要淡泊名利,要真做实干,这样才能处理好这些关系,营造一个和谐的人际环境"。在实际操作题作答时,考生在最后也可这样归纳表述:"我觉得,解决企业资金问题,必须坚持政府指导,实事求是,依靠群众,大胆创新筹资方法,加快企业转型升级提升企业管理水平,那么小企业资金紧缺问题才有可能得到缓解。"

二十四、面试中的笔记怎样做

在日常教学中,常常碰到一些考生在面试中表述缺乏层次,抓不到"点子",甚至一上台演练就慌张等现象,尤其是怎样在短时间内理出表述思路,许多考生不得要领,其实面试时的三四分钟准备时间十分重要,许多领导现场演说头头是道,其实也是事先有准备的。作为考生要很好研究借鉴。

公务面试一般 10~15 分钟,期间一般准备思考时间为 3~5 分钟,面试中怎么准备是大有讲究的。3~5 分钟时间不算长,但也不算短。如果考生做了充分得当的准备,表述就比较容易。如果考生准备时摸不到"门道",就事论事,那么表述起来就十分费力。下面介绍几种准备方法:

第一种,舍易记难。所谓舍易就是考生在拿到面试试题时粗粗地看一遍,一般而言,面试考题有三至四题,有容易的、有较容易的、有很难的。作为考生,对自己有能力作答的,比较简单的,平时已掌握的,就不必做笔记,如对认知题"你为何要报考这个岗位"一般只要记得三个要点,即重要(岗位重要)、热爱、锻炼等关键词展开即可。这样可以省出时间考虑较难答或较复杂的问题。一般而言,面试考题难度分为小、中、大三等。难度小的不做笔记,自由发挥;难度中等的,稍作笔记;难度大的重点下工夫做好笔记。例如面试考题为:①请你谈谈你的家庭。②你到一个新的单位上班,领导不太看重你,许多重要工作没让你参加,同事也不太理你,你怎么办? ③假如你是某市海洋经济办公室成员,在座的评委假设是某大学校长,领导要你组织一项人才引进工作,你如何向大学校长争取人才引进,并做现场示范。上述三道题,第一道比较容易,只要在表述家庭时,将人生、道德、处世等要点讲出些新意即可,不必准备。第二道题目有一定难度,你可作简单笔记,可记卜这样一些要素:①很正常;②自我心态调整;③努力工作,谦虚,真诚。上述三个要素只要展开就行,可表述为我的处理方法是一、二、三。最后一道题十分难答,要当场演示与大学校长的协商,要快速认真做些思考,记好笔记,可记下这样一些要素:①热情接洽、态度诚恳;②介绍本市海洋经济发展前景;③介绍引进人才政策;④欢迎校长考察指导;⑤建立人才协作意向。也可这样笔记:①热情:礼貌、称呼、尊敬;②介绍前景:好、规划、市府重视、条件优势、存在问题、人才缺乏等;③人才政策:户口、待遇、住房;④指导:参观、建议指导、考察、顾问;⑤合作:培养协作、开发协作、共享、科研协作。

第二种:记关键词。记关键词就是在阅览题目后,迅速进行思考、搜索,在加工处理后,将要表达的主要节点的几个简单的词记下来。如题目为"谈谈你的家庭",考生如平铺作答,可记下"人"、"影响"、"期望"、"奋斗"这样四个关键词。答题时展开即可。如考生采用反常态作答,可记下"贫穷"、"朴实"、"幸福",然后将这几个关键词展开就行,这样考生作答时就不会慌乱,表达起来也能出层次,只要中间随口讲几个亮点就可以了。记关键词时,有些题目比较难答,此时你必须开动脑筋,抓"点"抓新意,如处理难答的人际关系题时,要采用反向思维,多用辩证方法去解题,多用"迂回法"、"道理法"去解套。一般常用关键词为:理性、自我行为、气度、修养等,然后展开即可。

第三种:框架法。面试中有些考题要求公文式作答,如调查研究类、发言类、报告类等考题,许多考生备考时不注意公文套路,也就是不知道怎样答出层次,往往想到哪说到哪,这是面试中的大忌。如考题为"请你在欢迎新同志会上发个言",考生一般不作框架设计,只作随便应答。如果考生在笔记上稍作个口述框架就不一样了,考生可在笔记上写出:①高兴、感谢;②岗位认识;③表态。高兴与感谢就是发言的导语,岗位认识就是讲话的主要内容,表态就是收场结语。调查类题目也是一样,考生可作这样的框架记录:调查内容、人员、重点、经验或问题、建议,然后依次作答就可以了。

二十五、面试讲不下去怎么办

由于各种原因,许多考生在面试时一时讲不下去,考场成了"冷场"或停止作答一段时间,这是考生常犯的毛病,面试时考生讲不下去主要是考生平时缺乏训练,心理怯场,准备不足或者考题太偏。其实,面试有时讲不下去是正常现象,无论是演说家还是领导都存在这个问题,所不同的是演说家能临场应变,语言表述时少留或不留痕迹罢了。

那么如何解决面试时讲不下去这个问题,这里给考生提供以下几个应对办法:

一是**重复过渡法**。考生在面试时,遇到难以表达时,可稍稍重复以前说过的话,"腾出"时间考虑下面要说的问题。如在考生讲到民生制度建设问题时,谈到"加强社会保障制度建设是搞好民生保障的根本",当前,最关键的是要完善农村医疗、养老等保障制度……往下就说不下去了。此时考生可回头叙述社会保障的重要性,可接着说:完善社会保障制度是党和政府的工作职能,必须列入工作计划,努力抓紧抓实,当前农村医疗制度建设要创新改革,政府应加大投入,扩大保障面,提高保障水平,给农民多些保障,多报些医疗费,减轻农民负担。

二是**反说法**。反说法就是当面试陈述碰到困难,一时难以往下说,此时考生可话锋一转,用"防止、克服、纠正"存在问题来延续自己的叙述。这就好比开汽车找一个新车位,一时找不到,就掉头往其他方向行驶,再找捷径到达目的地。如当考生讲到解决民工荒问题时的表述:解决民工荒问题政府要给力,要拿出实实在在的措施,如加大财政投入,免费为农民工培训技术……此时由于紧张讲不下去了。解决之道是考生不要紧张,可话锋一转进行"反讲":当前作为政府相关部门在解决民工荒问题上,要克服口号喊得多、做得少、钱投的更少的不作为现象,政府人事、劳动、社保等部门都有条件为民工开办各类培训班……面试中的反讲不但是语言表达也是文字表达常用的链接方法,考生仔细研究一下相关时事评论或领导讲话报告就可知晓其中的奥秘,人不是万能的,现场语言表述碰到困难是正常的,关键在于考生临场别太紧张,事先多练习,心中多准备一些临场应变办法就能解决这个问题。

三是**举例法**。举例法就是当考生讲不下去时,索性将一些身边的事例来延续自己的表述,这也不失为一个好办法,如果讲得生动,反能为面试添彩。如讲到农村医保时,考生一时讲不下去,就马上用事例链接讲话内容。考生可这样表达:现在有的农民生了重病或者绝症,报销太少,死后还欠一屁股债,干脆就放弃就医了,从建设民生社会看,这是个社会悲剧。又如在讲到低碳行政时,考生在讲到节省办公用品、节电节水时讲不下去了,此时考生也可举个实例。考生可这样表述:有人说办公室用一天电,农民用一年,我仔细算来,一个办公室夏天有空调、电脑、电灯等,有时 24 小时开着,算起来每天耗电十多度;一个农民点 15 瓦的灯泡,还舍不得开灯,一个晚上就开一两个小时,这样算起来,用一年也就十几度电,因此想想老百姓,我们的机关节能就应该是必需的。举例法的关键是要事例与答题内容贴切,举例时要尽量讲得生动,表述中要有亮点有说服力,这是提高面试成绩的好方法。当然,作为考生要平时多注意社会上一些实际生活中的事例,可从平时交谈中、阅读中、电视网络上多收集些生动的典型的事例。

四是**解决措施法**。解决措施法就是当考生在面试中讲不下去时,不管讲到哪里,马上临时性用措施去连接讲话内容,这也是语言表述时常用的方法。因为任何一个社会问题都有缺陷,都必须创新解决的方法。如考生在面试领导干部加强学习时,一时难以表述下去。此时考生就可以用解决的措施去延伸讲话内容。如考生讲到:领导干部的学习十分重要,不但要加强时事学习、法制学习、专业技术学习,还应该加强道德修养方面的学习……此时讲不下去了,考生可马上转移话锋,这样表述:加强干部学习,关键要有实质性的措施,我认为,对领导干部的学习要建立每年考试制度,如果每年都用公务员考试形式来检验领导干部的学习效果,那么所有的干部就"逼上梁山",总不能考个30多分交差吧。这就是解决措施连接法,上面这段表述既生动,又贴切。

面试讲不下去与笔试写不下去有相同之处,又有不同之处,相同之处是考生的思维方法基本一样,区别在于笔试有较多时间考虑,而面试没有时间;不同之处是笔试是文字表达,必须要求严谨,而面试可灵活表达,不太讲究语句严谨,只要切合题意即可。因此只要不怯场,注意临场应变,多准备一些事例,面试讲不下去的问题是可以解决的,关键是考生平时要多练,有张"婆婆嘴"就行。

二十六、面试中如何答出新意

衡量面试质量的关键在于考生对社会问题是否有自己的思想,看问题有没有独到的见解,也就是常说的有没有新意。我们经常听某个领导开会或者作报告,有的领导在报告时滔滔不绝,但讲的都是"官话"、俗语、套话,那么听众对其就评价不高了;但是有的领导在报告时讲得很生动很有新意,大家就会觉得领导很有水平。那么,究竟什么是新意呢?新意从哪里来呢?这就是我们要讨论的问题。

1. 什么是新意

"新意"是人们对某一社会现象或事物的独到见解和看法,也是人们解决社会问题时采取的创新性措施。从人们的思维看,平时对异端的尊重以及求解时多用反向思维、侧向思维等都是产生新意的途径。比如如何组织会议,一般用会前准备、会中管理、会后总结三个层次表述,大家都讲得差不多,也就没什么新意。但考生如果多动些脑筋,多用一些反向思维,那么会议组织类题目的解答就大不一样了。首先,在会前准备工作中,需要拟定会议计划,会议计划包括时间、地点、经费、人财物等,如果考生采取节省会议经费、缩短会议时间、地点选择在基层现场等,就显得很有新意,因为现在的会议多数是花费大、时间长、会址在豪华会议室或宾馆,会议效果普遍较差,考生如能反向作答,效果可想而知。再如会议组织一般考生都答得差不多,尤其是会中组织,不外乎音响、材料、讨论等,事实上会议组织科学高效能极大提升会议效率,那么其新意可表述为:会议管理最关键的是要选好议题,对会议精神落实要有责任机制,作为组织者要协助领导抓好确定事项的分解落实,要落到与会者人头,明确会议贯彻时间、方式、责任、效果,建立系统的跟踪管理制度,避免那种"一天一个会,大家打瞌睡,三天一个会,只能管个醉"的"会议病",达到"一周一个会,精神全领会"的效果。其次,会议组织的新意还可从低碳、安全、务实等方面表达,如多开电话会议、现场会议,多让群众参与等思维角度去解答问题,将一个普通的会议组织题答得生动、深刻、到位、得体。

2. 新意从哪里来

无论什么样的面试题都可答出新意,考生要多看一些时政类评论文章,这类文章里面有许多新颖的观点,有些可能有点偏激,但可加工利用,同时考生还要多看电视评论节目,这类节目围绕社会热点问题展开评论,都是面试学习的"标本"。有的时评观点新颖,多数比较客观深刻,有些时评说得十分精辟,考生要多看多留意,并动脑思考,如果再能有考生独立的见解,就变成自己的知识。在面试中,考生还要多运用反向、侧向思维寻找一些看似异端,但又能真切反映多数民众声音的见解或看法,利用"中庸"语言去表述出具有独特见解的新思想,当然,在使用批判性或否定性语言时要特别注意把握分寸,多用隐语、中性语,以避免语言机械或授人话柄。

最好最真实的新意是从实践中来,这是真理。考生要平时多接触社会,接触百姓,深入生活。如物价问题、医疗问题、民工问题、住房问题、收入分配问题、社会保障问题等我们几乎每天接触这些事物,在我们的身边有无穷无尽的社会新人物、新鲜事、新鲜问题、新鲜观点,你观察了,入脑了,新意就多了;反则死记硬背是很难出新意的。从生活中学习是最好的学习,如果你领悟了,实践了,会受益一辈子。

3. 怎样表达新意

在传统的教育中,人们一直把读书中领悟到的一些独立问题,根据需要串联成自己的语言或观点,这样的思想被称作智慧。而在当代,人们已把自我独立思考与价值判断作为智慧,这里的前者仍然是书本观点,即他人观点,而后者强调的是自我独立思考形成的观点,毫无疑问后者的智慧更充满新意。在政府行政管理中,重要的不是人家怎么做或者做得怎么样,而在于你怎么想,你怎么做。考生可能明白这个道理。如解决城市拥堵,专家学者有许多的观点与想法,如果考生能掌握其要领,又能讲出个所以然,这也很了不起,因为你不是专家,你不可能掌握那么多社会问题,但是这还不是新意,不是你自己的独立思考,如果考生观察到南方城市那么多小街小巷,原有的小巷没有私家车,现在的小巷里已经停不下车,那么可以肯定,城市拥堵与小巷交通管理关系十分密切,新意就出来了,即解决城市拥堵也要改造小巷交通。还有解决交通问题,常规的是建地下停车场,实际上,城市商业中心建地下停车场是引起交通拥堵的重要原因,如果商业中心不建地下停车场,车无处停,只能步行购物,拥堵也会有所缓解。还有社会保障问题,目前城市与农村保障多元化,专家学者也有许多观点,政府政策法规也是层层密密,似乎难有独立思考余地,其实不然,最近试行全国统一社保卡制度就很有新意,如果考生联想到社保公开公平公正原则,只要出台个社保费用公示制度,肯定会引起社会强烈反响,同样是国家公民,有的农民年享社会保障一两百元,而有的强势人群年享社保数万元,不算不知道,算算吓死人。如果考生在面试评论中,发表"逐步建立完善社保公示制度"的观点就很有新意。

在一场面试中,不要求考生处处出新,每道题出新,要根据考生对社会问题的熟悉状况,有重点地讲出新意。在形式上,有些考生擅用俗语或流行语表达新意,有的考生则用论据论点表达新意,也有的考生用生动事例表达新意,也有的考生用排比句、讽刺语等表达新意。电视中的许多评论员都有各自的语言表达风格,这也是一种新意。在角度选择上凡是新意的评论均针对时弊,为民鼓舞,宁波市委书记引用的民生俗语"死不起……生不起……养不起……"受到社会广泛好评,这是例证。凡是出新意的大多逆向思维,如城市化建设中的征地,农民拆迁户既是受益者也是损失最大者;城市拥堵最厉害的,往往也是经济发展最快的城市。

最后,面试中考生想要表达新意,可以准备若干观点与基本语言,平时看报、看电视时留意些自己感兴趣的观点或素材,以备考之用。

二十七、面试训练四部曲

面试训练怎样做到科学高效,在短时间内怎样训练才能取得好的成绩,这是面试考生普遍碰到的问题。下面介绍面试训练的基本方法,具体可分为四部曲递进式学习方式:

第一,学习熟悉相关社会热点问题。对于社会热点问题,许多考生在笔试时基本了解,但有些考生并没有下工夫认真学习当前时事政治。对于面试考生而言,无论是已经系统学习还是粗粗学习,都应该静下心来,多读一点相关资料。与笔试相比,面试的素材掌握要更宽泛,更具体,既要了解社会问题基本形态,更要懂得如何去分析、处理。掌握相关社会热点问题可以采取边学习边整理的方法进行,一般而言,考生只要了解掌握当前十来个社会问题就可以了。

对这些社会问题,考生可用"扩展"的办法理出头绪,下面以海洋经济问题为例,考生可整理成:

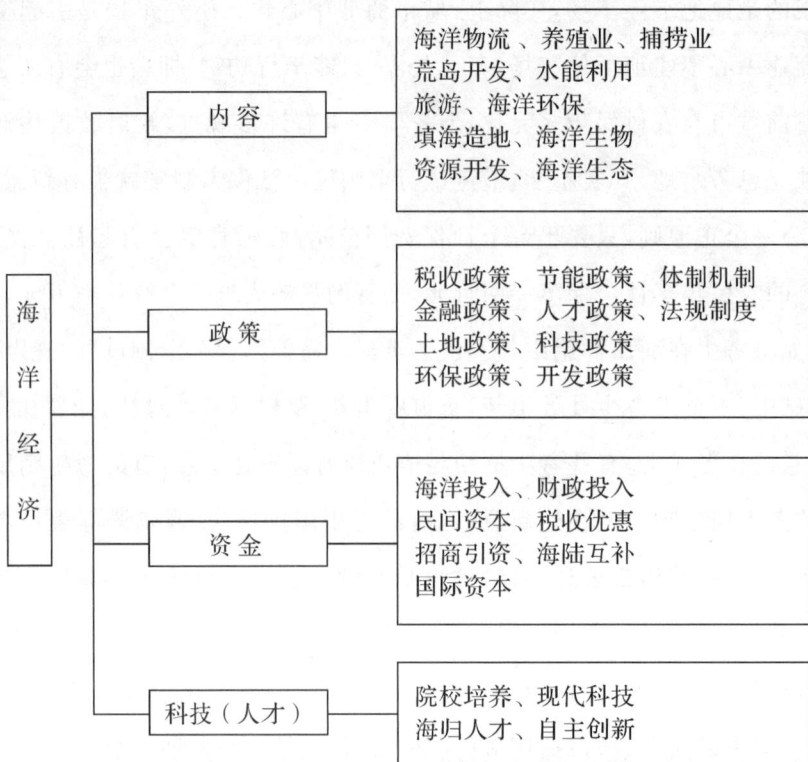

```
                    ┌─────────────────────────────────┐
          ┌─ 内容 ─┤ 海洋物流、养殖业、捕捞业          │
          │        │ 荒岛开发、水能利用                │
          │        │ 旅游、海洋环保                    │
          │        │ 填海造地、海洋生物                │
          │        │ 资源开发、海洋生态                │
          │        └─────────────────────────────────┘
          │        ┌─────────────────────────────────┐
海        ├─ 政策 ─┤ 税收政策、节能政策、体制机制     │
洋        │        │ 金融政策、人才政策、法规制度     │
经        │        │ 土地政策、科技政策                │
济        │        │ 环保政策、开发政策                │
          │        └─────────────────────────────────┘
          │        ┌─────────────────────────────────┐
          ├─ 资金 ─┤ 海洋投入、财政投入                │
          │        │ 民间资本、税收优惠                │
          │        │ 招商引资、海陆互补                │
          │        │ 国际资本                          │
          │        └─────────────────────────────────┘
          │            ┌─────────────────────────────┐
          └─ 科技(人才)┤ 院校培养、现代科技          │
                       │ 海归人才、自主创新            │
                       └─────────────────────────────┘
```

通过整理,找到反讲、侧讲的重点,如海洋经济发展与传统经济的关系、海洋文化与海洋经济、海洋经济政策创新等都可侧讲。在反讲方法上,可立意为"别把海洋经济搞成掠夺经济"、"发展海洋经济别搞成口号经济"、"海洋经济也是良心经济"、"海洋经济的三个要不得"等。

相关社会热点问题可以结合申论考试用图表方式列出,在学习训练中有新的要点再作扩充,这样考生就可掌握大量的社会问题信息。社会问题多数是相互联系的,考生掌握的信息越多,面试时肚子里越有"货",表述时就不会"无话可说"。

第二,学会掌握基本答题要领。面试题的题型一般也就十多种,有些不过是稍有变化而已,如漫画题实际就是观点题,漫画题主要通过图画形式来告知考生一个社会现象,并无什么新鲜感。当然对考题的题型与作答基本方法,考生要通过训练慢慢掌握,可以先将模拟考题用笔记形式做在纸上,然后边看、边背,最后脱出稿子,直到口头能流利表述。在背练时,考生要在其中多穿插一些"我认为"、"我觉得"、"我的观点是"、"我的处理方法是"等,这样就能消除"背书"的痕迹,以减弱死记硬背的痕迹。

第三,重视随机训练。随机训练就是请家长、老师或同学、朋友当面提问,当场作答。考生可利用学到的技巧和知识临场发挥,起先肯定答得"丢三落四"或"无条无理",但通过总结或老师的点拨,慢慢地会有所感悟,直到"能说会道"。面试既需要知识基础,也需要多加练习,考生可有意识地找一些真题或新近社会热门问题,关起门来,对着镜子自练自纠,不要怕吃苦,怕麻烦,相信功到自然成,许多高分考生就是这样硬练出来的。

第四，加强实战训练。实战训练是面试最好的训练方法，可以在家里或其他地方设置模拟考场，请家人或朋友当考官，从出场走路、礼貌招呼、时间控制、手势动作、语言快慢、表述层次等各个方面一一训练。一般实战训练愈多，考生愈自信，问题解决得愈快愈好。问题在于多数考生没有现场指导老师，这里可以介绍几个办法：一是请面试过关的公务员来当老师，请他们提意见加以指正；二是多名考生集体自练自纠，考生在台上讲，台下的考生可作点评，也很有成效；三是实战训练也要计时，模拟打分，给考生增加压力，以接近现场真实考试；四是通过实战训练还不能达到一定水准的，可请专业老师帮助训练。实战训练成效的好坏直接决定考生的面试成绩，要花大工夫刻苦练习。要想考出好成绩，一般考生实战训练不少于 20 个课时。

二十八、面试中如何提高考官注意力

实际考试中，考官在考务工作中由于时间问题、考生答题质量问题、疲劳问题等，总会产生注意力下降或考评随意现象，对此，作为考生尤其是考试排在后面的考生要想办法提高考官的注意力，以加深考官对自己的印象，考出理想的成绩。提高考官注意力除了考生自身提高作答水平和质量外，还可用一些小窍门来活跃考场，改变疲劳性评判现象。首先，适当加重表述语气，只有考生有个好的精神状态，才能提振考官注意力，同时适度地做一些肢体语言，也能影响考官注意力。其次，选择生动事例去感染考官，如一些俗语、谚语、发笑的口头语等穿插在作答中，让考官对你的作答感兴趣，有些鲜活的事例考官不一定知道，如果你能得体表述，其效果必定很好。例如讲到农村污染问题，你如果手头有个"癌症村"实例，再加上渲染描绘，讲得有声有色，考官就有兴趣专心关注。与此同时，考生在作答时，要用眼神与考官交流，这既是对考官的尊重，也是加深彼此交流的必要条件，面试既然是一种人际交流方式，如果考生眼睛看在别处，会给考官一个"心不在焉"或者"目中无人"的不好印象。考生要努力克服怯场、害羞等不良心理，心态平和地应对作答。

提高考官注意力还有一个办法是作答要有深度，要善于在阐述时提出一些自己的观点与看法，尤其是对社会问题中的一些"异端"，也就是社会不同看法进行评论，如对保障房建设问题，考生就要提出"难以完成"、"有虚假水分"、"挖坑充数"以及"民生大跃进"等不同看法。又如对"文化建设"，考生也可以提出"文化泛滥"、"文化大跃进"、"文化圈地"、"被文化"等新的见解。上述这些观点可能不一定正确，但考生能够注意到这些问题，说明考生的思想很敏锐，很有深度，对考官来说就很有吸引力，因为这些观点，考官也不一定明白，如果考生能够得体地阐述，定会给考官一个好印象，考生就有希望考出好成绩。

二十九、面试中的衣着包装怎样得体

面试中考生的衣着穿戴十分重要，有的考生尤其是女性考生往往误认为打扮得愈鲜亮，穿着愈华丽愈好，其实不然。面试时，考生的穿着打扮，一要与自身条件相适应，二要与岗位职业需要相适应，三要与公务员身份相适应。有的考生在面试时穿得不伦不类，有的过于涂脂抹粉，有的过于休闲随便，这些都会给考官一个不好的形象，从而影响面试成绩。

面试中的打扮如何得体出彩，下面介绍几种方法：

第一，注重身材包装。考生的身高、长相、胖瘦等是客观存在的，身体条件从本质上讲是无法改变的，但是通过科学的精心设计包装，也能弥补自身条件的不足或缺陷，给考官一个好形象。对身材矮小的考生，要以通过鞋子的适度增高、发型的巧妙处理以及衣服的线条处理，也能在视觉上提高考生的身高。对比较肥胖的考生也可通过衣着、发型、化妆，使其显得苗条。现实中，有些考生或因为个子矮小，或自认为其貌不扬而导致自信心不足，这是大可不必的，因为考公务员考的是人的素质，而不是人的外表。对身体条件不佳的考生，首先要树立"我能我行"的自信心，要用许多伟人都是矮个子的实例来激励自我，同时注意扬长避短，根据自身特点，从多方面加以包装。如个头矮小的考生可以在面试中用智慧取胜，用干练取胜，塑造成"浓缩的都是精华"的形象。对文静瘦弱的考生而言，也要以学识、写作或者文艺见长。对皮肤较黑的考生除了适度打扮外，还可以实干、憨厚、诚实见长。总之，身材包装很有技巧，很有文章，考生要灵活运用。

第二，职业形象包装。职业形象是指符合职业特点、职业需要的公众普通接受认同的职业社会形象。在面试中，有的考生一进考场考官就认为"很像"或者"不像"，考官为何第一眼就作出如此判断，就是对考生职业形象的基本要求。这里举一个例子，在国家安全公务员面试时，有的考生没有进考场已经基本被淘汰了，因为这名考生虽然笔试成绩很好，但在面试时穿了一条有许多破洞的牛仔裤和一双休闲鞋，国家安全工作人员一般均穿正装，对着装要求比较严格,平时讲究工作纪律,这位考生的穿着说明对报考的职业岗位太不了解,同时过于休闲随便,也是对考官的不尊重。

职业形象包装的原则是干什么,像什么。有些岗位要求庄重、严肃、大气,有的岗位要求相对活泼,有的则要求大方得体。如报考公务员中的政法干警、政府部门的人事、纪检、监察等岗位,考生着装就要庄重,一般可穿西服或夹克;如报考宣传、共青团岗位,考生就可穿得活泼些,不必太正规;如报考民政、村官的考生就要穿得朴素,这样才与农村工作相符,穿西装下村工作就不符合职业特点;又如领导职位竞聘面试,如果考生穿得过于随便,如穿牛仔裤之类,也不太符合领导身份。

职业形象包装除了服饰外,还包括发型、化妆等,如女性考生报考村官,一头短发要比长发披肩接近职业形象;报考文化工作岗位的考生头发可以长一些,但如报考人民警察岗位,太长的头发会令考官感到不舒服,因为警察执勤要戴帽子,头发太长反而很不雅观。女性考生化妆也是如此,有的岗位可适度化妆,有的则不能或少些脸部化妆才显得体。一般而言,公务员面试不允许考生戴耳环首饰或者其他装饰品,这是公务员的公众形象所决定的。

第三,气质包装。一般而言,人的气质是内生内发的,是一个人修养、学识、阅历、智慧、心理的综合反映,是难以包装改变的。但是在面试中考生如果适当注意自身的气质"修饰",也能提升其人格魅力。比如面试中考生的眼神要专注,手势要得体,重礼节礼仪,言语要大气,语速快慢有节奏,论理说事深刻精到等,这些都是提升自我气质的很好方法,考生要事先多训练,多看一些电视评论员的表情、语气、手势、语速以及表达方法,细心揣摩学习,为己所用。

三十、面试语言准备技巧

多掌握一些面试语言是应对面试的有效方法。面试语言作为一种特殊的口头表达语言,与评论文章的书面语言以及人们的日常生活语言有很大差别。面试语言既要求规范简洁,又要求生动鲜活,同时面试语言的意思表达有较强的逻辑性、关联性,是一种"深加工"语言。如何在面试中"说好话"、说到位、说得考官满意,是很有讲究的。下面介绍几种面试语言的准备技巧:

1. 面试语言的收集

俗话说,不打无准备之仗,面试也是如此,事先精心研究,认真收集相关语言素材是应对面试的好办法。对考生而言,面试时脑子空空,话说不出来或者话语很少是常见的现象。面试语言能否收集、准备,答案是肯定的。

首先,面试语言的收集可以与笔试一并进行,也就是考生在笔试时收集的素材,在面试时只要经过挑选处理,就成为面试语言。面试语言一般可分为这样几个大类,即政治类、经济类、文化类、民生类、社会类;也可对热点问题组织分类,如社会保障类、经济转型升级类、民主法制类、交通类等。面试语言虽然不可能作纯粹的分类,肯定有交叉性联系,但分几个大类更便于记忆掌握,使用时也比较方便。其次,面试语言的收集途径主要是报纸杂志、网络媒体、电视广播、领导讲话材料、专题经验介绍材料、专家访谈、民间流行语言及法律制度等载体。收集的具体语言内容可以从以下几方面取得:①文章的标题、小标题以及有新意的观点、措施;②电视、广播评论员评论语;③报刊专题时评中的生动语言;④社会流行语言;⑤领导报告中的精到语言;⑥国外时评语言。例如,高速铁路列车追尾事故,有国外评论道:"中国高速发展的列车,请你慢下来,等等你的百姓,等等你的良心,等等你的安全"。上述"三个等等"被广泛用于国内时评,这就是语言收集的妙用。

2. 面试语言的整理

面试语言需要认真整理方能为己所用,如果生搬硬套会弄巧成拙。语言整理一般分为这样几个层面:一是书面语言的改良,书面语言有时过于简洁甚至浓缩为概括语言,如"领导干部要树立五气",这个"五气"是指勇气、正气、锐气、志气、才气,考生如果在面试中光讲领导干部要有"五气",那么考官就不知道你要表达的真实意思。但是,考生如果表述为"领导干部转变作风关键在于要有正气、勇气、锐气、志气、才气",这样表述就比较得体。二是对排比句、对称句的收集整理,面试中大量使用排比句、对称句能大大提升论述质量。例如对民生问题的叙述,就有死不起、养不起、读不起、住不起、医不起、娶不起、吃不起、行不起等,语言十分生动鲜活,论述也较深刻。又如对"民"的排比句的应用,有民生、民怨、民情、民意、民困、民呼、民富、民穷、民贱、民贵、坑民、害民、伤民等。又如表达领导作风建设中的对称语心对心、面对面、手拉手、心贴心等。还有一些文章的小标题都呈排比句形式,如重视解决民生保障,让农民幸福起来;大力发展农村经济,让农民富起来;搞好农民的安居乐业,让农民笑出来。很多的措施观点都是排比句,考生要多留意,认真收集备考。三是俗语、流行语选择整理,现实社会生活中有很多的民间俗语、网络媒体流行语,大多针对时弊,有褒有扬,每个社会问题、每个行业都有,考生只要注意收集,就可能有所收获,如"城管一脚踢"、"一顿饭一头牛"、"下乡一股烟"(汽车)、

"屁股下面一座楼"（官员用豪车）、"红医院黑处方"以及"蒜你很"、"豆你玩"等。四是评论文章语言的整理，评论文章中有许多语言可整理利用，如针对食品监管、社会风气、交通管理、经济转型、低碳生活等时政评论，如对见义勇为，倡导"用心用行"；对经济转型论述为"转身转脑"、"偷龙换凤"等。

3. 面试语言的运用

在面试语言的运用上有许多叙述，这里讨论的是考生面试用语的一般常识。面试中，考生对语言的应用要尽量做到"五多五少"，即多用中性或辩证语言，少用绝对语言；多用鲜活语言，少用"八股"语言；多用口头语言，少用书面语言；多用实诚语言，少用虚幻语句；多用社会认同语言，少用自造生僻语言。另外，考生在面试中应用语言时注意辅以得体的语气、语速、语调以及肢体语言，也能提高面试的感染力、说服力，提升面试的质量和水平。

第二部分
面试真题解答篇

第四章　面试真题作答示范

一、2009—2010 年浙江公务员面试真题解答

1. 奉献是社会主义核心价值体系的重要组成部分,作为一名人民警察,请你谈谈对奉献的理解。

试题点拨:这既是一道观点题,又是一道认知题,主要考察考生对奉献的认识,考生可以结合"人民警察"的实际,转换角色,快速思维,找出关于"奉献"的关键触点,然后加以阐述。作答要有条理,要有理论,要有新意。

参考答案:作为一名人民警察,我对奉献的理解主要有以下几点:

第一,奉献是一种精神。我觉得,所谓奉献是指在自己的本职岗位上,尽心尽力,服务社会,服务群众,吃苦在前,享受在后,淡泊名利,把自己的青春、智慧、力量奉献给国家和人民。这样才无愧于警察这个称号。奉献是一种精神,是一种信念,一种人生价值观,只有具有奉献精神才能化为自己的行动,才能踏实苦干;奉献不是一句口号,需要坚忍不拔的努力。

第二,奉献需要实实在在的行动。作为一名人民警察,为民服务是天职。光讲贡献还不行,一定要落实到具体行动中,那就是执政为民,执法为民,公正执法,服务群众;就是要想群众所想,帮群众所难,解群众所困;就是要多下基层,与百姓面对面,心贴心地听取他们的意见、要求,做好治安维稳工作,法律宣传工作;就是要不怕艰难险阻,为百姓利益敢于牺牲一切,甘做人民的孺子牛;就是要一身正气,清正廉洁,真抓实干,只有如此,才算是真正的

奉献。

第三，奉献需要真才实学。作为一名警察，在当前治安形势十分复杂，维稳工作十分艰巨的新形势下，要想为国为民多作贡献，必须刻苦学习专业知识、法律知识和为百姓服务的本领。要想多作贡献，还必须坚持大胆创新工作，提升为民服务的能力和水平，提升执法素质和执法效率。总之，人民警察既要有奉献精神，又要真抓实干，还要通过自身努力，提升执法水平，做一个百姓满意的、称职的好警察。

2. 作为一名人民警察，你所在的小区经常发生抢劫案件。影响了居民的日常生活，领导要你调查此事，你怎么展开调查？

试题点拨：这是一道组织决策类的题目，主要考查考生的处理、决策能力，做此类题一定要有条理性，考生可以从多方面调查入手解答。

参考答案：我认为，作为一名人民警察，自己所在的小区经常发生抢劫案件，这是工作的失职，应很好反思。如果领导要我调查此事，我的办法是：

第一，调查受害人情况。我会立即找受害人联系，向其调查取证，向其了解作案者的相貌特征和衣着等情况，做好笔录，同时安抚好受害人的情绪，与此同时我会将情况迅速上报给公安及其他相关部门，请求配合支持。

第二，发动群众，寻找破案线索。我通过多种途径向事发地周围的群众了解情况，了解是否有目击者，是否有人记录下了作案者的相貌或者其他有用信息，并向群众了解周边是否有可疑人物，同时公布自己的电话号码，发动群众寻找罪犯线索。

第三，开展反抢劫宣传活动。向小区的居委会和保安了解情况，看是否有探头拍下作案者的相貌等有用信息，同时与居委会一起加强对群众的安全宣传，加强居民自我保护意识。

第四，对收集到的信息进行归纳总结，并写成侦查报告，交领导阅示，同时对自己的工作进行反思，力求今后不出现此类情况。

3. 春秋时代中国就开始了户籍制度。但是现在有人说"户籍制度是经济发展的绊脚石"，你怎么看？

试题点拨：这是一道综合分析题，考查考生对户籍制度的看法，此类题目一般都可从多个方面进行考虑，考生在回答此类题目时要作辩证的思维，辩证地解答。

参考答案：古时户籍制度的建立是以管理人口为目的，在当时也起到了积极的作用，如今随着社会经济的发展，户籍制度的弊端也显露无遗，该制度也引起了越来越多的争议和指责，对于户籍制度本身，我有三点看法：

第一，户籍制度本身并没有错。户籍制度便于社会管理、百姓安居乐业，此项制度对于社会治安、人口管理、民生保障都有重大作用。不管何时何地,不管哪个国家都有户籍管理制度,因此,科学的户籍制度在当代也是必须的。

第二,户籍制度的僵化、固化。在现今市场经济的大环境下,确实存在诸多弊端,目前的城乡分割、二元体制等已经制约了国民经济的发展,阻碍了农业现代化的发展,不利于国家城市化的顺利推进,尤其是制约了劳动力和人才的流动。此外,户籍制度将城市户口与农村户口之间设置了一道屏障,使得外来人员无法享受城市居民同等的待遇,无法拥有和城市居民同等的地位,这也严重影响了外来人员投身建设城市的积极性。

第三,户籍制度必须改革。户籍制度的长期存在虽然有它合理的一面,如户籍制度为城市的合理规划、劳动力的合理配置提供了数据和资料,为维护社会治安、打击违法犯罪等方面也有积极的作用。但焦点问题是户籍制度在社会公平分配、公平保障、公平福利等方面存在明显的保障强势人群利益、剥夺弱势人群利益之弊端,必须大胆改革。近年广东、宁波等地的户籍改革体现了社会的文明进步,应逐步推广。当然,户籍改革涉及面广,需加强调研,稳步推进。

综上,我认为现在有人说"户籍制度是经济发展的绊脚石"这句话是片面的。

4. 一大段政治语言,建设和谐社会,立党为公,执政为民等,谈谈对公平、正义的理解。

试题点拨:这是一道综合认知题,考查考生对公平正义的理解。回答此类题目,考生可以从字面意思扩展,并结合身边实例,从理论与实际两方面作好解答。

参考答案:我认为,公平和正义既是法制原则,也是社会生活法则。推进社会的公平与正义,促进社会的全面发展,是建设法治社会、和谐社会、依法治国的根本要求。

对于公平正义,我是这样理解的:

首先,公平正义的实质是人的公平。在对待公民权利上,我们要公平正义,对待社会的每一位公民都应当平等,无论贫富贵贱,公民的每一个合法权利都应当受到法律的保护,任何人不得侵犯。公民的权利得到了保障才能进行正常的工作与生活,才能为国家作更多的贡献。此外,在社会分配上也要公平公正,国家要进一步改革完善分配制度、社会保障制度等一系列制度,在全社会范围内形成真正意义上的公平和正义。

其次,实现公平正义需要法律保障。公平正义讲得很多,也很好理解,问题在于没有法制保障,公平正义就无从谈起。现在许多的社会分配不公,百姓的正义得不到伸张,缺少话语权等,都与法律制度有关,少数制度的建立,本身就是有违公平正义,如社会福利制度、城乡分割制度、国企分配制度等。官员侵占经适房、开胸验肺等一系列不公平正义的事件为我们敲响了警钟,因此,从法律制度上扩大公平正义的范围,保障社会的公平是一项艰巨的工作,必须重视并加以解决。

总之,我们只有坚持公平和正义的理念,执政为民,执法为民,才能得到群众的支持和拥护,国家才能长治久安。

5.你正在主持一个会议,这时闯进一个人,指责一个参会人员,情绪激动,你怎么处理?

试题点拨:本题考查考生的应变能力,考生在回答此类题时要有条理,可从现场处置和事后处理总结入手,分点进行回答。

参考答案:作为一名公务人员,拥有良好的应变能力,妥善处理突发事件是提升公务管理水平必须具备的条件,所以在遇到此类事件时,一定要处变不惊,沉着应对。

如果发生上述情况,首先,我会立即联系安保人员到场维护秩序,因为闯入者情绪激动,为防止意外事件发生,保障与会者的人身安全,维持秩序是非常必要的。

接着,我会上前安抚闯入者的情绪,告诉他如果有事可以在会议结束之后找我谈,现在是开会时间,希望他能以大局为重,同时安排人员对其进行接待。

然后,我会平复与会者的情绪,尤其是被指责者的情绪,不要因为此人的介入而影响了会议的进行,然后主持会议继续进行。

在会议结束以后,我会寻找两位当事人了解情况,对他们进行调解,协助他们把矛盾解决。

事后,我会对这次的事件做一个总结,针对此类事件做一个应对的处理办法,以便以后处理此类事件更加从容。

6.漫画题"网络打手",用金钱雇人发"诋毁"和"吹捧"的子弹,谈谈你的看法。

试题点拨:这道漫画题考查的是考生的综合认知能力,回答漫画题时一定要理解漫画的意思,同时对问题要作定性与分析处理。

参考答案:现今社会,随着网络的普及和发展,有些社会组织或个人招聘"网络打手"对其他组织或个人进行吹捧或诋毁竞争对象,影响社会经济的正常运行,对此,我谈几点看法。

第一,"网络打手"是一种违法犯罪行为,以诋毁、诽谤为手段,达到一己私利,这种行为为社会所不齿,必须依法惩处。

第二,"网络打手"的疯狂暴露了国民素质问题。有专家认为,当前制约社会经济发展的"三驾马车"已从投资、消费、出口转变为消费、创新、国民素质三大要素。近年发生严重食品安全事故、集资诈骗事件、企业主卷款出逃事件等都暴露了国民的诚信问题。

第三,"网络打手"暴露了当前法律法规缺失漏洞。"网络打手"之所以猖狂,其重要原因是我们对网络管理缺乏科学的体制和法律规范,许多案件由于无法可依不了了之,助长了这股歪风。

第四,"网络打手"必须加以处置。其办法有:一是实行网络实名制。二是国家出台并完善相应的法律法规和规章制度,对此类现象进行打击,对雇佣"网络打手"诽谤竞争对手的企业进行处罚。三是扩大宣传教育,网站自身要加强自律,加强诚信体系建设,同时加强技术管理,对一些诽谤攻击的言论进行过滤,同时封掉发布诽谤信息的 IP 等。

7. 首先一段材料主要讲中国大学生自主创业的比例低以及一些数据。

(1)讲一下自主创业少的原因。

试题点拨:这是一道综合认知体,考查考生对我国大学生自主创业少的原因分析能力,考生可从社会、学校和大学生自身等多方面进行考虑回答。

参考答案:现阶段我国的大学毕业生数量众多,同时有自主创业志向的人也不在少数,但是真正将志向付诸实践的人却寥寥无几,我觉得此类现象是值得我们深思的,也是亟须解决的。我认为大学生自主创业少的原因主要有以下几点:

第一,大学生自身的能力存在缺陷。许多大学生虽然在学校学到不少知识,但多数是书本知识,与实践相距甚远,存在眼高手低、志向宏大不肯吃苦等缺陷。许多学生由于自身条件的限制,对创业幻想很多,但不能付诸实践,怕这怕那;有的大学生对行业与市场缺乏感性了解,有的习惯于当"啃老族",这些都是大学生缺乏创业精神的重要原因。

第二,我认为国家缺乏相关的法律与扶持政策来支持大学生的自主创业,由于国家的相关支持政策不到位,也给大学生的创业之路增加难度,如网店的工商登记、免税政策的到位等,这些都是大学生自主创业少的重要原因之一。

第三,我认为相关院校对大学生自主创业的教育培训太少,现在许多大学都开展了有关大学生自主创业的讲座与活动,但是却很少有大专院校开设自主创业的课程,各方面的教育没有跟上,也给大学生的自主创业带来影响。

(2)假如你是学校的一个主管,怎样促进学校学生自主创业?

试题点拨:这是一道决策类的题目,要求考生思考促进学生自主创业的对策,回答此类题可以先总地阐述学生自主创业的重要性,然后作答促进学生自主创业的对策。

参考答案:当今社会,随着大学毕业生的日益增多,社会的就业压力越来越大,鼓励大学生自主创业对缓解我国的就业压力、维护社会的稳定有着非常积极的作用,作为学校的主管,做好大学生的自主创业工作责无旁贷。

第一,我会在学校多举办一些有关大学生自主创业的讲座,邀请一些相关的专家和拥有成功创业经验的企业家给学生们上课,回答学生一些自主创业问题,并且对大学生的自主创业提出一些合理化的建议。此外我还会多开展一些自主创业的宣传活动。加强对大学生自主创业的政策宣传与介绍,让更多的学生了解并主动地投身自主创业。

第二,在学校的教学过程中,我会主动和老师联系,开设一些和大学生自主创业有关的课程,让学生了解一些企业的经营规划和企业法律法规等有关知识,同时定期组织学生到社会企业学习参观,开阔他们的视野,增强学生自主创业能力。

第三,我还会组织学生参加一些自主创业的竞赛,请专家进行点评和指导,并且对一些有自主创业意愿的学生进行培训和辅导,鼓励他们在毕业后朝自主创业的方向发展,争取取得成功。

总之,我会高度重视学校学生的自主创业问题,对有自主创业意愿的会尽力培养,同时鼓励更多的同学参与自主创业,为国家的经济发展贡献自己的一份力量。

8. 对总理提出的"让人民活得更有尊严"这句话,谈谈你的理解。

试题点拨:这是一道认知方面的题目,考查考生对总理讲话中"尊严"的理解,考生要拓宽思维,围绕"更有尊严"作出理性、独到的见解。

参考答案:我对温总理"让人民活得更有尊严"这句话的理解是:

首先,这句话说得很好,表明政府对民生的关注重视。作为一国总理,强调让人民活得更有尊严,说明政府领导坚定民生建设的决心,看到当前社会存在分配不公、贫富差别拉大等问题,是建设民生政府的一个号召、一项重大战略决策。

其次,让人民活得更有尊严需要政府给力。人是否有尊严取决于经济利益和民主权利,没有钱,穷光蛋,哪有什么尊严;而没有话语权、参政议政权同样也没有什么尊严。所有这些都需要政府通过改革,努力加以解决。在致富问题上,各级政府要千方百计通过政策引导和行政服务,支持鼓励百姓兴办实业,扩大生产,增加就业;在促进民生、健全保障制度上,政策的财政投入要向困难弱势群体倾斜;在保障吃、住、行、医等问题上,政策同样需要给力,多修建一些经适房、廉租房,加大医改力度,让百姓看得起病;管住食品价格,让群众生活质量不下降;不断让百姓有更多话语权,扩大民主权利。只有这样,老百姓才能有尊严。

再次,需要每个公民的自身努力。作为我们每个公民,你如果好吃懒做,贪图享受,那也不会有什么尊严可言。必须通过自身的努力,刻苦学习,努力工作,提高适应社会的能力,提升自身的劳动技能和工作能力,只有这样,才能开创家庭致富、个人有所作为的好前景,才能真正把尊严掌握在自己手中。

9. 某政府在一片辖区内要开辟"残疾人就业一条街",领导把此项工作交给你负责,请问你怎么处理?

试题点拨:这是一道组织决策类的题目,回答题前首先要了解残疾人就业的概念,要针对残疾人这一特殊群体思考对策,考生要迅捷地作扩散性思维,也可结合形象思维,联系到身边的实例去作答。

参考答案:残疾人是个特殊群体,也是社会弱势群体,应该得到全社会的关爱。他们的安居乐业是推进民生社会建设的一个标志,开辟好"残疾人就业一条街",为残疾人和下岗失业人员等弱势群体建立一个良好的创业致富平台,使更多的残疾人有活干,有钱挣,有张笑脸,这是政府的职责,也是我们公务人员的应尽职责。作为这项工作的负责人,我会尽心尽力去做好。

第一,我会针对我市的残疾人的数量和分布等基本情况,开展一项摸底调查工作,在经过科学认真的调研之后,我会制订一份详细的建设计划,交由领导进行审批,在听取领导的意见后作相应的修改和完善,然后组织实施。

第二,我会根据我市的情况选择一条交通便利、不太影响城市交通、居民消费较好、出入方便的街道作为"残疾人就业一条街"的场所,同时配合劳动保障部门、工商部门、城管部门、公安部门、残联部门、社区等,协调解决好残疾人创业的有关政策事宜,出台相关扶持政策,如摊位免费、提供廉价的副食品供应渠道、交警车辆定点维修等,为他们的就业提供多种保障与优惠服务,积极扶持"残疾人就业一条街"的发展。

第三,对"残疾人就业一条街"进行广泛的宣传,与有关部门密切配合,引导有意向的残疾人来登记报名,并且选择合适的项目,开展有针对性的就业培训,促进残疾人尽快地投入工作,自食其力,创业致富。

第四,在这条街开辟之后,我还会进行一段时间的跟踪调查,发现问题,及时解决,保证残疾人的合法权益,在完成这项工作之后,我会对此做一个阶段性总结,上交领导。

10. 某医院开展"微笑服务百日活动",医护人员在平时工作中微笑不微笑,都将与奖金挂钩,如果微笑不够,会通报批评,其所在的科室也会受到相应的处罚,请你谈谈看法。

试题点拨:此题考查考生的综合认知能力,对于此类题一般都是既对又不对,回答时要有辩证思维,要结合实际,不必答得死板。先肯定其正确的一面,接着再对其不正确的一面指出点评,最后加上自己的观点。

参考答案:对于医院微笑服务我谈几点看法。

第一，医院微笑确实太少。现在有的医院收费高、服务差、脸难看等现象较多存在，老百姓意见很大，病没治好，甚至窝一肚子气。由此引起较多医患纠纷，应重视改进。

第二，微笑要真笑。我认为微笑在医疗服务中是十分必要的，它是医疗单位一个无形的窗口，医院开展"微笑服务百日活动"是对医护人员提高服务水平的一个很好的方法，这次活动的意愿很好，很值得提倡。作为医疗单位应当在工作中加强服务意识，将为人民服务的理念贯彻于医疗服务全过程。这样的微笑是真笑，也定会得到赞许。

第三，微笑要合乎规范。医院开展"微笑服务百日活动"展示了医院提升服务质量、加强服务水平的决心，但是在实际操作中却存在一些不科学、不妥当的地方，在考评标准方面缺乏务实性和可操作性。我认为，该制度的推行重要的是要提升员工职业道德素质。如果加强医院的人文素质教育，员工意识有了，笑也自然了，服务也到位了。而仅仅以刻板的微笑作为奖罚是不科学的，非理智的。建议将员工微笑与病员评议打分相结合作为考核标准，可能更为科学实用，而将微笑作为一个硬性的标准来考核员工的服务质量是有失公允的，甚至会引发员工的不满情绪，影响整个单位的工作。

11. 小李是新进的公务员，以"谦虚低调"为处事原则，只埋头干自己的事，不管别人，平时开会也不发表意见，只知道附和别人。久而久之，同事们都认为他没有进取精神，缺乏主见，你怎么看待他的处事原则，小李应该怎样改进？

试题点拨：这是一道人际交往类的题目，考查考生对题中小李处事原则的看法，回答此题前考生要仔细阅读题干部分，思考小李做法中正确的地方和错误的地方，思考原因，再进行回答。

参考答案：我认为小李并没有完全理解"谦虚低调"的含义。首先，谦虚低调应该是"低调做人，高调做事"，在工作中勇于表达自己的观点，当自己的观点被肯定时能够保持"谦和"的心态，在被否定时能够摒弃浮躁的心态，如果遇到什么事都没有主见，只会附和别人，唯唯诺诺，那并不是低调，而是懦弱，自然得不到大家的尊重。其次，我认为在一个团队中，要体现自己的价值就一定要有主见，有进取的信心，能够提出有建设性的意见，保持自身以及团队的活力。

作为小李我认为一定要对自己的错误观念进行反思，并且抛弃这些不正确的做法，用自己的进取精神和工作活力去感染周围的同事，平时多与同事合作共事，在工作中多出新点子、好点子，大胆地创新自己的工作，同时提高自己的自信心，干几件漂亮的事，让同事感觉到小李是个工作积极、遇事有主见的好同事。

12. 材料(简述):今年以来,很多省的企业招不到工人,出现"用工荒"。

漫画(描述):一个人处在十里路口中心,路口分别指向"子女就业"、"社会保障"、"薪酬"、"最低工资"。请阐述用工荒出现的原因。

试题点拨:这是一道综合认知题,考查考生对"用工荒"的理解。考生可以结合材料,并根据自己平时对社会的了解,抓住几个关键词,创新作答形式,使其有创意,有思想,进而赢得考官的好评。别人讲的你不讲或少讲,别人不讲的你多讲。

参考答案:近年来"用工荒"的问题越来越突出,企业招不到员工的现象越来越普遍,出现此类情况的原因是多方面的,但我认为主要是年龄荒、政策荒、情感荒、保障荒。

第一,年龄荒。企业招工难只是个表象,现在许多企业招收农民工都要求年纪轻、体力好、有技术,有的甚至不招 40 岁以上年龄的民工。其实许多工作中年人完全可做,如餐厅服务员,为啥非要年轻姑娘,国外空姐都是大嫂子,服务更体贴。

第二,政策荒。民工留不住,招不进,除了中西部地区发展后用工需求增加外,很大一个原因是对民工的政策没有实质性改变,这些政策包括户籍制度、社保政策、子女入学政策等。

第三,情感荒。社会对民工的歧视,企业主对民工缺乏感情,富士康事件就是如此。把民工当做赚钱工具,不在生活上、工作上真正关爱民工,哪能不出现"民工荒"。

第四,保障荒。民工也是人,外出打工没有保障,子女读书、看病、工伤处理、住房、文化生活、劳保等都没有可靠保障;夏天住桥洞,物价天天涨。外出辛苦一年,回家所剩无几,不如在家乡老婆孩子热炕头。

13. 组织一个企业为什么招工难的调查问卷。

试题点拨:这是一道调查研究的题目,组织问卷调查是为了研究企业招工难的原因,回答时要重点抓住调查问卷的出题方式、调查重点、调查人群等一系列问题,作答调研题也可答出新意。

参考答案:首先,以摸清招工难原因为主线,确定此次调查问卷的内容、开展形式、时间安排,事前制订好一份详细的调研计划。

其次,成立调查小组,分配各自的任务,有的负责收集资料、有的负责设计调查问卷、有的负责宣传活动等。调查中坚持实事求是,我的看法是将调查表分发给企业员工,让他们不要顾虑,如实填写,重点对企业的文化生活、工酬给付、看病住宿、子女读书、社保落实情况进行调查。少找企业领导,多找一般企业干部和工人,确保调查的真实性。同时,对缺少工人较多、"招工难"情况相对较严重的企业进行重点调查。

最后,问卷调查结束后,对调查问卷中的每一个问题进行统计疏理,分析招工难的主要原因,预测劳力市场发展趋势,提出解决的对策措施,写成书面调研报告,交由领导决策参考。

14.你是企业人事的主管,现在要招工,你面前的考官就是你想要招工的对象,怎么向他们解释你的企业?

试题点拨:这是一道语言公关类的题目,回答此问题前,先要转换身份,同时应考虑好说话的方式与语气,向对方介绍的若干重点及延伸内容,尽量要符合一个主管的身份。

参考答案:您好,我是公司企业人事部的主管,非常高兴您能来我们公司应聘,我代表公司对你的到来表示欢迎,现在请允许我就本公司的基本情况向您做一个简单的介绍。

我们公司是一家专业从事服装加工生产的企业,自1995年成立以来,我们始终秉承质量第一,创新为本的理念,在不到十年的时间内,成长为一个颇具规模的大型服装加工企业。现有员工3000多名,产品出口欧美等20多个国家和地区。我们公司的理念是团结、求实、敬业、奉献,以此打造出最出色的工作团队和质量最好的产品。

现在,您想成为我们公司的员工,我表示衷心的欢迎与感谢。我们公司充分尊重每一位员工的权利,公司的薪酬和福利都优于同类企业,我们公司始终坚持用一流的待遇吸引一流的人才。此外,公司的社会保险、住房等福利方面也非常完备,充分考虑每一位员工的生活需求。

如果您能顺利通过我们公司的考核并且加入我们公司,相信您在我们公司一定大有用武之地,实现自己的人生价值,与我们一起创造辉煌,再次感谢您的到来。

15.谈谈对"谁人背后不议人,谁人背后无议论"的理解。

试题点拨:这是一道综合认知题,考查考生对议论别人和被别人议论的看法和态度,回答此题时,可从议论人和被人议论两方面回答,再得出总的结论。

参考答案:对于这句话,我是这样理解的:

第一,"谁人背后不议人,谁人背后无议论"这是一个客观的事实,区别在于议论多少问题。对此,我们每一个人都应当正视它、面对它。

第二,我认为我们每一个人都应当先约束自己,不要在背后议论别人,特别是对别人的缺点和隐私,因为这是不道德的行为,它不利于人与人之间的友好相处,有害无益。

第三,针对别人对自己的议论,我认为如果没啥大碍的,完全可以抱以"有则改之,无则加勉"的态度去对待,不需要一味地去追究。但是如果涉及重大问题的,我认为可以选择在适当的场合相互交换意见,推心置腹,求得共识。通过沟通,消除隔阂误会。

第四,随便议论人的实质是个人素质不高的表现,作为组织要加强这方面的教育,同时要科学安排好工作,有的单位人浮于事,上班无所事事就会产生许多的非议。如果大家都工作很忙,议论自然就少了。当然对一些经常无事生非,背后乱议论的人,要提出严肃批评,帮助其改正缺点。

16.古语云:"三十而立",很多人三十岁时在事业上已经小有成就,但是在公务员队伍中,三十岁有可能还只是个普通科员,请你谈谈自己的看法。

试题点拨:这是一道观点认知题,就是考查考生对公务员人生价值的看法,回答此题时考生可以从公务员的价值观入手,结合适当的实例对公务员的成就做一个恰当的阐述。

参考答案:对于公务员的人生价值,或者说是成就我谈以下几点看法。

第一,要搞清楚什么是成就。我认为所谓成就就是一个人对国家、社会所作出的努力与贡献,而不是官大官小或者是否大款。一个人只要立足自己的岗位,兢兢业业地干好工作,这就是成就。成就不必惊天动地,很多成就往往默默无闻,如城市清洁工,谁能说他们没有成就。当然,成就也有大小之分,但是最关键的是要得到社会认可,有的企业主靠偷税漏税发家,企业做得很大,但只是个无良业主,算不上什么成就。我认为,作为一名公务员,扎实做好本职工作,本身就很有成就。

第二,成就需要付出。我认为,在外经商也好,办厂也罢,都需要付出比常人多很多的心血,因此,我觉得挣钱多一点是通过努力,合法经营,诚实劳动所得,都是值得我们学习、肯定和提倡的。但是金钱并不是一个人事业成功与否的唯一标准,每一个人的世界观、价值观都不尽相同,每一个人所处的岗位也有不同,对于我们公务员来说,虽然谋生需要金钱,但不是最主要的,我认为我们在有生之年干一些对社会、对人民有意义的事情,做一些对国家、对人民有帮助的事情才是最令人高兴的,那样我们的人生才没有遗憾,我们才有真正的成就感。

第三,成就出于平凡。有句话说得好"三百六十行,行行出状元",只要我们干一行,爱一行,无论我们处在哪个工作岗位,无论是领导还是一般员工,都应踏实干事,干净做人,所以我不会因为到三十岁还是个普通科员而感到自卑,也不会气馁,因为我知道作为一个公务员的价值不在于此。

17.单位人事调整,你觉得自己适合 A 岗位,但是领导把你调到 B 岗位,你怎么看待这件事?

试题点拨:这是一道综合认知题,考查考生对岗位的看法和对领导安排的看法,回答此问题时,可先回答对领导安排的反映,再谈自己的看法和自己决定的依据。

参考答案:对于领导把我安排到B岗位,首先我会服从领导的安排,按照领导的要求接手工作,熟悉并做好工作。我觉得,作为一个团队,领导从宏观层面考虑人事安排,肯定有一定道理。另外,一个人多做一些非专业的工作也是对自身的锻炼,多学一点知识总是好的。因此,我要顾全大局,愉快服从分配,绝不能因为个人的一点看法而耽误工作。

其次,对这件事情,我是从以下几方面理解的:一是领导这样安排可能是从全局来考虑的,也许我比较适合A岗位,但有可能单位里其他同志更加适合,或者我在B岗位上比A岗位上更容易开展工作,所以我会服从领导的安排,尽快适应B岗位的工作。二是我认为领导把我安排到B岗位上,是为了锻炼我、提高我的能力和工作水平。这样的话我应该感谢领导对我的关怀与培养,我应当在自己的岗位上努力工作,争取做出一番事业,不辜负领导对我的期望。

最后,如果我真的不能适应在B岗位上的工作,在B岗位上存在很大的问题,可能会影响单位的工作,我会主动找合适的机会与领导沟通,实事求是地反映自己的情况,让领导有个了解,以便做出新的安排。

总之,我会站在单位的角度来考虑问题,一切以单位的利益为重。

18. 古人云:"君子和而不同,小人同而不和。"请谈谈对这句话的理解。

试题点拨:这是一道观点分析题,这句话讲述的是小人和君子的区别,回答此题前,应当考虑清楚"和"与"同"的区别,再分别进行回答。

参考答案:对于这句话的理解,我分以下三点阐述:

第一,"君子和而不同,小人同而不和"的意思是说"君子"与"小人"的区别在于"君子"坦荡荡,即使是意见不一致,也能心胸宽广,能公正地、心平气和地表达自己的观点,彼此之间没有小动作,不互相拆台;而"小人"之间却是该表达的不表达,表面上随声附和,私底下却在互相拆台;我觉得要想做一个正直的人,就应当勇敢地说出自己的观点,坦荡荡地表达出来。

第二,"君子和而不同,小人同而不和"这句话说出了"君子之交"与"小人之交"的本质区别,"同"与"和"存在本质上的区别,"和"是更高意义上的,更加本质的一种美德,它可以反映出一个人的品质,也是一种非常高的道德要求。

第三,在日常生活中,我们应当更多地做"君子",与人交往应当时刻表现出"和"而不是"同",这是一个人素质品质的体现,也是一个人修养的体现。

19. 假如你是一名卫生部门的工作人员,假日值班的时候,接到群众的电话,称某县出现集体食物中毒,有几十人已经入院,但是此时又无法联系到领导,你该怎么做?

试题点拨: 这是一道考查应变能力的题目,考生在拿到题目时应当先考虑因为自身的职责所在,必须及时处理,然后考虑处理办法,可从现场处置、医院救治等多个方面开展工作。

参考答案: 我认为快速处理突发事件是我们值班人员必须具有的工作责任心,作为在假日值班的工作人员,我责无旁贷,虽然此时无法联系到领导,但是不能因此而不作为,必须马上作出处理。

第一,我会对群众的反映作出详细的询问,对于事发的时间、地点、人数以及事发原因都应当作出详细的询问记录,以便自己做出正确的判断,同时迅速将信息汇总,上报给上级卫生部门,有必要时报警求助。

第二,群众生命安全高于一切。我会迅速和有关的医院进行联系和协调,争取尽快对中毒者进行抢救,不能怠慢。同时,组织人员安抚好中毒者家属。

第三,我会和有关职能部门联系,尽快调查出事的原因,必要时请警方介入调查,尽快查明真相。

第四,尽快地如实地向公众公布有关的信息,防止引起社会矛盾,同时通报相关单位,注意食品安全,防止类似事件的发生。

20. 你的直接领导与局领导对你的要求不一样,你应该怎么办?

试题点拨: 这是一道应变能力题,考生在回答问题前,应当注意到,由于个人的观点不同、角度不同,对待人和事物的看法与观点都会不同,回答时可从双方的角度考虑,再从自己的认识入手作答。

参考答案: 我认为,不同的领导对自己的要求不一样,是非常正常的事。因为每个人所处的地位不同、角度不同,对待同一事物的看法与要求自然也会不尽相同,对待领导的要求,我可以从几个角度处理。

一是领导只要是为了工作,不论哪一位领导,直接领导也好,局里的领导也好,我都应当同等尊重和服从,不应当厚此薄彼,视关系亲疏或职位大小而区别对待。

二是对待某一件事情,领导的要求不同,但是目的是一致的,都是为了使工作做得更好、更有效率,因此,我会从两位领导对待事业精益求精的态度中得到启发,力争理解领导的意图,将工作完成得更好。

三是两位领导对工作的要求不同不要紧,虽然要求不同,但是目的是一致的,都是为了更好地培养我更好地完成工作任务,关键是我们执行者如何贯彻执行领导的意图,我会尽自己最大的努力去完成每一项任务,不辜负领导对我的栽培。

21.谈谈快乐、兴趣、理想的关系。

试题点拨:这是一道自我认知的考题。考生需要结合自身的世界观和人生观进行阐述。

参考答案:快乐、兴趣、理想三者关系是辩证的,相互联系的,相互依存的,我的理解是:

首先,快乐是人生的一种态度,什么是快乐,各人有各人的见解,有人认为奋斗是最大的快乐,有人认为吃好玩好是最大的快乐,有人认为有很多钱才能快乐,也有许多人认为能当官是快乐。总之,对快乐的认识因人而异,与人的价值观、人生观相关联。我觉得,人生要多一些快乐,智者常乐,人生苦短,何必整天愁眉苦脸呢?当然快乐总要有所追求,要多从学习中寻找快乐,多从工作中寻找快乐,多从同志间友谊相处中寻找快乐,多从健康生活中寻找快乐,多从家庭和睦中寻找快乐。

其次,兴趣是每个人个性差异之反映,有的人兴趣广,有的人兴趣少,同时兴趣也是可以培养的,比如学习兴趣,如果你钻进去学习,兴趣就会大增;如果你在学习中"三天打鱼,两天晒网",兴趣自然就会消失。我认为,我们每个人都要多一些兴趣,当然是高雅的兴趣,至于整天打牌这样的兴趣就毫无意义,而像陈光标这样的慈善人物对慈善事业的兴趣则是高雅的,值得大家学习的。

再次,理想就是向往的目标。人总会有些理想,有的人理想升官发财,有的人理想有个好工作,有的人理想当个科学家或文学家。有理想就要有所追求,有理想不追求都是空想、幻想。我认为,一个人的理想既要现实,更要为之奋斗,脱离实际的理想既达不到,也没有什么意义。

快乐、兴趣、理想的三者关系应该是,人要多一些健康高雅的兴趣,从而提升自我的素质,丰富自己的精神世界,为社会多做一些有意义的事情。在兴趣爱好中寻找快乐,我是一个书画爱好者,兴趣广泛,从中得到很多快乐,作画到深夜不觉得累,习作挂上墙能快乐一星期,这就是快乐来源兴趣,兴趣带来快乐。

相反,如果不健康的兴趣,如有的爱好酗酒,酒醉后洋相百出,既伤了身体,也没有什么快乐。而理想与兴趣、快乐相互联系,有了理想去追求,即使很苦但乐在其中,老一辈革命家理想推翻旧社会,建设新中国,即使"乌蒙磅礴走泥丸",仍然"三军过后尽开颜";纵然大兵压境,险象丛生,但兴趣不减,照打篮球,照下象棋。因此,我觉得新时代的年轻人要有点理想,有些追求,并为之奋斗,在奋斗中寻找快乐,培养兴趣,那是何等的潇洒啊!

22.谈谈你对公务员交友的看法。

试题点拨:这是一道观点分析题目,考生可以从社会人际交友的必要性和公务员这个特殊群体交友需要注意的地方进行阐述。

参考答案：我对公务员交友谈几点看法：

其一,交友乃人之常情,有利于社会和谐,增进友谊。我们每个人都是社会人,在日常生活与工作中需要交往,需要朋友。俗话说在家靠父母,在外靠朋友,朋友在我们生命中扮演的角色举足轻重。公务员作为一个特殊的群体,即具有一般公民的特征,也就是需要交友,需要友谊。同时又有特殊的特征,也就是他们手中往往掌握着许多权力,这种权力涉及许多人的利益,许多人也会以交友的名义希望从公务员手中得到方便。因此,公务员在交友方面需要抱着谨慎的态度。

其二,公务员交友要防止被人利用,成为某些人牟取利益的工具,致使自己滑入犯罪的泥潭。现在一些人出于一些私利,达到某种目的,千方百计讨好有职有权的公务员领导,如果你一时糊涂,就有可能一失足成千古恨。

其三,对少数公务员交友现象应引起警觉。现在有的公职人员与企业老板、社会大款交往过密,有的言听计从。作为组织要加强这方面的教育监督,爱护干部,使其当好人民公仆。

23. 谈谈法治文化与和谐社会的关系。

试题点拨：考生可以从法治文化与和谐社会的相辅相成性切入,重点对法治建设推进社会和谐建设、和谐社会建设必须加强法治文化建设两个方面去作答。

参考答案：一方面,和谐社会需要法治文化。构建和谐社会应当坚持依法治国的法治理念。只有加强法制,才能维护公平正义、保障人民民主、塑造社会诚信、维护社会的和谐稳定。建设法治文化,大力推进社会主义法治文化建设,营造良好的法治文化环境对于构建和谐社会具有十分重要的意义。另一方面,法治文化为和谐社会建设提供司法保障。和谐社会建设涉及各类社会矛盾的调处,涉及百姓需要的安全生产生活环境,涉及民生事业的发展,所有这些,都必须依法保障。大力发展法治文化就是要通过创新法治宣传形式,将法治理念根植于人民大众,使依法治国方针成为全体国民的共同行为,以全面提升国民素质,推动和促进和谐社会建设。

24. 小吴原来非常优秀,在找到了一个心仪的岗位后逐渐放松了自己。若干年后,开同学会时,她发现自己已经比不上原来一些同学了。对此,你认为小吴应该如何保持优势,如何进行提高,谈谈你的看法。

试题点拨：此题为一道励志题,也就是假如你成为了一名公务员,如何在日常的工作学习中保持优势,提高自身素质。考生要结合实际,从学习、工作、生活各方面作出阐述,答题可灵活些,不必讲太多大道理。

参考答案：我认为小吴应该在以下三个方面去努力提高：

一是确定目标，努力提升自己的素质。小吴虽然有了个好工作，但如果放松自己，今后变数难以预料，对此，要有个紧迫感。如果小吴是公务员，平时不注意学习，不注重增长知识，与时俱进，那就会有被淘汰的危险。长远看来，公务员岗位今后也不是铁饭碗，更何况其他岗位，都将面临十分激烈的竞争，不进则退。对此，小吴要对自身的学习、工作有个提高的计划，一旦确定，坚持做好，绝不三心二意。

二是衡量一个人的优秀，主要看实绩。小吴的同学后来居上，肯定有其工作业绩，因此，小吴要在自己的工作岗位上，想办法创新工作方法，暗下工夫，干出几件漂亮的工作实绩，使得领导和同事刮目相看。有苦就有甜，相信小吴通过努力，也会后来居上，超过她的同学。

三是要提升自己的人格品质。作为年轻人，人格品质变化极大，可塑性很强。因此，作为小吴很重要的一点就是要着力培养自身的意志、兴趣和职业精神。如果真正爱岗如爱己，你就会全身心投入，无论多少艰难困苦，都不在话下，都能统统克服，都能闯出自己的一片天地，都能成为自己羡慕自己的成功者。

25. 企业招聘找不到外来务工人员，而学校毕业生又不愿意去企业就业，你怎么看？

试题点拨：这是一道观点题，考查考生对社会就业问题的熟知程度以及考生对大学生就业观的看法。这道题十分复杂，作答时要把握分寸，既不能说得"太过"，又不能草草作答。尽可能答出深度，令考官信服。

参考答案：企业招工难，大学毕业生就业难是个社会现实问题，其中的原因十分复杂，下面我就此谈几点看法。

首先，这种两难现象说明我国现有的就业制度、工酬制度、人事管理制度存在诸多弊端。其实质是，我国劳动力供大于求没有根本改变，劳力过剩现象客观存在，重视知识、重视人才还没有真正到位。

其次，社会分配严重不公，大学生要么成为白领，要么成为打工者，两者工资、福利待遇有天壤之别。大学生不是不愿意到企业就业，而是不愿到私有小企业打工。到大型国企门槛太高，大学生还很难进入，因此，对大学生不愿到企业就业要视具体情况具体分析，不能一概而论。总之造成两难现象的实质是利益分配，如日本、西欧国家的企业员工工资普遍高于国家公务员，如果这样，那么我国的大学生还会不愿到企业就业吗？

再次，知识浪费、人才浪费现象十分突出。大学生中有许多真才实学者，他们由于没有关系，没有机遇，加之就业竞争十分残酷，上百人竞争一个岗位就是例证。另外，我国多数中小企业技术含量低，对员工的素质要求不高，给技工的报酬太低，"老板开宝马，员工啃冬瓜"现象普遍存在,如一个建筑设计的大学本科生,到企业月工资只有两三千元,与企业门卫工资差不多,如何留得住人才。

最后,国家对技工这类蓝领工人的培养使用重视不够。制造业是衡量一个国家实力的主要依据,制造业的发达很大程度取决于技工素质的高低,我国制造业水平低,产品档次低,自主知识产权少都与技工队伍相关联。农民工技术素质低,待遇也低,而大学生技术素质相对较高,但工酬待遇也很低,所有这些都是造成两难就业的社会问题。解决这个问题需要多方面着手,政府、企业、民工、大学生都要根据社会发展,不断变革自身的行为,否则这个问题短时期内难以缓解。

26.谈谈你对方言类节目兴起的看法。

试题点拨:考生需要用辩证的观点去看现象,分析好的和不好的两个方面,从而进行统筹把握。

参考答案:现今很多地方电视台都相继开设了方言类节目,这种现象的产生反映出方言类节目已经备受广大老百姓的认可。开设方言类节目不但可以丰富电视观众的业余生活,而且可以提高电视台的收视率,可谓是一种双赢的做法。方言类节目可以增加本地观众的自豪感,对地方文化的保护和弘扬作用不可小视。

事物总是一分为二的,方言类节目也是如此。所谓宁缺毋滥,过多地开设方言类节目,导致其泛滥,其实也不利于节目的传播。在卫星接收这样发达的技术条件下,方言类节目一方面为区域性节目,势必会造成其他地方观众语言不通的问题,不利于文化和信息的传播。另外,少数方言类节目出于利益关系格调不高,常常会有一些不文明的内容渗入,也不利于整个电视节目的健康发展。

对于方言类节目,我的观点是既要发展,又要有度。对电视媒体来说,既要兼顾地方观众的需求,也要遵循电视媒体的规律,与此同时,开办方言类节目需要尊重法律,尊重观众。政府应当对方言类节目进行监督和规范,一旦有违规现象,就要作出处理和教育,最大限度地保障文化环境的清洁健康。

27.假如你是政协委员,要在政协委员会上提交一份关于方言类节目的提案,首先要做一个调查,你在调查中应注意哪些问题?

试题点拨:这是一道调研管理题,组织一次调查,需要考生从调查目的、调查方式以及调查重点等方面进行阐述。

参考答案:作为一名政协委员,此次调查是作为提案的依据和资料,势必要在各个环节缜密考虑,最大限度地反映出方言类节目所存在的利弊,所以将此次调查分为前期、中期和后期三部分进行。

事前精心准备,明确此次调查是为了了解方言类节目存在的利弊,可以选择问卷调查、网络调查等方式进行。由于方言类节目的区域性,选择几个具有代表区域人群进行调查,对调查的具体人员则作随机选择。将工作人员分为调查小组、统计小组,确定人员,落实责任。对此次调查进行宣传,让更多的人参与其中。

事中加强控管,保证各个小组的工作有条不紊地进行,注意信息的反馈和调查问卷的回收,可以采用送礼品和有奖参与等形式提高被调查人群的积极性。为了预防突发情况的发生,要求调查人员及时反馈问题,迅速处理。

事后认真总结,统计小组对调查问卷进行认真的收集、整理、分析。将方言类节目存在的问题汇总成表,为预测和决策提供可靠的数据和资料,交由领导小组讨论,提出解决问题的方案和措施。

28. 作为广电局主管,你要组织一个关于全省各级电视台方言类节目的一次会议,如何准备会议?

试题点拨:这是一道组织管理题,考生作为模拟领导,需要明确会议精神、会议目的。考生要对整个会议的前、中、后期进行缜密思考,保证会议的顺利进行和精神的传达。

参考答案:组织好此次会议对解决现今方言类节目存在的问题具有很大的作用,明确方言类节目所存在的不文明和低俗内容等问题,提出整改意见和措施。我们组织方法是:

第一,事前精心准备,对会议的时间、地点、参加人员、会议材料、会议资金等拟订一份草案,报领导审批。

第二,事中保证会场秩序,根据拟定的草案,精心做好会务工作。成立专门班子,明确责任,落实分工。准备好会议所需要的资料,做到人手一份。安排好参会人员的食宿等后勤保障工作,布置好会场,调试好音响设备,安排好引导工作。同时组织好会议的讨论,安排好场所,指定人员做好讨论记录,最后形成会议总结。

第三,事后认真总结,根据会议确定的精神,下发好贯彻的通知。通知各单位进行方言类节目整改,同时与各媒体取得联系,做好会议贯彻的报道宣传工作。注意会后的信息反馈、收集和处理。对会务组织班子进行讲评,表扬好的,指出不足,以便今后改进提高。

29. 幸福的定义,给出了快乐、健康等,再说出你认为幸福的一个定义,并阐述你的观点。

试题点拨:这是一首观点题,考生可结合自身感受确定一个新的幸福定义,进行扩散性阐述即可。

参考答案:幸福的定义很广,有人认为有钱,过上物质富裕的生活就是幸福,也有人认为取得成功的时候就是他们得到幸福的时候,然而我认为幸福的定义是奋斗。人生需要目标,需要梦想,更需要有在努力的过程中百折不挠的精神。在奋斗的过程中,体味辛酸苦辣,最终将这些困难和磨炼转化成自己生命中宝贵的经验。我觉得这也是一种苦尽甘来的幸福。

拿破仑曾经说过,我们应当努力奋斗,有所作为,这样,我们才可以说,我们没有虚度年华。通过自己的汗水去追求梦想,通过自己的辛勤去灌溉良田,行走在通向梦的彼岸的大路上,充分利用生命的每一分钟。这样的工作生活方式远比那些生活优越却没有任何目标,有目标却迟迟不去努力奋斗的人充实得多,有幸福感得多。

我觉得在未来的生活和工作中,有目标而为之奋斗是一件幸福的事情。完成一个又一个的目标,克服一个又一个的困难,提升自己的能力,增加自己的经验,在人生的大道上走好、走稳、走远,让幸福陪伴在我的左右。

30. 请阐述网络的好处与坏处。

试题点拨:网络的好处,考生要从网络是教育的有效方式、交流的有益工具等方面作答,坏处从违法犯罪的工具等方面作答,并对存在的问题提出解决的措施与方法。

参考答案:人类已步入信息时代,网络越来越迅猛地介入我们的生活,其存在的利弊也显露出来。

网络有利的方面有:一、它是有效的教育方式,现在的许多学生通过网络学习科学文化知识,提高了学习成绩,增长了见识。二、它是有益的交流工具,其廉价、快速的交流方式,为许多天各一方的家人或朋友保持联系,增进感情。它的存在拉近了人与人的距离,使人类步入了信息化时代。此外,网络已经成为商品交换买卖的平台,网络经济前景无限,使市场经济充满生机和活力。

任何事物都有正反两面,网络存在的问题也不容忽视。一、现今许多犯罪都是以网络作为工具和媒介,比如网络欺诈、网络涉黄等,其隐蔽性高等特点给公安在办理案件中增加了许多难题。这就需要相关部门加强网络监督,加大绿色用网教育。二、众多青少年对网络成瘾,严重影响了青少年身心发展,暴力色情内容通过网络侵害青少年心智,其中酿成的惨案惨不忍睹。因此网络成瘾症主要在于预防,需要个人、家长、学校以及政府部门的共同参与。青少年自身要养成良好的上网习惯,培养其他的兴趣爱好,丰富业余生活。

网络的存在有利有弊,需要我们扬长避短。相信通过相关部门净化网络环境以及公民文明绿色上网,网络作用的发挥将会更大更广。

31. 你接电话想记录,想找笔记录找不到,却发现笔在自己手中;想开门却找不到钥匙,却发现钥匙在自己的腰上。现实生活中你有没有出现这种情况,如何理解?

试题点拨:这是一首观点题,主要考查考生的自我认知与心理调适的能力。考生可以从自我原因分析,处理事情的态度,以及如何制定和适应良好的规章制度等来考虑回答。

参考答案:这种情况我在生活中也经常遇见,满屋子找电视遥控器,却发现遥控器就在电视机旁边;出门前翻箱倒柜地找一件衣服,却发现衣服就放在床上……生活中这种问题太司空习惯了,常常让自己哭笑不得。

怎样理解这种现象,我认为一是要注重心理调适。内因决定事物的发展方向,在生活中很多人做错事情总是找别人的原因,很少考虑自己的因素。其实往往是自己的失误导致错误的发生。所以我们做事情时要充分考虑自己的因素,多找自己的原因,这样才能办好事情。

二是遇到事情不急躁,冷静思考问题。发生找不到钥匙这种事情,其实就是因为自己太急躁,不能冷静地分析,如果自己能够冷静想一想,好好回忆下,我想是不会满屋子找的。现在招考的这个公务员职位,要求的就是冷静处理问题,热情地对待群众的诉求。而我认为我具备这样的素养。

三是事先要有规矩。一个好的规章制度能够保证事物发展少走弯路,如果说钥匙用完之后,放在一个固定的地方,我想再去用的时候是不会找不到的。单位中的事情也是这样,好的制度能够发掘人的才能,提高办事效率。我了解过我的报考单位,这个单位的制度很多很好,所以决定报考。生活中有很多大道理都蕴含在小的事物中,需要我们去发现、去寻找。

32. 古代有一家人,大儿子很老实,二儿子很聪明,三儿子是瞎子,四儿子是瘸子,五儿子是驼背,外人看来这家人日子肯定很难过,但是老爷子安排大儿子种地,二儿子经商,三儿子按摩,四儿子纺线,五儿子搓绳。这一家子的日子反而过得红红火火,谈一下看法。

试题点拨:这是一道寓言题。本题主要考查考生对团结、服从以及组织协调、人用其才的理解。考生可以利用对有关单位的了解,再结合自身的条件,对本题作出切合实际的回答。

参考答案:这个寓言告诉了我们一道理,就是管理工作要人尽其才、人尽其用,只有发挥好每个人的才能,才能达到最佳绩效。对此,我的看法是:

首先,人事管理是门艺术,当领导、做家长都是如此,要善于发现每个人的长处,知道每个人的短处,用人之长,最大限度地发挥其潜能,以提升工作效率。

其次,团结才能有力量。一个家庭根据每个人不同的特点分配不同的工作,结局是红红火火的日子。折射在生活中,我们每个人都有自己的特点,只有大家团结协作,各自发挥自己的能力,为了一个目标而努力,才会是一个完美的团体。工作中也是如此,人与人之间只是分工不同,每个人只有各司其职为了一个共同的目标,这样的团队才能是一个成功的团体。古人云:人心齐,泰山移。团结是一个团队成功的关键。如果说这五个兄弟都不听从指挥,那么我想其父亲英明的决策也是无用的。在工作中也是一样,作为国家行政机关,其公务人员一定要紧紧地团结在一起,绝对服从组织的安排,我们才能够做好老百姓交给我们的工作。同时我们要相信领导,相信千里马总会遇见伯乐;相信领导会给我们机会,让我们尽用其才,发挥我们最大的才能。我们要正视自己在团队中的分工,要正视每个人在团队中的角色,互相协作,才能使团队的运转良性有序。

33. 有位哲人说过一句话:"自己把自己说服了,是一种理智的胜利;自己被自己感动了,是一种心灵的深化;自己把自己征服了,是一种人生的成熟。"谈谈你自己感悟的经历。

试题点拨:这是一道综合认知的题目。考生要结合自身的经历讲述一个事件,同时要有说理,不能单纯地简述一个故事。

参考答案:读高中的时候,我英语一直不好,常常被老师拉到办公室去教育。有一次又来个红灯,老师下了个死命令:再考不好,就不要上他的课了。这下我可急了,从那天起,我每天早上都很早去教室,刻苦学习英语。尽管我很讨厌这个,但是我坚持了一个多月。在后来的一次英语考试中,我终于考出好成绩,自己满意,老师也满意。从此以后,我就一直告诫自己,其实不是自己做不好,更多的时候是自己没有用心去做,没有尽最大的努力。如果说自己尽最大努力后,还没有成功,我想自己也不会后悔。同时,我认为内因是事物发展变化的根据,在生活中,人最大的敌人不是别人,而是自己。在生活中、工作上,只有学会自省,只有不断超越自己,才能取得真正的成功。就像有句名言中说的"如果你指挥不了自己,也就指挥不了别人"。所以真正的自我感悟,是人生更上一层楼的最好时机。生活所给予我们的很多很多,永远值得我们去用心感悟,感悟之后,超越感悟,慢慢地我们成熟起来。

34. 马路上川流不息,十分有序,针对这种现象谈谈你对竞争与合作的理解。

试题点拨:这是一道综合分析题。本题考查考生如何正确面对生活中的竞争与合作。竞争与合作有效转化,才能互相促进。考生可结合本次考试展开论述。

参考答案:竞争产生动力,合作孕育生机。竞争与合作相伴相随,是我们的事业取得成功的两大不可或缺的制胜法宝。没有竞争,事物发展就会缺乏生机与活力;而没有合作,双方都力图损人利己,使得竞争成为零的竞争,变成损人不利己的竞争。合则两利,斗则双输,我们要在竞争中友好合作,在合作中公平竞争。

改革开放三十年来,我国社会主义伟大事业取得巨大成就。这一成就的取得其实就是调动全社会各主体竞争意识,同时保持社会主义优良的团结协作的结果。我们创造了社会主义市场经济制度,将个人、企业、政府等各类主体的竞争意识充分调动起来,从而使得一切有利于发展生产力、提高综合国力、提升人民生活水平的源泉充分涌流,人民的积极性、创造性被充分调动起来,从而极大地促进了社会生产力的发展。而另一方面,正是我们在竞争中保持了充分的合作,从而避免了恶性竞争的扩大化,避免了大量资源浪费、重复建设、扰乱市场秩序等现象的发生,产生了一加一大于二的效应,使得我国经济在国内外两个市场充分的竞争和良好的合作中得到飞速发展。

对于个人而言,充分的竞争意识和合作意识是个人成长成才成功的必要条件。竞争让人居安思危,竞争让人开发潜能,竞争让人充满激情;而合作让人取百家之长,补一己之短。个人的成功建立在竞争的基础之上,更是建立在团队协作、通力合作的集体智慧之上。作为一名可能要进入公务员队伍的年轻人,我在工作中会树立良好的竞争意识,培养自己的合作精神,以良好的心态开展竞争合作,在工作中不断地精益求精,做到少出错、不出错;而同时更重要的是要和同事保持良好的合作,形成大局为重、团结协作、互帮互助、共同进步的工作氛围,在团队的力量下将一切工作做好、做真、做实,使自己成为一名人民满意、群众放心的优秀公务员。

35.经得起表扬,经得起批评,经得起误会,哪个最难做到?

试题点拨:这是一道选择性题目,可以从自身出发选择其中最利于自己发挥的一项回答,自圆其说即可。

参考答案:我认为经得起表扬,经得起批评,经得起误会应该是一名公务员应有的素质。但要都做好还是有难度的,我认为难的还是经得起误会。误会出现在生活、工作各个方面,几乎任何人之间只要接触就可能出现误会。误会当然也分程度,一点点小误会,在某些条件下可能会造成严重后果。比如你和朋友起了误会而绝交,因为误会你失去了至爱。所以如何处理好误会很重要,但关键还得有一个良好的心态去应对。当我遇到误会我会保持冷静,换位思考找出原因,绝不怄气,然后找适当的时机进行一些必要的解释。我可以把一个个误会当作自身不断成长的阶梯,不断磨砺。当然也要尽量避免一些不必要的误会的出现,所以在平时的为人处世中还是要不断地思考。虽然误会比较难处理,但还是应该以平和的心态去对待。

36. 大学生创业很多,但成功很少,创业需要激情、艰苦奋斗、团队精神、表达能力与协作精神,还有鸿鹄之志。如果让你选择自主创业,你是否具备上述素质?

试题点拨:本题属于自我认知题,应从自身的特点出发,结合社会实际,理性作答,不可泛泛而谈。

参考答案:首先,我觉得应该正确看待大学生创业很多而成功很少这一现象,因为其中有各方面的主客观原因,比如具备了这些素质但你却缺少必要的资金,所以创业可能会失败,但作为一个创业者还是应该有这份自信与勇气。

其次,我觉得我还是具备了这些素质,作为年轻人激情应该是最不缺的,艰苦奋斗是中华民族的优良传统。在校期间作为学生会副主席,我组织过很多活动,培养了我的管理能力、语言表达能力与协作能力,以及团队精神。俗话说:"人穷志不穷。"年轻人当然得有远大志向,而且要为之不断奋斗。但是作为一名涉世不深的大学毕业生,我还有很多不足,缺乏社会经验,对社会的认识还不够深刻。所以在以后的工作岗位上我要发挥我的长处,不断地向身边的人学习,取长补短,提高自身的综合素质。

37. 省委下发文件,要求各市机关单位的干部多读书、读好书,对这个现象,你怎么看?

试题点拨:首先考生应表态支持这种行为,然后再强调读书对于当前做好工作的重要性,可联系自身实际作答。

参考答案:俗话说得好:"活到老学到老。"作为机关干部更应加强自身的学习,多读书、读好书,不断提高自身的道德修养,这样才能更好地服务于社会。

读书可以使人更加有思想、有智慧,使自己的思想与精神得到升华。读书使人变得有修养,有修养才能做好人、做好事。

读书可以"明目"。俗话说:"站得高,看得远。"一个人热爱读书、坚持读书,就能开阔视野,增长知识,就会使自己"站"得更高,"看"得更远,在大是大非面前,不随波逐流、不人云亦云。

读书可以不断地积累知识,不断地提升工作水平,大凡常人都希望自己素质强一些,形象好一点,以适应竞争,赢得竞争。而一个人外塑形象也好,内强素质也罢,没有捷径可走,唯有老老实实读书,才能充实自己,提升自己。

38.本市要在全市宣传低碳生活理念,涉及衣食住行四个方面,由你来组织宣传活动,你如何组织,重点要注意什么?

试题点拨:本题属于组织协调题。考生回答时要扩散思维,适度创新,作答要有层次。

参考答案:组织宣传低碳生活活动,我主要组织开展好三项工作。

一是事先作好调研。做好关于低碳为主题的宣传准备工作,根据实际情况,对本地市民做一下调查,可以用走访调查和问卷调查的形式。根据调查情况,结合市民低碳生活的现状,提出宣传活动计划,请领导批准后开始实行。

二是组织一台广场低碳生活宣传演出,发动各社区、单位排练低碳生活节目,引导市民积极参与,适当发放一些鼓励低碳生活的奖品。

三是组织一次低碳生活知识竞赛,题目通过报纸刊出,发动市民参与,对获奖者给予奖励。宣传的重点是提升市民低碳意识、绿色出行、家庭节能、垃圾处理分类以及机关的低碳行政、餐馆的低碳消费等。

39.互联网普及农村,电脑来到农村;有村民利用这些电脑私自开设网吧,允许未成年人上网,知情村民来向你反映,你作为村干部,如何处理?

试题点拨:考生回答时要注意转换自己的身份,辩证地看待处理网络问题,提出建设性的解决方案。

参考答案:首先,作为村干部,对于村民的反映要认真对待,及时予以重视解决。我会对反映的问题进行调查,以确认事实,对网吧的合法性进行核实,如果不合法就要向文化部门反映,通过法律手段依法取缔黑网吧。如果经营合法,但允许未成年人进入网吧,我会对其进行教育批评,限期改正,如果不改正就向文化部门如实举报,对其处罚。处理后要把处理情况及时向村民传达,取信于民才能更好地为村民办事。同时,我要抽时间对有关家长进行教育,使家长们懂得孩子沉迷网络的危害性,对其子女加强教育,防范在先。告诉人们要合理地利用网络,真正做到有利于民。

40.博物馆响应上级要求,进行安全检查,需要身份证及其他证件,检查时间长,队伍排得也很长,有人情绪激动,你是博物馆工作人员,你怎么做?

试题点拨:本题注重解决实际问题,避免矛盾的进一步扩大。考生要转换身份,理性作答。

参考答案:作为该博物馆工作人员,遇上此类事件,第一要让自己保持冷静,因为在任何情况下只有保持冷静才能处理好事情,况且遇上观众情绪问题,更加要冷静。第二将个别情绪激动的人请到安静的休息区,给他们倒上茶水,让他们平复一下自己激动的情绪,这样可以避免势态扩大,使安检工作得以顺利进行下去。同时再向他们赔礼道歉,做出解释,告知安检工作的重要性,希望得到观众的谅解。第三尽量安排充足的检查人手,提高安检工作效率,给观看者提供舒适的等待区,可以放点轻音乐分散观众的注意力。第四给上级提建议,一般的博物展览不需安检,只需加强管理,要信任社会,信任民众。

41. 沿海企业员工工资较高,引起大家关注,对此你如何看待?

试题点拨:本题为观点题,考生在作答时要辩证看待问题。

参考答案:我觉得应该客观公正地看待此事,正如一枚硬币一样,事物都有正反两面,沿海企业员工工资较高,可以这样来看:第一,在沿海地区,经济比较发达,消费水平相对较高,生活成本也高,只有合理的工资待遇才能保证员工的生产生活,保证社会秩序的良性稳定。第二,在沿海地区有着很多大企业,为了吸引人才,工资高也很正常。第三,沿海地区并不是所有员工的工资都高,比如说中小企业的农民工,他们的工资待遇就很低,如果再宣传不当,会引起矛盾,甚至引发群体性事件,湖州织里事件就是个典型例子。另外,逐步提高劳动者工资是全国也是沿海地区的发展趋势。

42. 你来负责单位开展的五年工作成果展,你如何组织并保证效果?

试题点拨:本题是组织协调的题目,考生作答时要注意条理,尽量答出新意。

参考答案:作为此次五年工作成果展的负责人,我感到很荣幸,我会尽自己的最大努力将这次展会办得尽善尽美。

第一,我会先向领导请示,了解相关事项,明确展会开展的具体时间和参会人员,并请领导给予帮助和指导。然后,我会抽调人员,成立展会班子,分头开展工作。

第二,收集成果资料。我会去查阅单位的档案资料,了解清楚往年展会的举办情况,吸收成功经验,着力创新,同时将这五年内单位的成果一一列举清楚,我会上网去查阅相关资料,收集展览实物,做好准备工作。

第三,节约办展。本着节省、高效原则,我会联系相关广告厂商,选择服务质量好、价格低的厂商承做必要的布展项目,有些则发动单位能人自己搞,以节省费用。

第四,我会在展会正式举行前,先做一次预演,看一下包括灯光、音响、解说员、安全设施等的落实到位情况,如有问题就及时解决。同时作好展会的宣传,安排好时间、人员。

43. 你的领导计划性不强,朝令夕改,今天交给你一个任务,明天又交给你一个任务,你如何处理?

试题点拨:本题属于人际关系题,考生首先对这个问题先作一些铺垫,再陈述自己的做法。

参考答案:首先,我觉得作为一个公务人员,服从领导的安排,一切行动听从指挥是我们公务员的必备品质,也是重要的组织纪律。领导交给的任务一定要努力完成。我认为领导给我们年轻人布置任务是对我们的一种信任,是一种锻炼,有利于提高我们的工作水平和能力,使我们更快更好地融入到工作中去。

其次,针对领导朝令夕改问题,我会找适当时机、适当场合与领导沟通,表露自己的观点看法,尽量争得领导的支持。另外,我也可以利用会议发言,向领导建议制订月季工作计划,然后分工落实,减少工作的盲目性、无计划性。

44. 你被单位派往基层,但由于工作中的创新方法和形式,你被人评价为"浮躁,不扎实",你怎么处理?

试题点拨:本题为综合认知题,主要考查考生如何正确看待别人的评价以及如何看待创新问题。

参考答案:我在基层工作中注重创新,但被人评为"浮躁,不扎实",我是这样看待的:

首先,对别人的评价要有个好心态,要理性地分析处理。我在基层注重工作创新,其出发点和效果肯定是好的,但是创新工作也会走弯路或者存在这样或那样的缺陷和不足,这是正常的。别人对我的议论评价也是正常的,因为创新工作会打破一些旧的观念、旧的工作框框,甚至涉及利益分配,对此,一些人不理解,吹凉风,我能理解。确实我的工作创新可能在某些方面太过于急于求成,有些事情做得不够扎实,但人无完人,看到问题解决问题,总比固执己见要好。因此,我要以一颗平常心去对待别人的评议,进一步努力工作,尽可能地在工作中少出差错,工作再踏实一些,那样就可能会更加有利于自己的创新。

其次,我要继续坚持创新,将创新与务实结合起来。基层工作创新的地方很多,时代在变,形势在变,我们的思维和工作肯定要变,要创新,不能死水一潭,今年这么做,明年后年还是这么干,那样就不会进步,基层工作就没有起色。对此,我要加强调查研究,找准创新的落脚点,注意吸收群众的意见建议,把创新成为大家的自觉行动。我在坚持创新基础上,一定要脚踏实地地做好每一件事,细节决定成败,创新工作更应考虑周全,工作做细做实,唯有如此,才能改变别人的看法,赢得大家的支持和肯定。

再次,创新基层工作我要注重倾听民声民意,注意民利,只要对群众有利的创新,只要能给群众带来高兴的事情我要多办、办好;如果我们的创新能真正给群众带来好处,只要老百姓满意,即使有人讥讽,我也感到无所谓。

45.武夷山自然保护区工作人员王某艰苦奋斗25年,兢兢业业,但是妻子病重,儿子残废,王某经过努力,试验发现三种新的昆虫品种,获得了国家重奖。

根据以上信息回答下面问题:

(1)有人说王某艰苦奋斗只是为了自己的荣誉着想,你怎么看待?

试题点拨:这是一道观点题,考查考生对荣誉的看法,考生要从事业心、责任感方面去阐述对荣誉的看法。

参考答案:首先,我觉得这种看法相当错误。王某为了保护自然,长年累月工作在保护区,兢兢业业地为国家、为社会作贡献,不是为了得什么重奖,而是他对事业的执著追求,我们都应该向他学习,现在这样的人太少。

其次,王某所得荣誉心安理得。王某克服家庭困难,一心扑在事业上,事先并不知道会得国家重奖,这种精神值得学习。

再次,建议将王某树为先进典型,大张旗鼓地宣传这种精神,以弘扬正气。

(2)王某艰苦奋斗25年,有人说科学发展,就不应该再艰苦过日子,你怎么看待?

试题点拨:这是一道对艰苦奋斗与科学发展关系的社会观点题,考生需辩证作答。

参考答案:这种说法是极端错误的。科学发展的来源在于艰苦拼搏,不肯吃苦,只图安耽,哪来科学发展,许多的科研成果都是心血所铸。王某兢兢业业艰苦奋斗25年,为的就是科学发展,王某这样过苦日子,值得。作为公务人员,我们都要向王某学习,即使在经济发展、条件改善的今天,也要坚持艰苦奋斗,减少行政费用,降低三公开支,把钱省下来,多办利国利民之事。

(3)王某的妻子、儿子病重,由你组织单位募捐,你怎么组织?

试题点拨:这是一道组织管理题,考生可结合社会现实做法,有层次地答好题目。

参考答案:我首先会做好宣传发动,组织各单位、部门以及党、工、团组织通过会议、网络等宣传王某的事迹,说明王某家庭的实际困境,发动干部职工伸出援手献爱心,帮助王某渡过难关。

其次,我会与当地媒体取得联系,争取媒体的帮助,请媒体作专题采访,发动社会爱心人士参加募捐。

再次,对王某家庭组织送温暖活动,将募集到的捐款送到王某手中,积极为王某妻儿提供医疗服务的联系、帮扶工作。

（4）王某艰苦奋斗25年，兢兢业业，如果没有发现三种新的昆虫品种，就会默默无闻，对此你怎么看待？

试题点拨：这是一道观点题，考生要从名利角度去阐述王某的高尚品质和无私奉献。

参考答案：我的看法是：首先王某不为名利，默默无闻献身科研事业，如果没有发现昆虫品种，王某也会感到欣慰，因为他在做自己喜欢的工作，在干利国利民的事业，他付出了努力了，人生价值也实现了。

其次，社会各项工作都需要我们默默无闻地去做，这里的默默无闻就是淡泊名利、脚踏实地、真干实做，在默默无闻中奉献自己的才智和力量，其实许多有成就的事业都是从默默无闻开始的。

再次，默默无闻不等于墨守成规，我们既要有默默无闻的谦虚态度，更要在默默无闻的工作中不断创新，勇于探索，干出漂亮的成绩，报效国家，报效社会，服务民众。

二、2011年国家公务员面试真题解答

1. 开会前一小时发现会场的后背景有一个汉字写错了，你怎么办？

试题点拨：这是一道临场应急题，作答此类题目时考生要迅速思维，先多想一些办法，后再选择合适的作答。如把整个背景换掉，立即将错字改过来，向参会者坦诚道歉，将错就错装糊涂，临时用其他颜色的字遮盖等。从此题内容看，离开还有一个小时，时间是够充裕的，那么就选择换一个字，或换几个字加以纠正，就比较合适。

参考答案：开会前一个小时发现会场的背景有一个字写错了，我的处理办法是：

第一，如果这个背景是条横幅，那么很容易处理，可立即写个正确的字将错字换下就行；如果是广告公司制作的横幅，那么我会将整条横幅换下，我会迅速利用我写美术字的专长，在40分钟内重新写一条横幅挂上。

第二，如果这个背景墙是彩色的广告公司制作的较高质量的背景幕布，我会根据错字的颜色，立即找颜色接近的纸张，重新制作一字将错字覆盖掉，然后请领导审看，如果领导不满意通不过，我会立即将整个背景墙撤下，用一些红旗加花卉之类的布置作为会场主席台

背景。

第三,如果这个错别字只是偏旁有误,一般人又不易发现,我会迅速对错字进行巧妙修饰。

总之,遇到此类问题,不要手忙脚乱,要沉着冷静处置。

2. 某县存在教师吃空饷现象,你怎么看?

试题点拨:这是一道观点题,也是一道政策题,考生在作答时要先对其现象进行定性,然后从多个角度或多个层次去阐述道理。

参考答案:某县存在教师吃空饷现象,我的看法是:

首先,这是一种违法违纪行为。教师吃空饷就是编造虚假名单骗取财政钱款,这种行为严重违反财政纪律和财务制度,性质严重的,可追究单位、部门领导刑事责任,也就是渎职罪;如果其中某些经办人员中饱私囊的,也是一种贪污犯罪行为,必须追究其刑事责任;如果性质较轻,只是用于单位福利,也要给予领导和经办人员必要的纪律处分,同时在经济上要作追款处理。

其次,反映了该县存在严重的财政管理混乱弊病。教师吃空饷现象,证明该县财政制度、教育部门的人事管理、财务管理存在严重漏洞,统计数字虚假,一级骗一级,乱用纳税人的钱,这在不少政府部门中都有存在,必须通过改革,加强监管,规范财政、财务管理,防止再次出现类似问题。

再次,说明了部分领导干部政治素质十分低下。教师吃空饷的根子在领导,一个单位或一个部门,乱编虚假名单,骗取财政拨款,一般而言,领导不可能不知晓,难道一个领导连下属有几个人都不知道。教师吃空饷现象很多的是有个利益链,即领导、经办财会人员、物品采购人员共同串通,肆意妄为。近年来,国家审计部门屡次披露单位吃空饷问题,屡查屡犯,除了处罚太轻外,与我国公务人员的素质低下有关。吃财政空饷,是个冒天下之大不韪的错事,一般稍有素质的人都懂这个道理,但就是屡禁不止,值得深思。

最后,教师吃空饷的实质是蔑视民意,缺失监督。财政开支、财务开支监督在许多层面形同虚设,许多的监督机制实质是自己监督自己。因此,必须通过深层的制度改革方能解决这个问题。

3. 春节前夕,中国政府组派 8 架飞机赶赴埃及,在 3 天 45 个小时内,总计接回 1800 国人回国,请谈谈你的看法。

试题点拨:这是一道认知题,考查考生对我国政府派飞机接人回国的看法,考生可在思维上做多角度审视扩展,从政治、经济、文化、民生等方面分别阐述,最好要有新意。

参考答案：春节前夕,我国政府派 8 架飞机赶赴埃及,在较短时间内接回 1800 多国人回国。对此,我的看法是：

首先,此事说明我国政府是个民生政府。在埃及的 1800 多中国人中多数是普通公民,在埃及发生骚乱后,为了保护国人的人身安全,中央政府花那么多的人力物力去救护我们的同胞,给他们送去政府的关爱,说明我们的党和国家确实是为人民服务的政党,是一切为了百姓利益的国家,被接回的国人感到幸福,我们也深感骄傲。

其次,说明国力的强盛。8 架飞机去接 1800 多国人,耗资巨大,国家没有实力是难以为之的。一般而言,埃及发生内乱,普通公民完全可以自费乘坐航班或者坐其他交通工具回国,也可临时到附近国家避难,但是今日之中国,已经不是当年西方列强肆意欺凌的中国,我国政府的这一举措向世界表示,中国人民不但站起来了,而且站得很直,胸脯挺得很硬,作为每一个中国人都应为此而骄傲。

再次,说明我国应对突发事件的能力迅速增强。近年来,无论是应对地震、冰雪等自然灾害,还是应对矿难、重大交通事故等能力显著提高,这既是对民生的重视,更是反映了政府政治、经济、社会管理能力的提高,所以,埃及救人事件,令我们欣慰、鼓舞。

4. 请谈谈你对中国成为第二大经济体的看法。

试题点拨：这是一道时政认知题,考生要对中国成为第二大经济体作理性阐述,话要到位,但不能太过。

参考答案：我对中国成为世界第二大经济体谈一些看法。

第一,很欣慰,但不盲目乐观。我国经过几十年的改革开放,发展市场经济取得巨大成就,国人的聪明才智和潜能得到了充分发挥,各项经济建设取得辉煌成果,国力愈加强盛,百姓的生活水平显著提高,我国成为世界第二大经济体是在预料中,值得欣慰和骄傲。但是,对此不能盲目乐观,从我国的人口、国土等国情看,从我国人均 GDP 数字看,我国还是个发展中国家,工业基础薄弱,过分依赖出口,自主创新能力不强,国民收入水平低下等问题客观存在,不可自我陶醉。

第二,我国是个经济大国,但还不是经济强国。从经济角度看,我国的经济总量虽然很大,但质量不高,多数产业只是加工型产业,贴牌生产产业,名品精品不多,经济总量的提升很大程度上是依靠资源和廉价劳力以及牺牲环境所获得,要实现可持续发展,前面的路还很难走。从经济强国看,我国还有相当的距离,与日本、美国以及西欧发达国家相比,我国的国民收入、财政收入、支柱产业比重、市场占有量、制造业的发展等都远远落后于发达国家,还远不是经济强国。

第三,要理性分析,做好自己的事情。我国成为第二大经济体只是一个数字符号,并不能说明很多问题,我们绝不可盲目乐观,骄傲自大。相反,我认为我们要低调做事,下工夫实实在在地推进经济建设、民生建设,加大自我创新力度,通过转型升级提升经济质量和水平,大力发展高新技术产业,创造更多知识产权的名品精品,认真实施中国创造战略,做大做强制造业,扩大国内市场,以更多的拳头产品占领国际市场,唯有如此,再通过几十年的努力,我们就有可能赢得更多的国际地位,才能真正实现经济强国的梦想。

5. 温总理就"十二五"规划向农民、工人等征求意见,你怎么看?

试题点拨:这道题看似简单但十分难答,考生要在肯定基础上抓住民主、民生、民权等关键词去作答,方能答出高水平。

参考答案:温总理就"十二五"规划向农民、工人征求意见,我的看法是:

首先,我觉得这种做法很好,是国家政治进步的表现。国家制订发展规划,谁来实施,怎么实施,我想是人民大众,是众多的工人、农民,他们最有发言权,政府放下架子,广泛听取民意,既是服务型政府建设的需要,也是民主决策的一种进步形式,我举双手表示赞同。

其次,这是一种尊重民意和民权的具体表现。民众有权监督政府,群众满意不满意是政府决策的主要依据。制订"十二五"规划,到底要发展哪些地方、哪些产业、哪些项目、哪些民生,民众最有发言权,政府广泛吸取民众意见,既是对民意的尊重,也是科学决策之必需。我认为,中央政府的决策如此,地方各省、市、县、镇的决策也应如此。

再次,要真征求不能虚征求。政府制订发展规划,一般而言是决策层、专家层的事情,有些时候有些政府也搞一些名义上的征求,实质是走过场,对百姓所提建议要求搁置一边,很难进入决策圈影响决策。对此现象,我觉得政府征求公众意见既要有制度保障,更要提高决策的透明度,比如利用网络征求意见就比较科学,因为网络覆盖面广、受众多,容易得到好的科学的治政之策。当然,作为每个公民也要提高参政议政意识,充分利用民主权利,多给政府建言献策,将政府与民众的意图融合起来,这样才能建设真正的民主政治。

6. 广州亚运会期间实行地铁免费政策,施行后造成地铁人满为患,四天后又取消这项政策,改为发交通费补贴,对此谈谈你的看法。

试题点拨:这是一道实际操作题,考生对广州市的做法可展开善意的评论,同时要将科学决策、重视民意、民行等结合起来作答就比较有层次。

参考答案:我对广州亚运会期间实行地铁免费政策改为发放交通补贴谈几点自己的看法:

第一,广州市政府这一举措出发点是好的,是保障民生的实际体现。为缓解亚运会交通压力,鼓励市民多坐地铁出行,其思路与做法都是无可指责的。

第二,决策科学十分重要。好事要办好并不容易,作为广州市政府如果在决策时,利用网络或试卷调查等形式征求市民出行意向,那么就不会发生地铁人满为患,或者政策调整。因此,从这件事情可以看出,政府的重大决策,要先征求民意和深入调查研究是何等的重要。许多社会问题的出现,都是由于草率决定引起的,比如在猪肉价格暴涨时,出台给养猪农户的养猪补贴政策,养殖户感到莫名其妙;又比如解决学生校车安全问题,政府出台财政投入,购置校车政策,政策本身没有问题,但光用钱买校车,如果不解决道路、驾驶员、公共文明交通等一系列问题,最好的校车还会发生伤亡事故,也就是作为决策要科学理性,要有一些综合性措施。比如广州市在亚运会期间既出台地铁降半价政策,再加临时发放交通补贴,我觉得就比较科学实际,坐地铁者得到实惠,不坐地铁者也有补贴,大家皆大欢喜。

第三,政府的政策出台要讲究时效,及时调整政策,不怕失面子。政府出台政策因为情况复杂,百分之百正确科学也是不可能的。问题在于政策出台后如何应对变化,是一意孤行,顾及面子,有错不纠,还是及时发现问题,及时调整政策。广州市政府在这方面做得很好,很开明,公众也有较好评价。

7. 在网上,一个网友发表博客说有项工程是一个面子工程,不实用,此博客后被传播范围较广,已经引起了一些市民对于此项工程的异议。若让你去跟这位博主沟通,你会怎么说服他?现在我就是这个博主,请现场模拟一下沟通过程。

试题点拨:这是一道模拟交流题,答题难度较大,考生在作答前要反复看清题意,此题的真实意思是,有项工程事实上不是面子工程,工程建设本身没有问题,但是个别网友可能由于情况不了解,以偏概全,对工程建设提出不同看法,这也很正常。考生如果站在公务人员角度,去与博主沟通,一定要理性、得体,同时要讲究沟通方式方法,注意语言的分寸把握。

参考答案:如果派我去跟这位博主沟通,我的现场模拟为:

某网友,您好!很高兴与您在网上交流。我在昨天看到您在网上博客中谈到本市 A 工程的有关情况,我觉得作为市民都应该关心城市发展,并积极参与,我十分支持您的行为。作为朋友,同时我想与您交流一下对 A 工程的看法。您在博客中谈到 A 工程在建设中有一些不妥的地方,有面子工程嫌疑,对此,您有些观点我十分赞同,比如要多听市民意见,不能装修得过于豪华等。但是有些观点我不十分赞同,可能是您不了解具体真实的情况,A 工程不是楼堂馆所,其实是项老年活动中心工程,也不是纯粹的书画展示场所,市政府投入巨资建设老年活动中心的意图是给广大老年朋友们有个文体活动的地方,有个碰碰头聊聊天的场所,现在的城市老年朋友愈来愈多,文化需求也就愈来愈多,给他们创造一个良好的公共活动场所我觉得是应该的,是城市文化的体现。您在博文中谈到的某些大厅装修很豪华的问题,我到实地看过,其实并不豪华,投资不大,主要是一些墙纸的装饰风格比较高雅,因为作为全市老年文化的展示,其场所应该也要有个档次,同时也为与其他城市老年朋友的书画展览交流创造平台,我看总体还是符合市民要求的。

作为朋友,我的意见不一定正确,供您参考,但我们的目的是一样的,都是本着建设文明城市的出发点去看待这项工程,我想您有空的话,咱俩一起找个时间去那里看看,再在网上发个观后感的博客如何,我想老兄不会推辞的,谢谢!

8. 你们公司有个重大项目,之前是小李负责,但是由于去年小李出现重大失误,今年由你负责,小李因此不配合,你怎么办?

试题点拨:这是一道人际关系题,主要考查在复杂情况下如何处理好与合作同事的团结共事问题,这类试题一般考生不必直接回答怎么办,而要用道理在"外围"去解套,这样就比较容易"说圆"。

参考答案:我和小李负责重大项目管理问题,小李不配合,我的处人方法是要理性分析,冷静处理。

首先,我觉得与同事的配合要虚心。小李肯定在业务上、技术上、管理上有许多的长处,虽然去年出现重大失误,但我还是要尊重他,真诚向他学习,我会主动与他沟通,放下架子虚心向他讨教工程建设问题。我会说,工程建设是百年大计,我的管理能力和技术水平都不高,咱们都是朋友,我要好好向你学习,多与你商讨有关问题,我想你会继续为工程建设出力的。我觉得与同事的配合不能骄傲,更不能看不起人,要多一些尊重与理解,多为对方想一想。

其次,我会诚心与小李配合。处理人际关系主要是名利问题,如果淡泊名利,那么人际关系都能处理好。我会跟小李说,咱俩共同努力,这项工程如果搞好了,成绩归你,我会向领导推荐你,有什么奖励也给你;如果再出现什么失误问题,责任我挑,你只管大胆管理,同时我会将一些重要的管理事项交由他去做,相信小李会吸取教训,与我配合做好工作的。

再次,我会真心与小李配合。许多人际关系是由于当事人眼高手低,说起来头头是道,干起来缩手缩脚所至。我在与小李的配合中,主动地挑起大梁,亲临现场带头实干,带头加班加点,用自己的行为去影响小李和其他同事,形成团队凝聚力。我想我用真心去与小李配合,他哪有不配合的道理呢?

9. 对社会上的热门事件,在网上有很多简练的热词,对于热词你有什么看法?

试题点拨:这是一道观点题。请考生谈谈对网络热词的看法,考生要从正反两方面客观作出评论。

参考答案:对网络热门词语,我想谈几点看法。

第一,坚持理性包容,客观对待。网上热词多数是对现今社会热点问题的形象概括,有些还十分生动形象,以至成为社会流行语言,比如"给力"、"蒜你狠"、"被就业"等,这是社会发展也是语言发展的必然趋势,是不以人们的意志为转移的。作为社会公民,我们都应理性地看待这种现象,有个包容的态度,既不能随意指责,当然也不能一概肯定,因为有些网络热词带有"恶搞"的倾向,要加以分析、扬弃。

第二,网络热词也需规范。我认为,对一些大众认可的网络热词可以作为社会普通用语,可在媒体包括政府文件中使用。社会在发展,文字语言也在发展,只要向上、健康,并被人民大众所接受,我认为都可以广泛传用。事实上,许多的网络热词已经进入我们的学习、工作和生活中。在肯定网络热词的同时,对一些低俗甚至"恶搞"的所谓潮词要加以限制或者禁用,尤其是对一些丑化社会、损害中华优秀文化的"糟粕"之词,网络和社会都要积极抵制。

第三,网络热词不可过滥。对能够促进社会进步、百姓乐于接受的热词应该持宽容态度,并允许公开使用。但是任何文化都要有个度。近年来,随着网络的兴起,公民言语表达渠道、机会迅速增多,这是一种进步,但是也有个别网民由于各种原因,针对社会个别现象,以偏概全,乱造"热词",编一些所谓的"顺口溜",这是一种不文明的行为,必须加以限制。网络是把双刃剑,如果对网络热词不加辨别,乱用滥用,是极不负责的,也是与当代文明建设背道而驰的。

10. 农民小李想要查阅关于土地补偿的红头文件,但查看政府网站时,发现内容两年没更新。这种现象被称为"休眠网站",请你谈谈对这种现象的看法。

试题点拨:这是一道观点题,即考生对政府"休眠网站"的观点与看法。回答此题,考生先要对"休眠网站"作出解释,而后引申出几个问题分别加以评论,一般可从网站制度建议、服务型政府建设、执政理念、民生建设等方面作出解答。

参考答案:我对某些政府实际存在的"休眠网站"谈几点看法。

首先,这是一种"懒政"表现。所谓的"休眠网站"就是政府有网站,但没有内容,这是一种形式主义的浮夸作风,必须加以改进。政府开设"官网"的目的是沟通民意,它体现政府的施政方针,引导市民积极参政议政,及时回应市民的诉求,帮助解决群众反映的实际问题,其意义和作用不言而喻。但是,个别政府由于"懒政",长期不更新网页,更谈不上与市民沟通,是一种严重的官僚主义和形式主义作风,必须通过制度建设加以改进。

其次,政府执政理论存有问题。执政为民是现代政府的基本理念,执政不为民,那么执政为什么? 因此,为谁执政,怎么执政既是个理念问题,也是考量政府良心的一个试金石。开通"官网",百姓欢迎,政府也可依此加强服务,更好地为百姓办事,是项双赢的工作,那么为何会存在"休眠网站"呢? 我看主要是一些政府的领导没有真正树立"服务"理念、民生至上理念、现代政府执政理念,错误地认为政府、领导就是衙门,就是老爷,将政府管理曲解成就是我说了算。他们公布政务或怕揭短、或怕群众找麻烦、或怕失去了自己的"乌纱帽",因此,创建网站,休眠为上。

再次,官网建设须有制度保障。为何出现那么多"休眠网站",除了政府理念和少数领导不作为外,很重要的一个原因是,"官网"缺乏制度保障,"官网"没有列入政府工作计划,成为可做可不做的"分外事"。我认为,加强"官网"建设是服务型政府建设的重要内容,要强化政府网站、官方微博的制度建设,纳入政府工作计划,健全管理、监督、考核机制,将管理责任落到人头,唯有如此,政府网站才能建设好,才会赢得百姓的赞许。

11. 说说你的个人情况。

试题点拨:这是一道自我认知题,是一道比较难答的题,试题越简单越难答。考生在作答此题时,可先介绍一下自己的基本情况,然后在爱好、特长或者家庭背景等方面作出理性的回答。

参考答案:下面我谈谈我的基本情况。

首先,我是浙工大应届本科毕业生,我学的专业是计算机科学与技术。我去年在学校入了党,在校是学生会副主席。我的家在湖州农村,父母都是老实的农民。

其次,我有一些兴趣爱好,除了计算机专业外,我还喜欢写作、书法,在校时写过几篇文章被校刊和《浙江法学》杂志刊用,也在课余时间练练毛笔书法,在学校书画展中得过二等奖。

另外,由于家庭贫困原因,我在杭州读书期间做过一些勤工俭学,参与残奥会志愿者服务工作;我思想比较活跃,比较喜欢创新,总想把常规的学习、生活、工作搞得有些生机,那样才觉得生活有意义,人生很充实。当然,我也有许多缺点,比如做事有时比较急躁,专业水平一般,社会知识还比较欠缺,这些都要在今后工作中加以改进。

12. 某村要开展规划,你是新上任的大学生村官,你的思想(发展理念、发展规划)和前任村长完全不同,前任村长十分不满,你该怎么办?

试题点拨:这是一道人际关系题,也是一道自我励志题,考生在作答此题时,先要对自己有个客观评价,再从处理人际关系上、协调矛盾上、修正自我行为上作出解答。

参考答案： 假如我是大学生村官，我工作思路与发展规划与前任领导不同，由此产生矛盾，我的处理方法是：

第一，认真听取老村长的意见，尊重老村长，努力化解矛盾。我认为前任村长对我的发展理念以及发展规划不赞同，持反对意见是完全可以理解的，也是正常的。因为，前任村长或是村委班子，主要工作目标是抓现代农业和特色产业的发展，取得了很大成就，但是发展农村经济必须坚持实事求是，我村的特色产业近年由于市场饱和等原因，发展前景不好，而我村近邻就是旅游重镇两塘古镇，如果利用我村古建筑优势以及湖塘生态优势，大力发展乡村旅游业，前景肯定不错。我会与老村长好好沟通，宣传我的发展理念，以及在不放弃特色产业的前提下，开发旅游业的双赢战略，我想老村长会支持我的工作的。

第二，我要认真分析老村长反对我的原因：一是我工作太忙，忽视了向他汇报，我要向他道歉；二是我的发展理念宣传不够，产生误解；三是发展规划中要保留大量民居，许多村民因此不能拆迁而得不到补偿款而产生意见。所有这些问题，我都要做过细的工作予以解决，同时要争取老村长的支持，将他吸收进村里的新规划工作班子，让他当顾问，一起做村民的工作。

第三，吸取老村长的正确的一些意见建议，修正我的规划，实现旅游开发和特色农业同步发展的新局面。

第三部分
面试常用语言篇

第五章　面试常用语言

一、政治法制建设

★ 执法在于公正、公平、公开。

★ 建设法治国家,推进平安浙江建设。

★ 政法工作要服务于政治建设、经济建设、文化建设、社会建设、民生建设。

★ 警务围着民意转,民警围着百姓转。

★ 让民意领跑警务,让警务保障民生。

★ 给老百姓更多的话语权是最大的民主。

★ 创新民意导向型警务新模式。

★ 让警务民主成就公安,造福百姓。

★ 警民和谐一家亲。

★ 以文化人,以文育警,以文励警,以文律警,以文强警。

★ 公正是基,平安是福。

★ 打造绿色生态警营。

★ 忠诚、为公、公正、奉献。

★ 阳光警务,警民携手,警务广场充满生机。

★ 依法治监,公正执法。

★ 努力创建现代化文明监狱。

★ 加强监狱文化建设,提升罪犯改造质量。

★ 加强罪犯教育改造工作,促进罪犯本质改造。

★ 努力推进监狱工作科学化、规范化、法制化建设。

★ 建设法治社会取决于法制的科学、完备,取决于法制的系统化,取决于执法者的执法水平、执法规范,取决于公众法制意识。

★ 执法管理要坚决反对和禁止人情执法、钓鱼执法、野蛮执法、利益执法、虚假执法等执法违法行为。

★ 创新公安工作,创建乡村110、社区警务室,构造"全警联村、全面贴近为主要内容的警务管理新机制,和谐警民关系"。

★ 创新社会管理,开展网格化管理,组团式服务,找准家、楼道、小区三个结合点,充分发挥调解小组的"和事佬"作用。

★ 各级政法机关要时刻牢记"人民"二字,始终把人民放在心中最高位置,把执法为民的根本宗旨贯穿于政法机关建设的各个方面,把政法机关工作深深植根于人民群众心中,更好地满足人民群众日益增长的司法需求,更好地维护人民群众的利益。

★ 政法机关要面对民情、国情、党情的深刻变化,牢固树立以人为本、以服务为先理念,时时处处站在群众角度考虑问题,要简化办事程度,畅通便民渠道,创新便民措施。严格公正文明执法,认真答复群众意见,该办的要坚决办,能办的要马上办,公开承诺了的要及时兑现,以实际行动取信于民,使社会管理成为促和谐、得民心的工作。

★ 紧紧抓住当前影响社会和谐稳定的突出问题,着力加强流动人口服务管理,使流动人员稳定下来,各得其所,加强对刑释解教人员、社会矫正人员等特殊人群管理、教育和帮扶工作,帮助他们更好地融入社会。

★ 坚持科学执法、理性执法,正确处理好严格执法与热情服务的关系,既要严格、公正执法,又要热情为民服务。

★ 立警为民,执政为民是当代政法工作的主题。

★ 立足检察职能,积极参与和促进社会管理创新。发展中国特色社会主义检察事业,做中国特色社会主义事业的建设者、捍卫者。

★ 全面加强政法干部队伍的思想政治建设、素质能力建设、职业道德建设和自身反腐倡廉建设,努力建设一支严格、公正、文明、廉洁执法的高素质的政法队伍。

★ 司法公正也是一项民生工程,是维护群众利益的法制保障。

★ 司法不公,老百姓就有怨气,就有上访诉求,就会损害司法机关的威信,必须加以重视和纠正。

★ 政法干部说到底就是法制的宣传员、工作员、百姓的服务员,必须要有献身的精神,不可以有丝毫的骄横。

★ 提升政法干警的素质,必须要加强警察队伍的职业化建设,警察职业能力不强,素质不高,是当前政法队伍建设必须加强的重要问题。

二、经济建设

★ 生态文明建设是社会经济可持续发展的重要保障。

★ 大力倡导和发展低碳经济、低碳生活、低碳城市、低碳行政、低碳市场、低碳会议、低碳政府。

★ 低碳是一种理念、一种文化、一种精神、一种行动、一种良俗、一种导向、一种生产力、一种制度安排、一种竞争力。

★ 低碳要特别重视抓好政府低碳、企业生产低碳、富人低碳和城市低碳。

★ 各级政府要在生态文明建设中发挥示范作用,各级领导和政府公职人员要做生态文明的带头人。

★ 保护环境就是保护我们家园,破坏环境就是自掘坟墓。

★ 低碳生产、生活需要公众的广泛参与,提升公众低碳意识是加强生态文明建设的重要保证。

★ 生态文明建设需要政策、法律、制度保障,需要创新法律法规和管理方式。

★ 发展低碳经济主要存在的问题是:社会低碳意识不强,政府管理薄弱,某些企业能耗过高;产业结构不合理,第三产业比重太低;环境污染严重,空气污染、水污染、农田污染、海洋污染、食品污染严重。

★ 抓好政府部门低碳行政,减少"三公"开支,严格控制公务用车数量,精简会议,抓好节电、节水、节省办公用品,建立低碳行政计划制度、考评制度、责任奖罚制度。

★ 城市低碳要采取综合措施,倡导低碳餐饮,实行用餐硬性打包制,严控城市广告牌、亮化工程等高耗能设施设备,鼓励市民到超市买菜,倡导市民绿色出行,开展创建绿色城市活动,全面推行垃圾分类处理,加强节能产品的推广使用。

★ 公众低碳生活要强化低碳宣传,提升全民低碳素质,大力推广使用太阳能、新能源照明、节水马桶、节能汽车、生活沼气等,实施用水、用电梯级价格制度,遏制高能耗、高消费,倡导健康文明的生活方式。

★ 企业低碳要结合转型升级,加快设备更新,加强自主创新能力,提升企业装备水平,降低能耗物耗;要推进科技进步,建立产学研相结合的创新体系;要淘汰落后产能,发展第三产业;要落实能耗使用和环保责任制,加强监督检查,健全奖罚机制;加强企业技术革新改造,千方百计降低电耗能耗。

三、文化建设

★ 文化也是生产力。

★ 文化既是软实力,也是硬实力。

★ 文化具有影响力、渗透力、鼓舞力、竞争力、推动力。

★ 以文化人,以文育人。

★ 文化是一种力量,一种情怀,一种影响,一种内涵、一种素质、一种姿态。

★ 文化需要传承、保护,文化更需要与时俱进不断创新。

★ 保护文化先要尊重文化。

★ 某些人在商业利益驱使下,打着文化的旗号,进行文化掠夺。

★ 人民大众是文化的享有者,也是文化的创造者,对人民群众的文化创造要有足够的尊重和重视。

★ 山寨文化是对民间创造力的误读,实质是对文化的摧损,不可不察。

★ 文化不是空中楼阁,而是深深扎根于历史长河中。

★ 尊重文化无需大动干戈,劳民伤财,而是还文化一个本来面目,让原汁原味的文化得到品味和传承。

★ 尊重文化就是要经得起大众的审视、推敲。

★ 文化创新源于大众,归于大众,服务大众。

★ 文化创新的主角是大众,创新的动力也来自大众。

★ 文化创新离不开对新生活的洞察,对新生活中人的命运的探究和对人性变化的思考。

★ 文化是民族凝聚力、创造力的重要资源,是综合国力竞争的重要因素。

★ 文化直接关系到民生幸福。

★ 要多提供一些群众买得起、看得懂、用得上的文化产品。

★ 文化建设要抵制庸俗、低俗、媚俗之风,用思想性、艺术性、观赏性俱佳的文化精品,为大众筑起丰富的精神家园。

★ 要大力发展乡土文化,激发农民创作参与文化建设的热情,加大投入,健全文化体制机制,兴建好乡镇电影院、图书室、演出队、篮球队等,每个村都要建立书屋,让农民也有书看、有戏看、有电影看,以抵制封建迷信、黄赌毒等不良现象。

★ 文化建设的重心要下移,着力搞好公共文化城乡统筹,少一些"庞然大物",多一些星罗棋布,让家门口的文化服务沐浴到每个人的身上。

★ 公共文化不只是"借书还书,唱歌跳舞",需要多样化。

★ 发展文化产业主要包括动漫、游戏、软件、设计、网络、广告、创意设计、传媒、艺术品、戏剧、出版、文化用品等。

★ 文化体制改革的目的是激发文化产业生力军,推动文化与经济的大融合。

★ 要鼓励社会力量参与公共文化服务体系建设,允许民营资本进入文化领域,形成资金来源多渠道、投资方式多元化的新格局。

★ 文化产业是第三产业的重要组成部分。

★ 当前文化建设主要存在五个问题:一是国有文化单位活力不强;二是文化产业发展水平不高;三是公共文化服务能力薄弱;四是农村基层文化建设滞后;五是中华文化的国际传播力、影响力、文化产业的国际竞争力与我国国际地位不相匹配。

★ 原生态民族文化是"活着的过去",需要保护与传承,构成了现代开拓的成长的因素,构成现代文化资源。

★ 原生态民族文化是民间原始散发着乡土气息的表现形式。

★ 原生态是一切在自然状态下生存下来的东西,是生物和环境之间相互影响的一种生存发展状态。

★ 旧文化现象往往是:政府是投资主体,领导是基本观众,评奖是主要目的,仓库是最后归宿。

★ 文化产业发展要坚持以理念与制度创新为先导,以文化消费转型为核心,以文化单位改制为重点,以民营文化企业发展为亮点,以新兴文化产业发展为突破。

★ 要处理好潮流文化与传统文化发展的关系,潮流文化是社会发展的必然结果,潮流文化有市场、有观众,但要加以规范,不能太过、太滥,不能过于商品化,更不能搞成

"恶搞文化、低俗文化",传统文化急需传承创新,既不能废,也不能固化不变,要融入时代气息,争取更多的观众参与,享受体会文化。

★ 要处理好城市建设与文化保护的关系,城市要发展,文化要保护,要走双赢之路;要防止出现城市建设中肆意毁灭文化的错误做法,保护城市文化是当代政府的重要职责,破坏城市文化必将成为历史罪人。

★ 城市建设中,对重点文化设施,建设要让步于文化;对于一般的文化设施要加以修缮保护,或异地重地,或重新装修,不能一拆了之。

★ 近年来,某些城市出现"争文化、抢文化、炒文化、搞文化大跃进"现象,实质是对文化的不尊重。

★ 培育人文精神,提升国民素质是当前文化建设的重中之重,当代人文精神的内核应该是平等、诚信、仁爱、责任。

★ 人文建设要着力建设责任政府、诚信企业、道德公民三个层面,既要重视精神文明建设,更要有实实在在的制度、措施。

★ 商业人应该也是文化人,做企业、做商业、做产品、做网络都应重视做文化。

★ 人文素质不高是当前制约社会经济发展的重要因素,食品安全、生产安全、社会治安、贪污腐败等突出社会问题的高发,实质都与人文素质相关。

★ 文化建设需要融入社会各行各业,只有人文化了,企业文化了,生态文化了,才能产生高度的社会文明,才能实现民富国强。

四、社会建设

★ 社会管理是指政治管理、经济管理、文化管理以外的社会管理。

★ 加强和创新社会管理是党中央作出的重要战略决策。

★ 社会管理首先要建立党委领导、政府负责、社会协同、公众参与的社会管理体系。

★ 社会管理必须构建"大调解"体系,才能有效化解矛盾。

★ 大调解体系就是党委政府统一领导,人民调解、行政调解、司法调解衔接配合的工作体系。

★ 各市、县、乡镇(街道)成立"矛盾纠纷调解中心";各村(社区)和相关单位(部门)及社会团体设立调解室;建立社会矛盾统一受理、综合研判、分流处理、考核评价制度,实现大调解工作规范化、科学化。

★ 强化排查预警,攻坚处理重大矛盾隐患;建立社会矛盾滚动排查机制,对排查出的一般性矛盾实行层级管理,就地化解,挂牌督办,专案攻坚重大疑难矛盾。

★ 整合社会管理资源,将管理力量、执法力量、服务力量集中起来,实行统一接警,分级、分类处置,合力为社会提供全时空、全天候、高效能的应急服务管理。

★ 建立政法综合工作中心,设立服务大厅,实行集中办公,矛盾联讯、问题联治、工作联动、平安联创新格局;推动社会管理服务扁平化、块状化,扎实推进村镇、社区自治管理。

★ 加强非公经济组织社会服务管理,构建工资集体协商制度,为非公经济组织搭建培育发展平台、政府服务平台、公共服务平台。

★ 建立村级(社区)社会服务机制,每个村(社区)要有一处固定场所、一名信息员、一套信息设备、一套管理制度,实现信息及时采集、情况动态掌握服务迅速跟上,问题有效处理。

★ 社会管理面临的突出问题是:社会矛盾日益突出,群体性事件时有发生,征地拆迁等各类纠纷增多,政府管理服务滞后,法律法规缺失,社会管理体制、机制存有弊端。

★ 产生社会矛盾的主要原因:政治改革滞后,社会贫富差距拉大,城乡差别拉大,许多民生问题得不到解决,政府管理明显乏力,基层有效化解矛盾的机制缺失,社会管理资源分散、分割,较多存在以罚代管、以权代管、以压以势代管现象,缺少理性的舒缓的化解社会矛盾的办法。

★ 社会管理最本质的管理是解决好民生问题,当前最要紧的是解决好百姓的就业、医保、老保和公平分配问题,这是治理社会之根本之道。

★ 创新社会管理组织是加强社会管理的有效途径,必须大胆创新建立各级各类基层调解组织,充分发挥民间自治组织的作用,要组织好他们,信任他们,支持他们,依靠他们。

★ 构建社会各界广泛参与的大调解格局,发挥社会"和事佬"组织作用,建立"和事佬"协会。

★ 构建大调解工作体系,是提升社会矛盾化解的能力和水平,维护社会和谐稳定的基本方法,是加强维护群众权益机制建设,推进社会管理创新的重要举措,是新形势下做好群众工作,密切党群、干群关系的有效途径。

★ 社会管理最要紧的是要转变政府职能,真真切切为群众搞好服务,政府部门和政法机关要创新工作机制,把服务群众作为根本职责,要有具体行动,不能将社会管理停留在会议上、文件上,要健全管理体制机制,很好地通过实地调查,排查出本地区的社会突出矛盾,花大力气逐个予以解决。

★ 社会管理的成效取决于领导民生意识的强弱。

★ 社会管理的重心要下移到村、社区、企业等最基层的组织中去,要面对面地贴近群众,听取他们的诉求和困难,解决他们的实际问题,把矛盾化解在村间、车间、工地、田头。

★ 社会管理实际上是一项最实际的群众工作,是否具有群众观点,能否与群众打成一片,能否与群众心连心,能否当好人民的公仆是检验社会管理成效的试金石,为人民服务不是一句空话,要有实实在在的行动。

★ 社会管理最要紧的是要改进我们的工作作风,各级领导和干部都要沉到基层,与群众面对面、心贴心、手拉手,悉心做好群众工作,为他们排忧解难,实实在在地解决好各类民生问题,只有这样,才能赢得百姓的掌声。

★ 许多社会矛盾是由社会分配不公、执法不公、行政不作为引起的,这就要求我们实实在在推动政府工作改革、政法工作改革,把建设服务型政府、服务型政法机关作为当前一项紧迫任务,通过体制创新、制度创新,提升管理社会的能力和水平,实现社会、经济的可持续发展。

五、民生建设

★ 解决民生就是解决老百姓的吃、穿、住、行、医,就是解决老百姓的吃喝拉撒,就是关注老百姓的生存、发展。

★ 民生建设是当前最重要的建设,是当前最大的政治。

★ 民生无小事,民生责任大于天。

★ 就政府而言,民生建设就是要先天下之忧而忧,后天下之乐而乐。

★ 政府用得少了,民生就用得多了。

★ 民生与民主紧密相连,只有充分的民主才有良好的民生。

★ 做民生就是做良心、做人心。

★ 让老百姓有张灿烂的笑脸。

★ 民生理念的内涵是敬民、惜民、惠民。

★ 民无生则国无宁,民无权则民无利,民无语则国危矣。

★ 解决民生问题需要制度保障,要加大户籍制度、分配制度、社会保障制度、医疗制度改革,只有从制度上着手,才能真正推进民生建设。

★ 要加快保障房建设,保质保量地建设好安居房、经济适用房、廉租房,让低收入群体有房子住,让他们笑出来。

★ 改革分配制度,提高劳动者一次分配的收入比例,遏制垄断行业收入过高现象,实现限高、扩中、增低的公平分配目标。

★ 石化、金融、电力、通讯、交通等国家垄断行业,垄断国家资源、社会资源、垄断市场和价格,赚取超额利润,随意进行内部分配,造成社会分配的严重不公;国有企业领导负盈不负亏,利用体制和制度漏洞,获取不正当的超高报酬,肆意侵占社会财产,公众反映强烈。

★ 要加强城市保障房建设,改革分配制度,变摇号分配为排队分配,让城市低收入群众有个盼头;要切实从制度上和操作上保证保障房的公正分配,严肃查处少数政府公职人员,社会强势群体变相侵占保障房的违法违纪行为,发现一起,查处一起;要加大对保障房建设的投入,加强施工管理,确保保障房质量和工期。严格考核监督,对保障房的工程建设要纳入政府考绩范围。

★ 要加强对物价的调控,千方百计稳定物价,特别是事关人民群众切身利益的副食品价格,对城市低收入人群、退休职工等要给予补贴。

★ 要着力推进医疗改革,目前群众看病难、看病贵问题没有得到根本解决,医疗改革进展迟缓,老百姓意见很大,死不起、养不起、病不起、读不起等社会突出问题仍然存在,必须通过深层次改革予以解决,真正把民生工作做到实处。

★ 医疗改革也要向保障均等化发展,现在有些社会群体保障过好,有些群体保障过差,有些甚至是"被保障",这是社会分配不公的制度性、体制性弊端,要通过深度改革逐步解决。

★ 农村医疗改革要扩大覆盖面,提高医疗保障水平,政府要加大对农村医疗的硬件、软件建设投入,要加强乡镇医院医疗能力建设,配套必要的医疗设备,选派医疗专家轮流到乡镇医院坐诊,方便农民就医。

★ 大力推进农村社会保障事业,认真解决好农民的养老、医疗和农民工的工伤保险等保障,解决好特困户、五保户、孤寡老人的生计问题。

★ 加大就业管理,拓展大学生就业渠道,政府要加强大专毕业生的创业服务,包括中介服务、税收优惠服务、信贷服务、工商登记服务等;加强对城市弱势人群的就业管理,通过发展第三产业,增加劳动岗位,对城市零就业家庭,政府要出手硬性安排工作,劳动、工商、城管、税收、公安等部门要通力协作,为无业者创造就业环境和机会,以保障他们的生活。

★ 农民的就业问题要抓好流动农民工、农村失地农民以及新生代农民的就业管理,努力发展农村工业、服务业、现代农业,更多地为广大农民创造就业岗位,保其安居乐业。

★ 在实施民生工程中,要防止发现硬性的"请上楼"、乱拆迁、"被保障"等以民生为名的所谓政绩工程,要多办好事实事,让老百姓称心满意。

★ 解决民生问题,是各级政府的首要职责,各级政府每年都要实实在在地办几件实事,要把民生工程建设列入政府工作计划,专人负责,在奖惩、项目、管理、监督、分配等方面落实责任制。

★ 解决民生问题,有些时候不一定要花很多钱,关键在于有没有民生意识,有没有与群众同甘共苦的务实作风,有没有为民服务的决心,有没有视百姓为父母的情感,有没有先天下之忧而忧的官德,有没有为官一任、造福百姓的政风。

六、"三农"问题

★ "三农"问题就是农村、农业、农民问题。

★ "三农"问题是中国最大的问题。

★ 解决"三农"问题需要政府三方面给力:一是要找好钱,就是努力发展生产,扩大就业,让老百姓安居乐业;二是管好钱,就是管好财政收入,要向"三农"倾斜投入,要真投入,投到位;三是用好钱,就是节省政府行政开支,省下钱来用于民生。

★ 农民富则国民富,农村新则社会新,农业兴则国家兴。

★ 民工荒问题归结起来就是年龄荒、政策荒、保障荒、情感荒、文化荒。

★ 解决民工荒问题,一要政府给力,二要制度给力,三要社会给力,四要民工自身给力。

★ 各级政府要加强民工有序流动的管理,健全政府管理组织机构,明确管理职责,履行好中介、保障、治安等职能,促进民工的有序流动。

★ 要重视二代民工的教育管理,加强教育培训,提升民工素质,二代民工自身也要自强不息,转变观念,在城市化建设中作出贡献。

★ 要重视农村留守儿童、留守老人的教育管理,保障好他们的学习生活。

★ 解决"三农"问题需要制度性变革,包括户籍制度、保障制度、土地制度、产权制度、税收制度、教育制度、住房制度、医疗制度等一系列改革。

★ 解决"三农"问题的十项对策措施:

① 落实惠农政策,包括粮棉油贴补政策、农机具贴补政策等;

② 政府财政要加大对农业、农村的投入,包括水利建设投入;

③ 搞好农民的社会保障,包括养老、医疗、生育、工伤等,逐步推进城乡保障一体化;

④ 推进户籍制度、土地制度改革,推进城乡建设一体化;

⑤ 扩大农民的民主权利;

⑥ 搞好新农村建设,加强农村公共基础设施建设,农村文教卫建设、经济建设、环境建设、改善农民居住条件;

⑦ 大力发展现代农业、高效农业,让农民增产增收,努力发展农村服务业、商业、特色产业;

⑧ 推进城乡建设一体化,加快小城镇建设步伐,转移农村劳动力;

⑨ 发展农村市场,建立产、供、销经济联合体;

⑩ 妥善搞好农民工就业问题。

★ 只有善待民工,才能吸引更多的民工返乡和回归。

★ 用工管理要取消对民工性别、年龄歧视。

★ 解决民工荒要坚持事业留人、待遇留人、感情留人、文化留人、政策留人。

★ 城乡一体化就是要实现从城乡分割的二元体制向城乡一体化新体制的历史嬗变,主要是:促进资源要素市场化,进城农民市民化,农地经营规模化,农民居住社区化,村级资产股份化,集体建设用地资本化。

★ 努力发展农村特色产业,创造一乡(村)一品,抱团生产经营,规模化生产经营格局,提升农村经济质量。

★ 农村特色产业既可以传承,也可以创造,有些地方不种杉木,但却成为地板之乡、地板之镇;有些地方原本只种粮食,现在却成为世界、中国童装之都。

★ 现代化农业生产已经不是传统意义上的种种收收,而是集种植、养殖生产、加工销售和服务的综合性生产经营体;信息技术、高科技、机械化迅速进入农业领域,传统农业生产呈现出现代化农业经济特色。

★ "三农"问题当前主要存在十大问题：

①城乡差距扩大，城乡收入扩大，贫富不均；

②政府对农村、农业投入不足，财政过多投向交通等基础设施建设；

③城乡保障制度不合理，农民保障水平太低，保障面太窄，地区间保障不均衡；

④农村环境劣化现象突出，许多污染企业外迁农村，造成许多的垃圾村、癌症村；

⑤农村土地过快消灭，城市扩建大量征用农地，使许多农民成为无地、无工作、无保障之三无人群；

⑥农村拆迁问题是社会的一个突出矛盾；

⑦以牺牲农民利益换取城市、社会发展现象客观存在，农民的土地权益、民主权益、保障权益受到侵害，农民的话语权、知情权、健康权等得不到救济；

⑧农村大量的中小企业生存困难，融资困难，首当其冲成为经济失衡的牺牲品；

⑨农民工受歧视，社会地位低下，融入城市困难，待遇低，保障差等问题没有得到根本改变；

⑩城乡二元结构形式上有所改变，但实质没有根本改变，二元固化现象客观存在。

七、网络问政

★ 网络问政是建设服务型政府的一种有效尝试。

★ 网络问政就是搭建官民之间良性互动的桥梁。

★ 网络问政就是问计于民，给百姓以更多的话语权和参政议政权；

★ 网络问政必须加强制度建设，各级政府和领导要把网络问政、官员微博纳入政府创新工作计划，纳入相关官员的职责范围，着力强化问政体制机制建设，健全网络问政考评、责任、奖罚等制度建设，落实网络问责责任制。

★ 网络问政必须着力提升政府公务人员素质，包括领导的法制素养、民生意识、业务技术素质、执政和处理问题的能力。

★ 网络问政必须把解决民生问题作为工作目标，既要问计于民，更要实实在在地解决群众反映迫切的、急需解决的民生问题,绝不可问而不办、问而推诿、问而敷衍、问而无果。

★ 网络问政必须坚决纠正和克服形式主义,做表面文章,华而不实的虚假问政;必须坚持亲民、为民、惠民、惜民理念,真真切切地改进工作作风,说实话、当好官、办好事。

★ 网络问政不是一项政绩工程,而是一项民生工程。

★ 网络问政首先要解决"怎么问"、"问什么"、"问了怎么办"这样三个问题。怎么问政,就是网络问政要常态化、制度化、规范化,把老百姓喜欢不喜欢,欢迎不欢迎作为问政的依据;怎么问政,就是站在老百姓的立场,屁股坐到老百姓的凳子上,话说到老百姓的心坎上。问什么就是要为老百姓解疑释困,宣传好党和国家的方针政策,把政府的施政方针交给群众,提高民主决策度;就是要问群众的疾苦,问群众的难处,问群众的呼声,问群众的意愿,问群众的良计。问了怎么办,就是及时解决群众的诉求和困难,只问不办,等于不问,对群众的诉求,能办的要及时办好,一时不能办的也要向群众交代清楚,千方百计创造条件去办,实在办不到的也要向群众做好耐心解释,以心换心赢得群众的谅解和支持。

★ 网络问政也要通过实践着力创新制度,创新形式,创新为群众服务的途径,要在创新政务公开、官员收入公开、决策公开、财政预算公开等群众关心的环节上有新的动作及好的举措,提升网络问政的层次和水平,提升现代政府管理水平。

★ 网络问政的实质是服务而不是发号施令,服务就是要实实在在地为企业发展提供服务,就是要为解决社会矛盾促进社会和谐提供服务,就是要为百姓生计提供服务。

★ 网络问政主要存在的问题:一是网络问政空对空,相当多的政府部门虽然建立公务网络,但经常没有制度,没有人过问,更没有问政内容,以空对空;二是网络问政与己无关,有些政府部门怕惹麻烦,不敢网络问政,在服务群众、政务公开上,仍然停留在封闭式问政,怕群众知晓政策,怕群众提意见,怕群众揭短处,怕群众利益诉求;三是网络问政做成"网络贴金",少数政府机关的网络,只说好不说坏,只讲成绩不讲问题,表面上网络问政轰轰烈烈,实际上没有解决什么群众实际的问题,较多存在做做样子、表表成绩、统计有名、总结有声、政绩有份的浮夸式问政。

八、水利建设

★ 水利是农业的命脉，也是国民经济的命脉。

★ 重视水利就是重视民生。

★ 加强水利建设对于保障经济发展，防灾减灾，促进民生，优化生态环境具有根本性作用。

★ 水利建设要防止出现政绩工程、样板工程、专权腐败、乱投钱、不投钱、投错钱等不良行为。

★ 水利建设既要重视大江大湖等骨干水利工程建设，更要重视事关农业、事关民生的小水利、小沟渠、小水库建设。

★ 水利建设要着力解决四个问题，一是怎样用钱问题，二是水利设施质量问题，三是民生水利问题，四是水利创新问题。

★ 水利建设政府要加大投入，要用好钱办好事，水利资金投入要向贫困地区、贫困山区以及水利建设薄弱的地方倾斜；要加强管理，科学规划，公开透明，接受社会监督；要防止出现重复投资、乱投资等不良现象，把钱用在刀刃上。

★ 水利建设要重视工程质量，健全水利工程质量保证体系，政府相关部门要加强监督管理，要抓好水利工程的招投标、预算、施工管理、质量监督、评价等体系，重要工程建设要事先召开听证会，反复论证，确保投资科学、质量可靠、廉洁高效。落实水利建设责任制，严格考核，奖优罚劣。

★ 水利建设要重视民生问题，资金投向要向易涝易灾地区、贫困地区、农村小水利设施建设等方面倾斜。要对事关民生的项目作为建设重点，在人、财、物等方面予以保障。

★ 水利建设要提升科技水平，充分运用现代新技术、新工艺、新材料，科学规划，科学建设；水利建设要与现代农业、现代防灾、集约化大生产以及自然气候的变化相适应，拓展现代水利建设新路子。

★ 水利建设要加强宣传教育，形成全民重视水利的大格局，允许民间资本参与水利建设,建立水利建设投入产出的市场机制。

★ 水利建设要与城市建设、生态文明建设、新农村建设相结合。

★ 水利建设说到底是项社会系统工程,涉及每一个家庭、每一个公民,全社会都要给力,人人都有责任与义务。

★ 水利建设要防止出现官商勾结、豆腐渣工程、形象政绩工程以及政府不作为等问题。

九、新闻发言人制度

★ 新闻发言人制度不是新闻发言"人",而是一项政务工作制度。

★ 建立新闻发言人制度,是建设服务型政府的需要。

★ 新闻发言人,人们常称之为"脑袋并不完全长在自己的头上"。

★ 新闻发言人要做到"不知道的不说,不清楚的慎说,没有把握的不乱说,必须说的好好说"。

★ 新闻发言要坚持忠实说,迅速说,首先说,好好说。

★ 新闻发言人制度是寻求部门利益与公众利益之间的平衡点,制造社会共识,而不是引发官民对立。

★ 新闻发言人制度主要是推进信息公开,扩大政府和民众沟通理解的渠道,现在常常成了对付媒体、掩饰责任的诡计,有的培训班甚至还专门教授应对诡计。

★ 新闻发言人制度有时成为一种形象工程,成为某些政府官员拒绝媒体采访的盾牌。

★ 现在有的政府部门的新闻发言人以不发言、少发言作为良策,以沉默来减少公众对其的监督;有的新闻发言人乱发言、发错言、发牢骚言,降低政府威信,媒体和群众也不买账。

★ 新闻发言人制度要防止成为虚假的政绩工程,过多过滥,有的县市新闻发言人搞四五十个,轰轰烈烈,如果真的发言,平均每天都有人发言,新闻单位受不了,老百姓受不了,恐怕发言人也受不了。

★ 传播力决定影响力,话语权决定主导权,时效性决定有效性,透明度决定公信度。

★ 现在的公众知情欲比以往任何时候都强烈,政府公开信息比以往任何时候都有必要。

★ 健全新闻发言人制度,才会满足公众的知情参与、表达和监督的权利,推动社会
进步。

十、人际关系

★ 建立良好的人际关系是建设和谐社会的重要内容。

★ 良好的人际关系有利于单位内部团结,有利于发挥团队作用,有利于改善官民关系、
党群关系、同事关系、友邻关系。

★ 良好的人际关系能极大地提升工作效率和质量,提升团队的凝聚力、向心力。

★ 人际关系中时常出现的矛盾是客观的、正常的,没有矛盾就没有世界。

★ 处理人际关系最要紧的是自我要有个良好的心态,理性冷静地处理方式,得体的言
行和虚心、诚心、真心的处世之道。

★ 领导之间、上下级之间、同事之间因为工作,有些矛盾是正常的,没有矛盾是不正常
的,问题在于你要理性对待,理性处理。

★ 处理人际关系一定要以事业为重,以大局为重,心胸广阔,待人要真诚,大事讲原则,
小事装糊涂。

★ 作为下级要尊重上级,尊重领导,服从分配,这是起码的为人之道,尊重是双向的,不
管什么人,首先你都要尊重,只有尊重对方,才能赢得对方的尊重;尊重别人实际上
也是对自我的尊重。

★ 有的人有些本事,或者有些官职,或者有些背景,再或者有些小钱,因此目中无人,瞧
不起别人,不敬重别人,实际上是很愚蠢的,其结果是只能成为小人。

★ 工作中难免会出现各种各样的矛盾,关键在于你自己怎么处理,只要做到虚心、诚
心、真心这六个字,什么矛盾都能处理好,最复杂的人际关系也会处理好。虚心,就
是虚心向他人学习,为人要谦虚,同事之间、上下级之间之所以配合不好,很多时候
是由于不谦虚造成的,有的人本事不大,口气很大,骄傲自满,不把别人放在眼里,哪
能搞好人际关系;如果你有才华,又很谦虚,三人行必有我师,你虚心向他人求教,向

他人学习,一般都会赢得理解、支持,许多矛盾也会很好解决。一个骄傲自大的人是很难搞好人际关系的。诚心就是以诚待人,真诚待人,讲信誉,做老实人,诚心就是淡泊名利,世界上所有争斗都为名利所致,在人际关系中,如果你不讲或少讲名利,不为一些奖励、表扬等功利斤斤计较,把名利看得淡一些,有了名利让一些,那么就会提升自己的人格,赢得同事、领导的尊敬。真心,就是真心待人,有些人只有嘴功,没有手功,说起来头头是道,做起来推三阻四,怕苦怕累怕吃亏,那也搞不好人际关系,只有脚踏实地,埋头苦干,才能赢得别人的尊重与信任。如果具备上面"三个心",哪有搞不好人际关系呢?

★ 与同事的合作共事是个缘分,工作中要多沟通,多一份谦谅,多一份宽容,要敬重老同志,爱护新同志,要向好的同志看齐,做好自己的事,少说多干,不随便议论人,高看别人就是高看自己。

★ 作为一名领导,对下级同事要尊重,多一些理解、体谅,既要严格要求,又要关心备至,让下属感到温暖、亲切,有归属感。平时对下属的缺点、问题甚至错误,要推心置腹地及时沟通,既要宽容,又要引导其改进,说话不能带刺,不能压服、压制或者乱批一通,那会适得其反。对与下属的矛盾,要多作自我批评,要勇于担责,不要怕丢面子,怕失威信,威信是干出来的,不是逼出来的。有些领导好大喜功,有成绩都归自己,有失误通通怪罪于下属,这是非常错误的,也是赢不了下属人心的。作为领导要身先士卒,工作干在前,学习学在先,为下属做出样子;平时要注重修身养性,以谦让儒雅之气投入管理工作,平时人际关系要讲气度、讲仁爱、讲大局、讲协作,只有这样才能当个好领导。

★ 做老实人,说老实话,办老实事是处理人际关系的根本之道。

十一、食品安全

★ 加强食品安全管理是政府的天职,食品安全无小事,食品安全责任重于泰山。

★ 食品安全既是经济问题,也是政治问题;食品安全问题是良心问题、道德问题、诚信问题、国民素质问题。

★ 做食品就是做良心、做道德、做仁爱、做责任、做民生。

★ 食品安全事关百姓的健康,事关经济发展,事关企业的声誉,事关国家的形象,事关可持续发展。

★ 食品安全存在的主要问题是:相关政府部门监管不到位,不给力,有的甚至官商勾结,监管成为不管、官管、虚管;食品安全管理体制机制存在严重弊端,体制上工商、公安、食品管理、税务等部门多头管理,职能不清,管而不理,相互扯皮推诿,管理效率低下;食品管理制度上,条款粗放,处罚过轻,责任不明。少数企业唯利是图,见利忘义,赚黑心钱,生产有害有毒食品,危害百姓健康。个别不法分子违法犯罪,地下生产有毒化学添加剂,高价销售,获取暴利。公众食品卫生意识不强,维权意识淡薄,民众缺乏监督权、话语权,食品监督仅限于政府单元监督。

★ 监督乏力是食品安全的大患。少数监督部门和人员不履行监督职能,行政不作为,存在较多的人情执法、利益执法、欺软怕硬,视百姓健康为儿戏,百姓不满意,媒体不满意,政府也不满意。

★ 食品安全标准模糊混乱,直接导致食品安全事故的发生,必须健全食品安全标准,强力落实生产、检测、监督、追责机制,确保食品安全。

★ 食品生产企业要严把食品安全关,企业领导要硬性落实安全责任,加强对生产源头的控管,提升企业员工的食品安全意识,建立严格的食品安全生产责任制,层层把关,确保食品安全,保障公众健康。

★ 要严格控制有毒有害化学品的生产、销售、使用环节,从源头上把好食品安全关;要严厉打击食品领域生产、销售有毒有害化学品的不法分子,一经发现,一查到底,从严惩处。

★ 要加强媒体舆论监督,发挥舆论监督作用,对食品安全事故发现一起,曝光一起,不管涉及什么人,都要如实公示社会,接受社会监督。

★ 要拓宽食品安全监督渠道,充分发挥民间组织的监督力量,可以成立各类民间食品监督组织,乡镇、社区都要建立食品安全检查、举报、监督民间组织,形成网络,提升食品安全保障水平。

★ 要加强对农村乡镇农贸市场的食品监管,加强对小作坊、小食品、小摊贩的食品安全管理,使农民买到、吃到放心食品,以保障他们的健康。

★ 加大全社会食品安全教育,通过报纸、电视、网络、广播等媒体,宣传食品安全知识,提升全民食品安全意识、维权意识。

★ 食品安全需要综合治理,政府要抓、部门要管、企业要行、媒体要有声,公众只要吃就行了。

★ 各省市都要成立食品安全权威管理机构,直属政府领导,统一管理,相互协调,减少扯皮,提升管理效率和水平。

★ 健全食品管理法律法规,加大惩处力度,对生产、销售有毒有害食品的企业、个人一经查实,要罚他个倾家荡产,唯有重罚,才能有效遏制食品事故,还百姓一个安全的生活环境。

第四部分
社会热点评述篇

第六章　社会热点评述

一、热说小企业突围

主持人：记者　吴妙丽

嘉宾：

中国中小企业研究院院长林汉川教授

中国社科院数量经济与技术经济研究所所长李平研究员

中山大学管理学院李新春教授

当前，资源环境等约束不断强化、市场竞争更趋激烈、制约中小企业成长的体制机制因素依然存在。

转型升级，中小企业怎么转，往哪里转？由省中小企业局和浙江工业大学联办的中国中小企业研究院，是国内第一家面向中小企业的大型研究机构。昨天和今天，该院连办两场精彩论坛，云集现场的国内专家评说中小企业现状。

创新怎么落到实处

记者：转型升级这个词很火，但在高成本的今天，中小企业特别是小微企业，怎么转，往哪里转，很困惑。

林汉川：通过我们调研，当前浙江中小企业存在三方面的困境，即发展与资源和环境约束之间的矛盾愈加凸显；盈利下降与不断上升的资源要素成本之间的压力加大；转型意识和创新能力不足,与产业转型升级的要求不相符。我个人认为,要向两个方向走,一种是发展新兴产业、朝阳产业,但在发展过程中注意不能走两头在外的老路径,或只注重制造而不注重技术,要同时推进知识产权战略、人才战略;另一种是仍留在传统产业,但要在技术升级方面花大力,注重品牌和设计,在应用型专利方面做文章。浙江还应该继续发挥小巨人、专业化集群等优势,围绕"专、精、特、新",让每个小巨人、专业化集群都有自己的知识产权、专利,把经济做实做强。

李平:要剔除盲目追求规模的浮云,抓住转变经济发展方式的关键,那就是提高投入产出效率。浙江应该不断引进竞争机制、打破垄断,提高企业的效率,这样浙江的产业化才会产生更强的动力。

对于浙江中小企业,应更多地强调自主创新。苹果公司拥有 5500 多亿美元的市值,相当于美国所有零售业的总和,堪称一个企业帝国。其成功就来自创新。创新,不仅仅是技术,还有管理、理念、商业模式等。

政策环境怎么营造

记者:一份统计显示,我国小微企业约有 3000 多万家,占据全国中小企业数量的 75% 左右。我省的小微企业更是占企业总数的 97%。创新,最难还是难在小微企业。

李平:这里我要特别指出一点,经济发展有它的规律。企业生生死死,很正常。政府最重要的就是营造一个宽松的更加公平开放的市场环境,能让他们很灵活地经营。

林汉川:我还是要呼吁,要把扶持微型企业发展作为政策的突破口。有种做法值得推广与借鉴,就是"1+3"模式,即"投资者出一点、财政补一点、税收返一点、金融机构贷一点"。具体做法:一是财政扶持,市财政按微企资本金 30%~50% 的比例给予申办者补助;二是融资担保扶持,微企可在开户银行申请创业扶持贷款,贷款额度与投资者投资金额大体 1:1 比例;三是税收扶持,税务部门免去与微企业资本金等额的税收。为了保证政策的效果,还有三条监管措施:一是不能抽逃资本金,二是不能空壳经营,三是不能用于炒房、炒股。

建议国家像当年对待特区、开发区、高新区中的外资企业、中外合资企业、高新技术企业一样,加大对微型企业的财税支持。

融资难怎么破解

记者:对于中小企业呼声最强烈的融资难,您有何建议?

林汉川:破解融资难,第一要大力发展村镇银行、社区银行、新农合信用社与小额贷款组织等小微金融组织。当然,其监管体系、运行机制以及与之配套的信用担保体系建设问题,也必须加大改革力度大胆地去试、去闯。

第二，要大力发展直接融资的"新三板"市场与债务市场，解决高科技、高成长企业的融资问题。2006年1月，国务院在北京中关村科技园试点"新三板"市场。调查显示，"新三板"市场的融资模式具有入场条件宽松、挂牌时间短、融资效率高的优势，受到初创期高新技术企业的青睐。

第三，构建市场化的中小企业信用担保体系。这是世界各国扶持中小企业发展的通行做法，是政府综合运用市场经济手段和宏观经济调控措施的成功举措，也是变行政干预为政策引导的有效方式。

要给中小企业专开"药方"

记者：很多中小企业认为，经济学家的话听起来有理，实施起来不靠谱。

林汉川：我们需要加强对中小企业的研究，更贴近实际，更有针对性，能给政府决策提出更科学的依据。这也是我们中国中小企业研究院成立的意义所在。浙江工业大学有中小企业研究所近20年的运作经验和积累，有20多人的专职研究团队，有一系列的研究成果，连续举办了十三届国际中小企业会议，现在我们已经跟国内和国际很多研究平台建立了密切的联系。

李新春：加强创业研究，从心理学、机会、资源、学习等不同视角来研究创业的环境，包括政策、制度、技术大环境等；研究创业团体及个人，包括创业愿景、控制欲、喜好风险程度、领导风格等，研究资源匮乏情境下的创业行为等，都具有重要意义。

二、改善民生，优化国民收入分配

赖存理

新世纪以来，浙江经济高速发展，居民收入水平持续提高，生活品质明显提升。研究表明，浙江城乡居民收入分配变化具有五个特点：城乡居民收入持续增长，收入差距略有扩大；收入结构加快调整，收入来源趋向多元化；居民消费结构改善较大，消费层次明显提高；居民收入水平地区差异不大，满意度较为均衡；社会保障制度逐步完善，弱势群体收入提高。同时呈现出三个特征:居民可支配收入增长慢于经济增长;国民收入在分配中较快向政府倾斜;国民初次分配逐渐向企业倾斜。浙江是全国经济较发达、人均收入水平较高省份之一,收入分配制度的改革和实践取得了一定成果。

当前存在的主要问题是,国民收入分配中居民收入的比重偏低,城乡居民和不同行业间的收入差距扩大,不利于全省改善民生、扩大内需、拉动消费和经济社会可持续发展。建议政府加快国民收入分配制度改革,调整国民收入分配格局,提高国民收入分配中居民收入的比重,缩小城乡居民收入和行业间收入差距,提高企事业职工和农民收入,使全省民众能够合理地更多享受到改革开放和经济增长的成果,各层次居民收入分配更具公平性。

加强个人收入调节,增强收入分配公平性。随着经济迅速发展,近年来个人所得逐渐趋向多元化、隐蔽化和分散化,使当前我国的税收征管工作难度加大,税收制度逐渐难以发挥收入调节作用,而工薪阶层则成为实际纳税主体。这样,容易造成穷人税负重而富人税负轻的"逆向调节"局面。因此,建议政府加快完善税收制度,形成有效调节居民收入差距的税收体系,通过税收等杠杆对居民收入分配进行调整,提高收入分配公平性。

提高劳动者报酬在初次分配中的比重。增加企事业单位职工工资,是提高劳动者报酬在初次分配中比重的最直接途径。劳动者与企事业用人单位之间,应通过集体工资协商制度,建立劳动者收入合理增长机制,缩小当前资本报酬与劳动报酬过大的差距。加大对普通劳动力的教育培训力度,提高技术类劳动力比例,优化劳动力结构,改变劳动者在市场上的弱势地位。改进企事业分配制度,逐步增加职工工资,使职工工资与企事业利润同步增长,提高劳动报酬在国民收入初次分配中的比重。

增加农村居民收入,缩小城乡收入差距。建议政府加快实施城乡统筹发展战略,建立农民收入增长的长效机制,遏制城乡居民收入差距加快扩大的趋势。坚持提高农民收入,促进农业劳动者和低收入农户加快增收。通过组建股份合作实体、推进农村集体产权制度改革等途径,增加农民收入中的创业性收入、财产性收入、保护性收入和转移性收入比重,加快转变农民增收方式;加快改革户籍制度,推动全省城乡统筹进程,引导农民合理有序地进城创收创业。

优化财政转移支付制度,缩小地区收入差距。建议完善各级政府的财政监管制度,提高各级政府预算外财政收入的透明度,充分利用社会保险、社会救济以及其他转移支付等再分配手段,加大政府收入向居民收入转移的力度,使其在国民收入分配格局中的比重趋于相对合理,逐步缩小地区收入差距。

强化财政性措施,减少行业间收入差距。国有垄断企业员工收入在初次分配中比重过高,拉大了行业之间的收入差距,有失国民收入分配格局的公平性,民怨甚多。建议政府通过强化税收、上缴红利、薪酬制度改革和促进员工流动等调控手段,平衡垄断国企与一般国企、国企与民企的收入分配差距,进一步降低部分政策性垄断企业的收入在国民收入分配中的比重,使不同行业职工收入和谐增长。

加大扶持力度,保障低收入群体基本生活。当前,浙江低收入人群最主要的收入来源是其工资所得。建议各级政府在努力增加低收入人群就业岗位的同时,进一步提高劳动报酬在初级分配中的比重;完善最低工资制度、工资支付保障制度,建立健全职工工资增长机制,积极推动工资集体协商制度建设;公共财政优先投向民生领域,特别是提高城乡居民最低生活保障、失业保险、社会救助和退休人员退休金水平等,保障低收入群体的基本生活。

三、关注民生,筑起民生"安全网"

陈诗达等

新世纪以来,浙江作为沿海经济发达省份,不仅经济发展走在全国前列,社会保障改革和制度建设也走在全国前列。截至 2010 年 5 月底,我省城镇职工基本养老保险、基本医疗保险、失业保险、工伤和生育保险的参保人数分别为 1501 万、1243 万、805 万、1363 万、787 万,分别比 2000 年增加了 167%、445%、107%、543%、292%。十年来,我省在构建覆盖城乡居民的社会保障制度建设、完善社会保障管理和服务、扩大社会保障覆盖面、提高社会保障水平等方面都取得了长足的进步:覆盖城乡居民的社会保障体系率先建立;社会保障管理服务水平得到明显改善;城乡居民的社会保障水平稳步提高;政府社会保障财政投入不断增加;制度创新确保可持续发展;社会保障法制化建设取得新进展。社会保障调节经济增长、促进社会稳定以及调节民生的功能日益得到显现。

但从省委省政府提出的人人享有社会保障以及保障民生和构建社会主义和谐社会的目标来看,依然存在着不少问题,如社会保障制度人群覆盖面依然较窄,社会保障的城乡和群体间待遇差距较大,体制转轨的历史遗留问题没有完全妥善解决等。这其中既有旧制度遗留下来的历史问题,也有改革中未能妥善处理好的问题;既有制度之内的问题,也有制度之外的问题。同时还面临着人口老龄化、就业形式多样化、经济发展不确定性等多个方面的挑战,所有这些都将对我省社会保障制度的可持续发展产生深远的影响。

社会保障是社会的"安全网"和"稳定器"。加快建立健全与我省经济社会发展水平相适应的,覆盖城乡居民的,资金来源多渠道,保障水平多层次,管理服务社会化的新型社会保障体系,实现人人享有基本生活保障,既是党的十七大提出的目标任务,也是转变经济发展方式,扩大内需的内在要求。我们要按照"保基本、广覆盖、有弹性、可持续"的原则,健全完善覆盖城乡居民的社会保障体系,确保城乡居民"老有所养"、"病有所医"、"失业有保障"、"工伤有补偿",逐步实现基本公共服务均等化,促进社会公平正义,让广大人民群众共享经济发展成果。

以基本养老、基本医疗为重点,力求实现人群全覆盖。目前我省虽已初步建立起覆盖城乡居民社会保障体系,保障制度开始覆盖全民,但这只是制度层面的全覆盖,离真正意义上的人群全覆盖还有相当的距离。今后的工作重点应在进一步完善以城镇职工基本养老、基本医疗、失业、工伤和生育保险为主要内容的社会保险体系的基础上,将城镇各类从业人员都纳入保障范围,积极扩大制度覆盖面。

加快机关事业单位养老保险制度改革,缩小群体待遇差距。加快机关事业单位养老保险制度改革,既是建立全国统一的社会养老保险制度,实现劳动力合理流动的需要,同时也是缩小群体间社会保障待遇差距,促进社会公平的基本要求。推进机关事业单位养老保险制度的改革,必须处理好机关和事业单位养老保险制度改革的关系问题,以及养老保险制度改革的模式选择,从而顺利推进改革。

妥善解决历史遗留问题,促进制度可持续发展。社会保障的历史遗留问题若得不到妥善解决,将对社会和谐和稳定带来较大压力,因此必须尽快出台相应的政策文件和解决办法,积极稳妥、分阶段有步骤地推进社会保障历史遗留的群体性利益问题的解决。同时,要注意政策的衔接性和可持续性,避免出现新的矛盾。对于体制转轨所产生的历史债务,要通过多渠道筹集社会保障基本金的形式来对其进行化解和偿还,从而促进社会保障的可持续发展。

加强社会保障法制建设,创造良好法制环境。通过立法来健全和完善社会保障制度是世界各国开展社会保障工作的通行做法。我省社会保障制度要走上规范化的发展道路,光靠政府的政策推动是不够的,还必须适时进行地方立法,以法律的形式确立各项社会保障制度的地位。

四、提高社会管理科学化水平

中共浙江省委理论学习中心组

　　加强和创新社会管理，是关系改革发展稳定全局的重大理论和现实问题，是各级党委、政府面临的紧迫任务。我们通过加强学习实践，进一步理清思路、明确重点，切实增强领导社会建设、创新社会管理的能力，不断提高社会管理科学化水平。

一、以学促思，深刻认识当前社会管理面临的新形势新任务

　　通过加强学习，结合省情实际，在充分调研、摸清实情的基础上进行深入的理论思考。改革开放以来，浙江经济社会发展走在前列，但遇到的各种社会矛盾和问题也早发多发。"十二五"时期浙江进入新的发展阶段，正处于人均生产总值由 7000 美元向 1 万美元迈进，全面提升工业化、信息化、城市化、市场化、国际化水平的重要时期，社会问题和矛盾新老掺杂、关联渗透、碰头叠加，错综性、敏感性、复杂性增强，加强和创新社会管理刻不容缓。

　　加快经济发展方式转变，将带来经济结构和社会结构的重大调整，带来社会利益格局和人们思想观念的深刻变动，容易引发一些社会矛盾和社会问题，这对社会管理提出了新任务新要求。比如，解决地区和城乡发展不均衡、收入分配差距拉大的问题；解决安全生产、环境保护、征地拆迁等关系群众切身利益的问题；适应社会结构的深刻变动，创新和完善社会管理法规制度体系；适应社会利益多元化、社会需求和价值追求差异大的变化，建立健全利益平衡与协调机制、通畅利益诉求表达渠道；针对各种风险与矛盾交织并存，突发事件易发多发的新情况，妥善处理人民内部矛盾和其他社会矛盾；适应各种社会思潮相互激荡、人们思想观念深刻变化的实际，用社会主义先进思想文化引领社会风尚；等等。通过正确把握国内外形势的新变化新特点，针对当前社会管理中的突出问题，加强和创新社会管理，提高社会管理科学化水平，最大限度增加和谐因素，最大限度减少不和谐因素，最大限度激发人民群众的创业创新活力，为促进社会和谐、实现"十二五"时期经济社会发展目标任务凝聚强大力量。

二、以学增智,准确把握提高社会管理科学化水平的工作要求

通过加强学习,进一步开阔视野,借鉴国内外先进做法和经验,积极探索创新社会管理的方法、体系和机制。

坚持科学性。按照科学发展观的要求,服务经济转型升级和社会全面进步,树立统筹兼顾、协商协调的理念,牢牢把握新形势下社会管理的科学发展规律,理清社会管理工作思路,完善社会管理方式方法,使之成为推动经济社会科学发展的强大动力。

体现群众性。树立以人为本、服务为先的理念,做好联系群众、宣传群众、组织群众、服务群众、团结群众的各项工作,着力在倾听民意、关注民生、惠及民利、维护民权、保障民安上下工夫,切实把管理寓于服务之中,在管理中提高服务能力,在服务中提高管理水平,努力形成社会管理人人参与、和谐社会人人共享的良好局面。

发挥能动性。树立依法管理、综合施策的理念,在规范社会关系、协调利益关系、化解社会矛盾、提供公共服务等方面发挥社会管理的能动作用。既发挥政府主导作用,又鼓励和支持社会各方积极有效地参与社会管理,实现政府行政管理与社会自我调节、居民自治管理良性互动,社区管理与单位管理有机结合。

注重规范性。树立关口前移、源头治理的理念,坚持源头治理、动态协调、应急处置的有机结合,改变事后应对的被动局面,形成一套长效机制,着力规范与人民群众生产生活密切相关的社会管理事项的程序和行为,健全完善依法、常态、有序的管理机制和制度,努力做到社会管理"管得到、管得住、管得好"。

强化基础性。树立重心下移、夯实基础的理念,注重抓好基层、打牢基础,以构建和谐社会、平安社区为切入点,着力在建立新型社区管理和服务体系上下工夫,坚持和发展"枫桥经验",大力推广网格化管理、组团式服务的做法,着力构建横向到边、纵向到底的社会管理新格局,提升社会服务和管理水平。

力求实效性。树立多方参与、共同治理的理念,在运用行政手段进行社会管理的同时,运用法律规范、经济调节、道德约束、心理疏导、舆论引导等手段,运用平等对话、互动沟通、民主协商、统筹协调等方式,充分发挥党的政治优势,努力构筑社会主义核心价值体系,使宣传思想教育受众面宽、覆盖面广、实效性强。

三、以学致用,切实抓好提高社会管理科学化水平的重点工作

通过加强学习,找准抓住最急迫、最关键的重点问题,大胆创新,勇于突破,务求实效。

抓住维护群众合法权益这个焦点,妥善处理人民内部矛盾。畅通群众利益诉求表达渠道,创新信访工作方式方法,完善省、市、县、乡、村五级大接访机制,常态化开展领导干部接访、下

访、约访活动,实现由堵到疏、由被动待访向主动下访、由信访上行到基层化解的根本性转变。有效调处社会矛盾纠纷,推进"和谐促进工程"建设,发展专业调解组织,引导人民调解组织、专家咨询委员会以及中介组织、行业协会等社会力量参与矛盾纠纷的调处,着力形成纵向到底、横向到边、主体多元、系统衔接、手段多样的大调解工作体系。

抓住基层基础这个重点,加强社会矛盾源头治理。建立健全党委政府主导、职能部门协同、社会力量参与的组织领导体制,完善联动协调、研判、解难、限时办结等工作机制。完善社会稳定评估机制,确保科学决策、民主决策、依法决策。整合公安、政法、居民及城市管理信息化系统,建立社会管理综合信息平台,实现咨询共享、动态管理。探索村级民主自治、民主监督新路子,在全省农村普遍建立"村务监督委员会"和"便民服务中心",巩固城市社区管理成果,完善协商议事制度,健全社会事务服务机构。

抓住虚拟社会管理这个热点,积极主动地引导网络舆论。统筹管理虚拟社会与现实社会,形成党委统一领导、政府严格管理、企业依法运营、行业加强自律、全社会共同监督的互联网综合管理格局。倡导网络文明,净化网络环境,建设网络主流文化阵地。加强舆论引导,健全预防性网上舆论引导机制,利用网络渠道加强政策解读,回应群众关切,做好澄清事实、释疑解惑、疏导情绪、化解矛盾的工作,增强重大突发事件和群体性事件的网上舆论应对能力。维护网络安全,推进网络社会治安管控机制建设,保障信息网络健康有序发展。

抓住流动人口和特殊人群这个难点,加强管理和服务工作。建立健全流动人口服务管理的专门机构和工作体制,积极回应流动人口在就业服务、社会保障、子女就学、居住环境等方面的需求和期盼。建设实有人口服务管理信息平台,及时有效掌握实有人口基本状况、流动情况。完善特殊人群服务和管理政策,认真做好刑释解教人员的安置帮教工作,加强对社会闲散人员的服务和管理,完善高危流动人口排查、服务管控工作机制。

抓住保障和改善民生这个落脚点,强化社会公共服务。启动"惠民富民"十大工程,实施积极的创业就业政策,优化教育和医疗资源配置,建立基本公共服务体系。合理调整收入分配关系,努力缩小收入差距,促进和实现社会公平。巩固治安重点地区排查整治成果,积极构建立体化的社会治安防控体系,着力提升人民群众的安全感。完善应急管理运行机制,加快推进应急平台体系建设,提高危机管理和风险管理能力。

(原载《求是》杂志 2011 年第 18 期)

五、健全应急服务管理体系

中共上海市委、市人民政府

上海在加快建设"四个中心"和社会主义现代化国际大都市的进程中,各类要素的流动性和集聚度越来越高,建立健全城市应急服务管理体系的重要性、紧迫性和艰巨性日益凸显。近年来,按照党中央、国务院的总体部署,上海结合实际,坚持以人为本、预防为主、依靠科技、分级管理、整合资源、处置有力的原则,构建了四个层级的应急服务管理工作框架。第一层级:市突发公共事件应急管理委员会,统一领导全市应急管理工作。第二层级:市应急委办公室。设在市政府办公厅,负责协调全市突发事件应急管理工作,制定、汇总、管理全市突发事件应急预案体系,建立物资、专家、装备和处置队伍等数据库。第三层级:市应急联动中心。设在市公安局,相关联动单位派员入驻,作为全市突发事件应急联动、先期处置的指挥平台。第四层级:应急联动单位。由公安、交通、安监、环保、防汛和水、电、气等关系国计民生的重要部门,及全市各区县共60余个成员单位,形成应急联动工作网络。在此基础上,上海强化体制、机制、法制建设和科技保障,不断完善城市应急服务管理体系。

一、建立有利于责任落实的体制。结合上海"两级政府、三级管理、四级网络"的城市管理模式,建立健全"分类管理、分级负责,条块结合、属地为主"的应急服务管理体制。其中,特别注重基层应急管理单元建设,将应急单元建设与网格化的城市日常服务管理有机结合,在社区广泛开展城市公共安全宣传教育,提高基层预防和处置突发事件能力。

二、创新有利于资源整合的机制。按照集中、统一、高效的要求,完善有利于快速反应和资源综合调用的指挥机制。在先期完成公安110、119、122的"三台合一"的基础上建立市应急联动中心,把各有关职能部门的应急服务管理资源统一整合到联动中心的指挥平台上,赋予应急联动中心跨部门、跨地区的应急指挥调度权。同时,将各类社会服务资源也整合进来,实现管理力量、执法力量和服务力量的大集中,实行统一接警和分级、分类处置,合力为社会提供全时空、全天候、高效能的应急服务管理。

三、完善有利于规范运作的法制。上海制定了应急服务管理地方规章,切实把应急服务管理各项工作纳入法制化轨道。注重预防性、针对性、动态性和可操作性,持续改进完善应急预案体系,赋予应急预案相应的法律约束力,确保预案始终能用、管用、方便用。同时,加强应急演练,特别是一些重要预案以及要市民参与、社会参与的预案,定期组织演练,及时发现和消除安全隐患,完善舆论引导等各项应急管理措施,增强全民安全与防护意识,提升应急合成作战能力和水平。

四、运用有利于提升能效的科技。加强应急指挥的信息化建设,先后投资建设了"应急联动指挥信息系统"、"警用地理信息平台"等具有一定科技含量的系统平台。为适应城市立体化发展的需求,购买了警航直升机,组建市政府飞行队,提高应急响应的空中行动能力。同时,遴选各类突发事件应急处置专家,组建了应急处置专家库,为突发事件的应急处置提供"外脑"支持。

六、强化基层社会管理服务体系

中共江苏省委、省人民政府

江苏省委、省政府认真贯彻胡锦涛总书记对江苏工作"六个注重"的要求,全面落实中央关于加强和创新社会管理的决策部署,全力实施包括社会管理创新工程在内的"八项工程",积极创新基层社会管理服务的理念思路、体制机制和方法措施,取得了新成效。

一、精心谋划推进基层社会管理服务。今年以来,省委省政府先后召开全省创新社会管理加强群众工作会议、深化平安江苏建设大会,突出基层基础建设这个重点,部署推进社会管理创新工程。围绕加强和创新基层社会管理服务,具体部署实施固本强基行动计划,提出 22 个攻坚项目,实行项目化推进、工程化管理、实体化运作。围绕夯实基层社会管理服务基本单元,专题部署推进城乡社区建设,出台《关于加强新形势下城乡社区建设的意见》,增加社区工作力量,新设 1 亿元省财政建设项目引导资金推动社区基础设施建设,并在农村推行以有稳定的集体收入、有功能齐全的阵地、有先进的信息网络、有群众拥护的带头人、强化党组织领导责任为内容的"四有一责"建设,增强城乡社区管理服务能力。

二、加快构建基层社会管理服务体系。探索建立以党组织为核心、基层政府行政管理和基层群众团体、自治组织管理相结合的基层社会管理服务体系。在乡镇(街道)层面,着力推动党委政府把工作重心转到社会管理和服务上来,建立政法综治工作中心,设立服务大厅,实行集中办公,实现矛盾联调、问题联治、工作联动、平安联创,目前各政法综治中心人员平均达8人以上;建立便民服务中心,统一承接24类服务项目,推动社会管理服务扁平化、快捷化。在社区(村)层面,全面推广"一委一居一站一办"的社区组织新架构,以社区党组织为核心,以社区居委会推进居民自治、自我管理,以社区管理服务站承接公共服务,以社区综治办负责维护稳定。在公众参与层面,以社会管理先锋行动为载体,组织全省基层党组织和党员积极投身社会管理创新,积极引导、带动基层群众组织、社会组织、企事业单位和广大群众参与基层社会管理服务。

三、着力提升基层社会管理服务水平。按照以人为本、服务为先的要求,积极探索基层社会管理服务的新方法新举措。重点在推行网格化管理服务上下工夫,把社区划分为若干网格,实行分片包干、责任到人、设岗定责、服务到户,让群众知道有话跟谁说、有事找谁办。在推行精细化管理服务上下工夫,根据不同管理对象的特点,分类制定管理服务措施,配置管理服务资源。对商品房社区,大力开展居民自治管理活动,着力提高居民参与程度;对拆迁安置和保障性住房社区,充实社区工作力量,加大救助帮困力度;对老城区社区和"城中村"社区,加强安全设施改造和服务设施建设;对农村社区,进一步加大财政支持力度,统筹推进城乡社区管理服务协调发展。在推行信息化管理服务上下工夫,按照每个村(社区)有一处固定场所、一名信息员、一套信息设备、一套管理制度的要求,加快推进镇、村两级综合信息服务平台建设,努力实现信息及时采集、情况动态掌握、服务迅速跟上、问题有效处理。

七、运用法律破解社会管理难题

中共湖南省委、省人民政府

近年来,湖南省按照中央要求,以法治湖南建设为载体,在运用法律手段破解社会管理难题上进行了积极探索。

一、以理念为先导,逐步向依法管理转变。全面落实党委(党组)中心组集体学法、政府常务会议会前学法、法制讲座、法制培训、干部年度学法考试、领导班子成员年度"述法"等制度。推行领导干部任职前法律知识考察、离任时对其依法执政和依法行政情况进行评估制度,将考察评估结果作为任职的重要依据。注重选拔依法办事能力强、实绩突出的优秀干部进入各级领导班子,开展"依法决策示范领导班子"创建活动,促进了广大干部特别是领导干部自觉学法用法,逐步使依法管理成为社会管理的基本方式。

二、针对社会管理的重点难点问题,加强地方性法规建设。2008 年以来,湖南省重点加强了公民权益保护、社会信用体系建设、基层社会管理服务、社会组织管理、公共安全管理、信息网络管理等方面的地方立法,共制定、修改社会管理方面的地方性法规规章 38 件,占地方立法总数的 38%。我们把法治作为解决民生问题的重要保障,今年先后出台《保障和改善民生实施纲要》和《湖南省政府服务规定》,依法保障民生投入,依法保障人民群众就业、教育、医疗、住房、安全、社保、社会救助等民生权利,积极推进基本公共服务均等化。

三、全面推进依法行政、公正司法,努力把各项社会管理活动纳入法治轨道。2008 年,我们在全国率先出台了系统规范行政程序的地方政府规章——《湖南省行政程序规定》,并相继配套出台了《湖南省规范行政裁量权办法》、《湖南省规范性文件管理办法》、《湖南省政府信息公开办法》等,今年 7 月省委全会又通过了《法治湖南建设纲要》,形成了法治湖南建设的制度框架。健全了党委和政府重大决策程序规则,规定重大决策必须经过调查研究、专家论证、公众参与、合法性审查和集体研究等必经程序。组建湖南省法律顾问团,为党委、政府提供专业法律服务。对行政规范性文件实行统一登记、统一编号、统一公布制度和有效期制度,建立了省委领导地方立法制度和党内规范性文件备案审查制度。全面清理公布省直行政执法部门的"权力清单",建立省市县三级互联互通的网上政务服务和电子监察系统。规范行政裁量权,实施政府绩效评估和行政问责,并吸收社会各界代表参与评估。加强司法规范化建设,保障和促进司法公正。

四、把法制宣传教育往实里做,促进人人知法守法。我们采取"法律下乡"、"律师进社区"等多种形式和载体,深入开展普法教育。制定《湖南省法制宣传教育条例》,将法制宣传教育规范化、常态化、制度化。广泛开展群众性法治文化活动,加强公民意识教育,引导群众依法理性表达利益诉求、维护合法权益。深入开展基层法治创建活动,让人民群众在参与法治实践中知法、懂法、守法、用法。组织律师参与信访和调解工作,促进信访与诉讼、复议、仲裁、执法监督相配合,积极引导信访当事人通过法律途径解决矛盾纠纷。设立司法和信访救助基金,加大司法救助和法律援助力度,做到应援尽援,保证群众打得起官司,解决困难群众诉讼难问题。

八、做好实有人口服务与管理

中共深圳市委、市人民政府

改革开放以来,我国工业化、城市化快速发展。在此过程中,区域间的大规模人口流动给城市带来了生机和活力,也带来人口急剧膨胀、二元差异突出等问题。深圳作为一座改革开放城市、移民城市和市场经济发达的城市,目前实有人口已超过 1400 万,加强对全部实有人口的服务管理,不仅对促进城市健康发展十分重要,而且对全国经济社会转型期加强和创新社会管理具有示范意义。为此,我们按照"努力当好推动科学发展、促进社会和谐排头兵"的新使命,把社会建设提升到与经济建设同等重要的地位来谋划与推动,不断创新实有人口服务管理机制,着力破解工业化、城市化进程中的人口服务管理难题,努力为全国的社会管理创新作贡献、探新路。

一、坚持产业引导,不断优化人口规模和结构。按照科学发展的思路和"总量控制、优化结构、完善管理、做好服务"的原则,大力实施产业、人口和城市空间"联动调控",力争以产业转型升级推动人口规模和结构"双优化"。随着产业结构的调整,新兴产业加速崛起,劳动密集型企业逐步减少,使实有人口的年增长量调控在适度范围之内,并不断改善人口素质。

二、坚持共建共享,着力推进基本公共服务均等化。把非户籍人口纳入全市经济社会发展规划,按照实有人口数量配置公共服务资源;建立来深建设者与本市户籍人口平等就业制度,免费为流动人口提供就业信息和职业介绍服务;积极将农民工纳入社保范围,农民工养老、工伤、医疗保险参保人数连续多年居全国大中城市之首;探索建立常住人口子女平等享受义务教育机制,目前共有 60 多万非本市户籍学生在我市接受义务教育;将保障性住房供给范围扩大到符合条件的非户籍人群,"十二五"期间计划新增保障性住房 24 万套;推进实施"织网工程",进一步完善面向全体居民的社区服务管理体系。

三、坚持包容共融,努力增强来深建设者的家园意识。加强对来深建设者合法权益的保护,规范劳动争议处理、救助机制。建立完善职工工资正常增长机制和支付保障机制,目前职工最低工资标准达 1320 元。注意吸纳来深建设者担任人大代表、社区居委会委员等,提升他们在社会管理和公共服务中的参与度。大力推进户籍制度改革,探索实行"积分入户"制度,逐步扩大户籍人口数量,去年以来共新增户籍人口 24.4 万人。目前全市注册义工 25 万人,其中非户籍人员超过 50%。

四、坚持科技支撑,不断提高实有人口管理科学化水平。大力推进现代科技手段在实有人口服务管理中的应用,探索建立"以证管人、以房管人、以卡管人"新模式。特别是通过推行"居住证"制度,将原来单一功能的"暂住证"转为具有综合服务和管理功能的"居住证",现已累计办理近 1500 万张;建立房屋编码和出租屋分类管理系统,全市 67 万栋 900 多万套(间)房屋统一采集房屋信息及编码,纳入计算机管理系统,实现了动态的"人屋对应";推广"门禁卡＋视频监控"技防系统,实现了试点社区基本"零发案"。

九、保障房建设需"长治久安"

事后检查及惩处的威慑力对于公平的实现非常重要。一是要保证抽样检查的随机性和高频性,二是惩罚要有一定的强度。在新加坡,如果购买了组屋而不实际居住,当事者不仅面临高额罚款,同时还难逃牢狱之灾。

大力开发和建设保障性住房,是房地产调控政策的重要部分,同时也关系到建立长期、有效、可持续发展的"住房保障体系"。

从目前的数据和现状来看,大力发展保障房已经取得了明显成效。国土资源部近日发布公告称,截至 10 月 14 日,全国落实中央下达保障性安居工程建设任务用地 42614 公顷,已超额完成全年任务,落实率超过 100%。

如何使得保障房建设成为中国未来"住房保障体系"的重要部分,其中有一些问题需要解决。

保障房建设要实现"长治久安"的效果,一定要兼顾公平与效率。

公平至少有三重含义。其一是横向的地区之间的相对公平。2012 年我国的保障房建设资金缺口仍可能较大,如果仍然单纯依靠各级财政对保障房建设资金的投入,对地方政府,尤其是一些贫困地区政府的财政压力会加大。因此需要想办法在保障房建设上保证融资,帮助最落后地区也能够实现对其人民居住条件的基本保障。

其二是纵向的不同世代之间的公平。这一代人符合享受保障房的条件,他们的子孙后代未必符合。如果没有配套的代际分配政策,一些子女从父辈继承的保障房可能大大超过其居住的需要,这有违保障房建设的初衷。

这方面并非没有国际经验可取,例如,在"全球唯一近乎达到百分之百拥屋率"的新加坡,政府提供给居民购买的"组屋",产权仍在政府,公民只有 99 年使用权。

公平的第三重含义是要让真正有迫切需要的人获得享受保障房的机会。保障房应该是对那些缺乏商品房支付能力的人提供居住保障。

实现公平,需要事前措施与事后措施相结合。

隐瞒及伪造家庭财产信息骗取保障房资格的事情,很难在事先信息审查和资格授予过程中完全杜绝。这种情况下,事后检查及惩处的威慑力对于公平的实现就非常重要了。一是要保证抽样检查的随机性和高频性,二是惩罚要有一定的强度。在新加坡,如果购买了组屋而不实际居住,当事者不仅面临高额罚款,也难逃牢狱之灾。

确保保障房建设效率的第一个方面是长效机制或可持续性问题。当前的保障房建设主要依靠政府的行政力量来推动。房地产开发企业被要求从尽社会责任的角度,"遵循微利或不盈利原则"参与经济适用房和廉租房建设。例如,《经济适用住房管理办法》明确规定,房地产开发企业实施的经济适用住房项目利润率按不高于 3% 核定。

实际上,修建经济适用房利润率虽低,但资金回收有保障,风险较小,是不错的选择。

相比之下,开发廉租房周期长、政策及财务风险高,社会资本没有激励很难进行投资。在寸土寸金的大城市可以将商业用地与保障房用地配套出售的方式补贴企业,吸引它们投资,在中小城市很难要求房地产企业持续投入保障房建设。

因而让社会资本持续投入保障房建设,应解除它们的后顾之忧,比如在退出机制方面完善相应的制度安排,让社会资本可以通过政府回购、租赁转出售等方式退出。或者通过所得税抵扣方式,向开发建设廉租房的企业提供帮助。

确保效率的第二个重要方面是保证保障房建设的质量。

(据《今日浙江》)

十、夯实企业文化落地基础

目前,我国企业文化建设已经发展到有统一的组织领导、有明确的目标、体现企业特色、与企业改革发展相适应、同进步的整体深化阶段,文化建设的自觉性、主动性不断增强,机制更加规范,体系更加完善,特色更加突出,效果更加显著。

一是积极推动企业文化系统化建设,文化"落地"的基础不断夯实。企业初步建立了既有目标规划、实施运行,又有检查评价、创新提升的企业文化建设闭环管理体系,规范、引导企业文化建设发展,文化"落地"的基础不断夯实。

二是更加注重与经营管理紧密结合,文化的驱动作用不断增强。企业进一步把价值理念融入组织建设、规章制度、工作流程和行为规范之中,更加注重人文关怀和心理疏导,并根据战略重点,让企业文化进入经济主战场和第一线,渗透到经营管理全过程,促进价值理念与经营管理的深度融合。

三是主动探索文化融合的有效方式,企业做大做强的思想基础不断巩固。文化融合涉及重组方的理念、习惯和思维问题,近年来,越来越多的企业认识到文化融合是并购重组能否取得成功的关键因素。

"十二五"时期我国企业文化建设的总体思路是:深入贯彻落实科学发展观,以增强企业凝聚力和竞争力,促进企业实现更高质量的可持续发展为目标,紧紧抓住价值理念的培育与转化这个关键,不断完善企业价值体系,坚持把价值理念贯彻到生产经营管理的各个环节,让企业文化在现场看到,在岗位体现,在细节、行为习惯上表现,不断提升企业文化管理水平。

第一,培育改进企业核心价值体系。

广大企业要在实践中,积极培育符合市场竞争需要、产业发展规律、时代精神要求,具有企业自身特色的核心价值体系,始终把握文化先进方向,保障企业健康发展。

第二,切实推进价值体系落地转化。

企业文化建设工作内涵丰富,头绪繁多,但归根到底,文化落地的关键途径在核心价值体系的转化,尤其要在"化"字上面做文章;要做到有力、有效推进,就要找准文化建设的突破口,立足创新,明确重点。

一是坚持文化建设和人力资源管理相结合，促进干部职工队伍的全面发展。企业要着力将文化建设与人力资源管理紧密结合，在选人、用人、育人、留人的过程中，处处体现价值理念，时时注重干部职工对价值理念的认同；要完善教育培训体系，优化选人用人标准，完善激励分配机制，使干部职工树立正确的价值追求，养成良好的职业道德和行为习惯，不断提高素质和技能，激发潜能和活力。

二是坚持文化建设和企业管理升级相结合，提高企业文化的影响和效果。要把文化建设和创立品牌、推进信息化建设、加强风险管控、强化基础管理等重点工作紧密结合，切实解决文化和管理"两层皮"的问题，保证企业文化发挥实效。要在制度流程和行为规范上下工夫，使其与倡导的价值理念始终保持高度一致，要注重开展文化审计，及时清理、修订不符合价值观要求的制度流程和规范。

三是坚持高层倡导和员工参与相结合，不断健全企业文化建设的体制机制。要健全组织保障、工作机制、监督激励机制，同时要把文化建设作为企业考核评价的重要内容，与其他管理工作同部署、同检查、同考核、同奖惩，确保文化建设工作落到实处、取得实效。

（据《人民日报》）

十一、人人都要文化自觉

汪金友

培养高度的文化自觉，是实现文化大发展大繁荣的重要前提。但这个文化自觉，应该是谁的自觉？有人说是城市的自觉，有人说是地区的自觉，有人说是行业的自觉。而所有的城市、地区和行业，都是由人来掌控的。所以，一切文化自觉，实际都是人的自觉。

首先是领导者的自觉。党的十七届六中全会《决定》提出，加强和改进党对文化工作的领导，是推进文化改革发展的根本保证。各级领导必须担负起推进文化改革发展的政治责任，牢牢把握意识形态工作主导权，掌握文化改革发展领导权。把文化建设纳入经济社会发展总体规划，与经济社会发展一同研究部署、一同组织实施、一同督促检查。

自己不自觉，怎让别人自觉？自己不自信，怎让别人自信？有了领导班子成员个人的文化自觉,才会有领导班子集体的文化自觉;有了领导班子集体的文化自觉,才能作出文化改革发展的正确决策。而且我们必须承认,在此之前,有一些领导者并不熟悉文化工作,甚至在他们的心目中,一直都是"经济第一,文化第二"。现在要建设文化强国,就必须转过这个弯子。只有先行学习,先行研究,先行解放思想,先行自我觉悟,才会不负党和人民的希望,完成文化改革发展任务。

其次是文化人的自觉。文化自觉是指生活在一定文化中的人,对自己的文化有"自知之明"。明白它的来历、特色、形成过程和发展趋向,从而增强自身文化转型的能力,并获得在新的时代条件下,进行文化选择的能力和地位。中国文联副主席冯骥才也讲,文化自觉首先是知识分子的自觉,站守前沿,主动承担。

建设社会主义文化强国,虽然已经列为全中国的奋斗目标。但具体的重担,主要还得由文化人来担当。其中既有改革的重担,又有创新的重担,既有精神的重担,又有物质的重担。在这场大变革大发展中,文化人的希望最大,压力和责任也最大。每个人所面临的,都是一次难得的机遇,也是一次艰巨的挑战。能不能创新体制、创作精品,能不能走向市场、走出国门,能不能形成支柱产业、满足群众需求,一切都需要文化人拿出自己的智慧和行动。

还有是每个人的自觉。文化是有层次的,最外围的,是物质文化;居于中间的,是制度文化;处在中心的,是精神文化。而精神文化的核心,就是人的影响力和创造力。个人的文化自觉,不仅体现在对自身文化品位和文化价值追求的实践之中,而且体现在对当地文化建设、文化发展的关切和贡献之中。

最近看到一条消息,北京有一位八旬老翁,在15年间用脚步丈量了老北京城区的千余条胡同,又花费8年时间将这些胡同按比例绘制成30多幅北京胡同全图。还有一位74岁的北京老太太,连续18年在天安门广场义务捡垃圾。最多的一天,她捡了两万多个烟头。文化自觉的关键,是自我的觉悟和创建。"觉"是发现,"悟"是明白。发现了问题和明白了道理之后,不等待,不抱怨,而是自己去创造和改变。我们所需要的,正是这样一种有创意有品位有价值的自觉。

任何一个城市和地区的文化自觉,都来源于这个城市和地区中所有成员的自觉。你不能等着我自觉,我也不能等着你自觉。只有大家共同自觉,才能共同自信、共同创造、共同发展、共同受益。

十二、大力发展实体经济

前不久召开的中央经济工作会议提出，今后一个时期要牢牢把握发展实体经济这一坚实基础；全省经济工作会议也把重投资、兴实体作为推动经济平稳较快发展的战略重点。发展做强实体经济是党中央总结应对国际金融危机经验、推动科学发展的重要决策部署，也是我省改革开放以来经济社会发展走在全国前列的重要经验，更是当前和今后一个时期推动经济平稳较快发展的一个重大命题。我们要紧密结合浙江实际，充分认识发展实体经济的重要性和紧迫性，把发展实体经济摆在更加突出的位置，坚持发展实体经济与推进经济转型升级、加快转变发展方式相统一，科学谋划，加大力度，干在实处，不断发展和壮大实体经济，为我省经济平稳较快发展继续走在全国前列打下更加坚实的基础。

大力发展实体经济必须"谋在实处"。"凡事预则立，不预则废。"我省"十二五"发展规划《刚要》强调发展壮大实体经济，提出坚持把推进产业结构优化升级作为加快转变经济发展方式的重大任务，积极发展现代农业，加快推进工业现代化，培育发展战略性新兴产业，实施品牌大省和质量强省战略，打造具有浙江特色的现代产业体系。围绕"十二五"确定的目标任务，我们要结合新的科学技术环境、市场需求环境、要素支撑环境等，紧扣产业升级实现新突破的要求，把发展实体经济规划进一步谋到实处，力求以新的理念和思路聚焦实体经济发展，努力让经济发展更"实"。各级领导干部要结合工作实际，开动脑筋，善于参谋，积极为我省发展做强实体经济建言献策，创造性地开展工作。

大力发展实体经济必须"干在实处"。干是解决经济社会发展最直接的推动力量。我省提出发展实体经济不仅体现在文件和规划中，更要落实在实际工作中。发展做强实体经济，推进经济转型升级，只能是实实在在"干"出来的。到"十二五"末期，评判我省经济转型升级是否取得阶段性成果，产业发展和技术突破是个重要标志。省委、省政府提出大项目、大企业、大产业、大平台的"四大建设"，其中大项目是大企业的基础，大企业是大产业的基础，大平台又是产业结构调整的依托。为此，我们要把"四大建设"与产业结构调整紧密结合起来，与发展做强实体经济紧密结合起来，干在实处，干出实效，通过"四大建设"的实施，扎实推动产业结构调整与优化，进一步发展做强我省实体经济。

大力发展实体经济必须"拿出实招"。经历了30年的高速增长,我省经济发展面临着全新的挑战。发展实体经济,如何化解要素制约,如何跨越路径依赖,这对我省各级党委、政府驾驭经济工作的能力提出了重大考验。面对推进实体经济发展的新形势,我们必须积极适应新情况、新变化,认真学习新知识、新理论,深入研究新问题、新对策,拿出有分量、见成效的"实招",不断提升领导和驾驭经济发展的能力。对企业来说,以前习惯于抢抓生产机遇,填补生产空缺,为经济发展赢得先机,但今天经济发展的外部环境已经改变,市场已经没有那么多机会可抓,而是需要用更加有品质的东西去开拓、去引领,这迫切需要企业拿出切实可行、行之有效的新招、高招、实招。

大力发展实体经济必须"赢在实处"。改革开放以来,我省以工业经济为主体的实体经济发展迅猛,"速度型"经济是我省区域经济发展的鲜明特征。面对国内外激烈的市场竞争,我省工业经济发展面临巨大的发展压力。据国家有关部门统计,我省有500多个产品市场占有率处于全国前列,但是我省制造业企业的盈利能力却十分有限,后劲不足成为我省制造业企业发展十分突出的问题。发展实体经济、推进经济转型升级,必须要在提升实体经济发展水平上下工夫。我们要围绕发展做强实体经济,继续大力推进运用高新技术和先进适用技术改造提升传统产业,针对我省大量的"有文化、有历史、有品牌、有市场"的传统产业,要加大创意设计,提升技术含量,并积极探索商业模式和产业组合方式创新,促使其由"速度型"发展向"效益型"发展转变。要下大力气培育发展战略性新兴产业,以重大技术突破和重大发展需求为基础,继续做大做强高技术产业,重点培育发展生物、物联网、新能源、新材料等战略性新兴产业,着力提升我省实体经济发展层次和水平。同时要积极创造条件,让更多的社会资本投资实体经济,营造搞实业"大有市场、大有前途"的发展氛围。

(据《今日浙江》)

十三、干部之气宜"八多八少"

王　涛

作为一名领导干部,应在心中常怀修为之念,却非分之想;应常涉贫寒之所,远奢靡之地,把理想放心里,把责任担肩头,当为党之福,群众之福,也是自身之福。党员领导干部应经常加强职业修养,做到内修心而外显"气"。笔者认为,为官之气应在"八多八少"上下工夫。

党员领导干部应经常加强职业修养,做到内修心而外显"气"。结合多年工作实践及体会,笔者认为,为官之气应在"八多八少"上下工夫。

一是才气多一点,傲气少一点。

党有无战斗力,凝聚力,关键在官。《孙子兵法》开篇就把"将孰有能"作为打胜仗的重要因素。领导干部只有把历练自己的才能放在第一位,"才气"多一点,战斗力才能提升,党的执政事业和国家的安全才会有保证。提升才气的同时,不能恃才傲物。俗话说得好,才气大、脾气小的人,大家都喜欢;才气小、脾气大的人,大家都反感。自命不凡,自以为是,往往会成为人生的羁绊,无助于自身才能的发挥。

二是锐气多一点,暮气少一点。

有支歌唱得很好,"革命人永远最年轻"。作为一名领导,为人处世应有一定的气魄和决心,锐气昂扬的领导总会给部属带来力量和希望。为官者应志存高远、百折不挠,始终保持一往无前的锐气,保证旺盛的斗志和工作热情。以敢为人先、敢于创新的冲劲,以"特别能吃苦、特别能战斗、特别能奉献"的革命精神投入工作,无论困难有多大,都不受影响。不能有位置时拼命干,无位置时坐着看,尤其是愿望难达成、任职时间长或受到挫折时更应防止牢骚满腹、暮气沉沉、怨天尤人,坏了自身形象,也会给群众造成不良影响。

三是通气多一点,斗气少一点。

廉颇、蔺相如"将相和"的故事直接说明了"和则两利、斗则两害"。无可否以,因为工作需要,各级干部在职务权力上存在着一定的差别,但无论是作为平级之间,还是处于上下级的关系,平时都应多交流多通气,不要心存隔阂,久而生怨,特别是工作上不支持相互斗气,对单位建设有害无益。工作上大小事,多通气,会促进工作;生活上、思想上多交流,也会促进工作。反之,则会出现隔阂,处理不当,就会出现斗气现象,工作上不配合,甚至"唱反调",挫伤了感情,贻误了工作。

四是骨气多一点,媚气少一点。

古人讲:"富贵不能淫,贫贱不能移,威武不能屈",此之谓"大丈夫",可见骨气之重要。每名干部都是为党的事业而工作,工作有岗位之分,无贵贱之别,千万不能在群众面前趾高气扬,在上级面前唯唯诺诺;在群众面前不把别人当人看,上级面前不把自己当人看;在有权、有势、有钱人面前就自降身份,不能坚持自己正确的意见,明知不对,也要坚持错误地执行,明知违规,也要绞尽脑汁地办成,成"指鹿为马"赵高的跟班。为了迎合,不顾单位实际,不顾群众利益,花很大的冤枉钱、出很大的折腾力而无所顾忌甚至乐此不疲。

五是静气多一点，躁气少一点。

诸葛亮曾说："静以修身，俭以养德。"静下心来，戒骄戒躁，才能心无旁骛干工作。只有平时静下心来，专注于工作学习，才能在出现状况时不慌乱，保持清醒头脑。平时很浮躁，则会疏于学习，疏于调查研究，疏于历练成长。满足于迎来送往，照搬照抄，工作上急于求成、争门挂号，搞门面工程、假把式，空话套话多，最后就会成为"头重脚轻根底浅，嘴尖皮厚腹中空"之人。遇到突发情况，就会惊慌失措，要么乱拍板乱表态，要么练"太极"或溜之大吉，导致贻误最佳处理时机，进而出现失控局面。

六是民气多一点，官气少一点。

作为一名领导干部，要始终牢记，多大的官都是组织培养的结果，都是有了群众才需要官。过去山西平遥县衙门口有一副对联，上联是"得一官不荣，失一官不辱，勿说一官无用，地方全靠一官"，下联是"吃百姓之饭，穿百姓之衣，莫道百姓可欺，自己也是百姓"。这副对联对于我们如何看待官与民的关系很有借鉴意义。这一点，党和国家领导人已为我们作了典范，远如毛主席、周总理，近如胡主席、温总理，无不始终以全心全意为人民服务为宗旨、以亲民爱民的作风为群众服务，始终保持了党与人民群众的血肉联系，赢得了群众的敬仰和爱戴。而不能把"基层至上、群众第一"当成口号喊，要对基层群众有真情实感，不能门难进、脸难看、话难听、事难办，双腿只往上蹿、不往下跑，工作只为亮招牌，不为群众办实事，漠视基层群众疾苦，搞"不服务或倒服务"，把鱼水关系变成了"油水关系"，损害了党的形象与威望。

七是大气多一点，俗气少一点。

说话办事有层次、有高度、顾大局、识大体，胸襟开阔，视野宽广，不拘泥一些细枝末叶，不在一些小事上耿耿于怀。成绩面前谦让不争功，问题面前担当不透过。能宽以待人，能容人之长，也能容人之过，不小肚鸡肠，睚眦必报。对单位建设思路清，举措实，促进大，发展好。工作上睁大双眼看得高、看得深、看得远，不会对鼻子下面的一点小事津津有味争论不休。生活小事上，睁一只眼闭一只眼，不攀比，不讲排场。对下级的失误乃至无意冒犯能包容，不抓小辫子，不穿小鞋子。有大气，则识大体，不会犯原则性错误。太俗气，则会鼠目寸光，只看得见眼前的一点东西，对大是大非，失去辨别力，在一针一线、一言一语的小事上，争个你我高低，这样的人也很容易被小恩小惠所笼络而失去原则。

八是书卷之气多一点，酒肉之气少一点。

要多学习，学理论、学科技、学管理，学一切有用的东西。中央政治局在百忙之中，还多次专门组织专题学习。"开卷有益，手不释卷"应成为每名干部都应有的意识，创建学习型党组织，当一名学习型干部，应成为我们工作的主要任务和孜孜以求的目标，尤其要在学习理论上要做表率。不能看书看个皮，读报读个题，红头文件看大意，其他丢在抽屉里。只有勤学习、善思考，才能明是非，长知识，长才干，才能使群众信任、信服、信赖，而不能忙于吃吃喝喝，成天满嘴酒气,既花了人民的血汗钱,又损害了自己的身体。

总之,作为一名领导干部,应在心中常怀修为之念,却非分之想;应常涉贫寒之所,远奢靡之地,把理想放心里,把责任担肩头,当为党之福,群众之福,也是自身之福。

十四、干部要树"四气"

邬建南

造就一支能经受考验、担当重任的高素质领导干部队伍,一个很重要的方面就是要在培养"四气"上下工夫、见成效。

朝气。朝气是一种积极向上、锐意进取、奋发有为、开拓创新的精神,它是新世纪新阶段领导干部强烈的工作责任感和使命感的生动体现。当前,大力推进体制机制创新,加快经济发展方式转变,面临着繁重艰巨的任务,如何化"危"为"机",变压力为动力,推动经济社会又好又快发展,需要我们各级领导干部始终保持蓬勃朝气和昂扬斗志。朝气须靠干事创业的高度责任心来支撑,因为责任心是一种情怀、一种担当、一种境界,有了它,才会热情奔放、豪情万丈,才会对党的事业极端认真负责。所以,现阶段无论任务有多么艰巨,工作有多么困难,无论矛盾有多么尖锐,情况有多么复杂,我们都要时刻牢记神圣使命,以百折不挠的勇气和充满激情的干劲去面对,始终真抓实干,不断开拓进取,努力创造无愧于党,无愧于人民,无愧于时代的骄人业绩。

才气。才气是一种智慧,一种素质。领导干部的能力素质和谋略水平如何,将直接影响到一个单位、一个部门乃至一个地区建设发展。当今时代是一个飞速发展的时代,领导干部如果看形势不能把握全局,看问题不能抓住要害,抓工作不能突出重点,是不可能领导单位实现科学发展的。具有丰富的知识,开阔的视野,就得把更多的时间花在学习上。通过学习,提高把握方向、掌握大局的能力,善于从政治上思考和处理问题;提高运筹帷幄、超前思维的能力,善于科学决策,积极应对各种挑战;提高开拓创新、锐意进取的能力,在破解难题中推进各项事业健康发展;提高科学组织、精确指挥的能力,带领干部群众努力实现保增长、扩内需、促发展、保稳定等重要目标。

骨气。骨气是指不趋炎附势,有坚强不屈的志气。中华民族自古就有名节重于泰山的传统。有骨气的人,往往视名利淡如水,始终把名节放在突出位置,不因贪图享受而违背原则,不因追求私欲而失去操守,力求使自己思想政治上过得硬,遵纪守法上过得硬,道德情趣上过得硬。当前,领导干部一定要始终坚守"权势"面前不卑躬屈膝,"老板"面前不"低头弯腰"的底线,绝不出卖灵魂,绝不出卖人格,时时挺直脊梁,处处不忘本色,自觉抗得住酒色利禄的诱惑,抗得住庸俗关系的腐蚀,始终做到自重、自省、自警、自励。

正气。深入贯彻科学发展观,认真落实为民、务实、清廉的要求,领导干部必须堂堂正正做人,清清白白为官,踏踏实实做事。领导干部保持浩然正气,公正处世,正直做人,正派为官,真正做到用一个标准衡量人,一个态度对待人,一个尺度取舍人,既是党的事业的客观需要,也是老百姓的热切期盼。风气正,则人心齐、事业兴。我们要始终牢记党的宗旨,坚持公道面前率先垂范,正义面前勇当标兵,法律面前以身作则,大力弘扬新风正气,勇于同邪恶势力和不正之风作坚决的斗争,坚持以良好的作风凝聚人心,以优秀的官德赢得信任,以崇高的人品获取赞誉。

十五、谨防干部能力不足之危险

祖　言

伴随着地方市县乡换届的陆续完成,我省一大批干部相继走上重要岗位。在这个以变革、创新和转型为特点的时代,"本领恐慌"依然是严峻挑战,"我们熟悉的东西快要闲起来了,我们不熟悉的东西正在强迫我们去做,我们必须学会自己不懂的东西"。由此,各级领导干部要把学习作为一种精神追求,主动向实践学,向书本学,做到学以立德、学以增智、学以创业,着重提高四种能力:

一、提高领导转型发展能力。转型发展的实质是科学发展。实现转型发展,关键在于讲求发展质量,而不能再走"唯GDP"的老路。省委书记赵洪祝指出:"我们所要的增长是干干净净的增长。从可持续发展看,缝好'里子'尤为重要。美,不能只体现在面子上,我们要'由里往外'美。"转型过程中,发展的速度稍微慢一点,数字上暂时低一点,排名暂时靠后一点,没什么可怕的。在这方面,领导干部要保持一份"淡定"。现在,一些同志习惯于"穿新鞋走老路",仅仅停留在招商引资上。殊不知,资本跟着项目走、项目跟着人才走,人才是第一资源,是战略资源。我们要从招商引资转向招才引智,特别是要充分发挥国家和省"千人计划"的品牌带动效应,下大力气吸引更多的海外高层次人才来我省创业发展,推动我省经济转型升级。

二、提高加强社会管理能力。这些年,经济建设和社会建设一条腿长、一条腿短的问题还没有得到有效改变,发展的黄金期与矛盾的凸显期交织叠加,社会管理任务异常繁重。发展是硬道理,稳定是硬任务;没有稳定,什么事情也办不成,已经取得的成果也会失去。我们要高度重视加强和创新社会管理,着力构建协调型、疏导型、情感型、参与型、选择型"五型"社会管理模式,促进社会和谐稳定。社会管理应确立一种理念:对于社会管理中的问题,事后花钱摆平不是功劳,事前花钱预防不是浪费;未雨绸缪显本事,防微杜渐是功夫,这才是社会管理工作的应有要求。我省基层创造的"网格化管理、组团式服务"、与时俱进的"枫桥经验",共同点是努力把矛盾化解在基层、解决在萌芽状态,都是"治未病"、"治未乱"的良方。

三、提高应对突发事件能力。群体性突发事件是社会情绪的集中宣泄,也是社会风险的集中释放。在社会转型期、改革攻坚期,冲突产生、分歧出现是很难免的。但能不能正确处置,则是对领导干部综合素质和执政能力的直接检验。突发事件处理不好,会造成政府公信力这一"无形资产"流失;应对得当,则可能是增加政府公信力的契机。处置突发事件,固然要因时因事而异,但基本规律都差不多。一是"早",立足早发现、早解决,避免小事拖大、大事拖炸。二是"快",第一时间赶赴现场,靠前指挥,有事不能怕事,出事不能躲事。三是"诚",对群众的诉求,要开诚布公,决不能"躲猫猫"。四是"智",有效引导群众情绪、协调利益关系,防止别有用心的人和敌对势力从中挑唆鼓动。

四、提高应对网络媒体能力。互联网本身并没有标签,关键是怎么用它。善待而不随意压制,引导而不随意封堵,认真研判而不妄下定论,及时回应而不回避推诿,这是应对网络舆论的基本原则。微博具有较强的组织动员力和政治影响力,已经成为公众发表意见、表达诉求的重要"舆论场",甚至成为一些重大事件的消息发源地和幕后推手。提倡开党政部门官方微博、官员微博,就是壮大网上力量,增强正面声音,掌握工作主动权。

十六、加快中心镇建设

顾益康

拥有 13 亿人口的大国,怎样走出一条符合国情的城镇化之路,是当前中国加快发展方式转变,实现从工业化主导的外向型经济向城镇化主导的内源性经济转型的一个关键性问题。如何把几亿农民工和务工经商的农村人口转化为安居乐业的市民,如何建立以工促农、以城带乡的城乡发展一体化的机制,是中国城镇化发展最为核心的问题。

从浙江的发展实际看,由农村工业化拉动的小城镇的发展已成为推动城镇化的主导力量。在这一发展进程中,星罗棋布的小城镇虽初具小城市的雏形,但囿于传统的农村乡镇行政建制的制约,难以实现向现代化小城市的蝶变。如果说,当年的撤县设市使浙江的城镇化发生了第一次质变,那么,现在省委省政府提出的把中心镇培育成为现代化小城市的战略决策,将为中心镇的大蝶变带来重大的转机,开启以新型农民为主体建设新型城市的新探索,实现中国特色城镇化的又一次质的飞跃。

深刻认识中心镇向现代小城市蝶变的重大战略意义

2010 年中央一号文件强调要把加快推进城镇化作为统筹城乡发展,解决新时期"三农"问题的新的战略举措,并强调要努力形成城镇化与新农村建设协调发展、良性互动的体制机制。在此背景下,省委省政府提出的把中心镇培育成为现代小城市的战略决策具有鲜明的前瞻性,成为我省实施以新型城市化为主导,加快推进城乡一体化新战略的一个关键性举措。

把中心镇培育成为现代小城市是小城镇建设发展方式的重大转变。遵循现代城市发展的规律性和小城镇差异化发展的现实性,把一批特色产业支撑作用强、人口承载潜力大的中心镇培育成为现代小城市,能够从根本上改变农村人口数量庞大,城市数量太少和城少镇多的状况,这既是小城镇转型升级的现实需要,也是进一步加快城市化进程的客观要求。

把中心镇培育成为现代小城市是加快农民转移转化、产业集聚集约的重大战略。从浙江经济社会发展已经到了产业集群与城镇集群协同推进新阶段的实际出发,把由中心镇转化而来的现代小城市培育成为农村产业集群发展和人口集中居住的新平台,这是全面提升城乡生态承载能力,实现经济集约、人口集聚、产业集群的现实选择。

把中心镇培育成为现代小城市是新型城市化战略的重大创新。大中小城市协调发展是人口众多的大国城市化发展的必然选择,也是实现城乡一体化发展的战略抉择。把农村地域建制的中心镇发展成为现代小城市,这既是优化城市空间布局的迫切需要,也是推进以人为本、以城带乡的新型城镇化的必然要求。

把中心镇培育成为现代小城市为经济社会转型发展提供重大契机。根据农村劳动力向小城市、大中城市梯度转移和小城镇向现代城市梯度演变的规律,适时推动小城镇中的佼佼者——中心镇向现代小城市率先蝶变,将把小城镇的发展推到一个新高点,为城乡融合发展和扩大内需提供广泛而持久的动力,为实现从工业化主导的外向型经济向城镇化主导的内源型经济转型发展提供重大的战略支撑。

把中心镇培育成为现代小城市为实现城市化的科学发展提供现实路径。在绿色化、低碳化可持续发展的大背景下,走绿色城市、低碳城市、田园城市之路成为城市化发展的新趋势。把中心镇培育成为充分体现城市与农村联姻的田园城市的战略构想,将为我们提供一条既能让更多农民进入城市安居乐业,又能让城市现代文明辐射带动新农村建设的绿色化、低碳化的城乡发展一体化的双赢之路。

科学定位中心镇蝶变而成的现代小城市的形态功能

对中心镇蝶变而成的现代小城市进行科学的形态功能定位,是这一新战略的目标任务得以全面实现的重要保证。根据当代国际城市化发展的规律趋势和中国特色城市化的发展要求,结合浙江经济社会发展阶段性特点,由中心镇培育建设而成的现代小城市,应该是充分体现城市与农村联姻发展、绿色城镇与美丽乡村相得益彰的城乡一体化田园城市。具体来说,要念好"联动、互动、驱动、协动"八字经。

"两新联动":新型城市化与新农村建设联动推进,让现代小城市成为提升城市化水平和带动新农村建设的新平台。一方面,要把中心镇拓展成为实力更强、集聚力更大、吸纳人口劳动力更多、城市功能健全的现代小城市,成为吸纳周边农民进城务工经商和辐射带动周边农村的经济中心。另一方面,要强化"以工促农、以城带乡"的动力机制,以更大的力度、更高的层次,全面提升现代农业和新农村建设的水平,形成新型城市化与新农村建设联动推进和良性互动的机制,在缩小城乡差别、实现城乡基本公共服务均等化等方面达到事半功倍的效果,使更多的农民转为进城务工经商的市民,使居住在新农村新社区的务农农民也能享受到像市民一样的品质生活,促进城乡一体化发展新局面的快速形成。

"两群互动":城镇集群与产业集群互动发展,让现代小城市成为县域产业集群、人口集聚和城镇集群的新载体。顺应我国东部城市化已进入都市化和城镇集群发展的新阶段和产业经济发展进入从企业集中、产业集聚到产业集群发展的新趋势,率先推进中心镇管理体制改革,突破小而全的乡镇行政区划及管理体制的弊端,破解浙江小城镇多而不强,现有工业园区多而不专等问题,以现代小城市建设为载体,实现城镇集群与产业集群的互动发展,优化浙江城乡生产力、人口的空间布局。现代小城市建设,必须十分重视特色产业集群对人口集聚和城市建设的支撑作用,充分发挥产业集群龙头企业带动作用明显,产业聚集度高,产业链完整,区域内配套能力较强的优势,打造新城市功能区块,形成特色产业集群与城镇集群互促共进、相得益彰的发展新格局。

"两创驱动":全面创新与全民创业驱动发展,让现代小城市成为农民进城创业的新基地和体制全面创新的试验区。一方面,要从创新驱动已经成为推动发展方式转变、经济社会转型升级的最重要的力量和创业始终是富民强省的内源动力的实际出发,把创新提到更加重要和更高层次上,把创新战略全面贯穿到推进现代小城市建设的方方面面,不断激发体制机制的新优势。另一方面,要把现代小城市作为让农民在更广领域、更高层次创业创富的有效载体,以创业促就业,不断激发创业创富的激情,为新型城市化和城乡一体化发展注入新的更为强大的动力。并以集成创新、联动推进的思路,把全面创新、全面创业形成双轮驱动的合力,给中心镇的大蝶变装上更为强劲的引擎。

"两和协动":和美家园与和谐社会协同创建,让现代小城市成为宜居、宜业、宜游的田园城市,成为务工经商农民的新家园和构建和谐社会的新区域。要从人居环境优美、社区服务完备、邻里关系和睦的和美家园建设是现代城市建设的重要基础的实际出发,把和美家园与和谐社会的协同创建作为现代小城市建设的重要内容。要以和美家园创建活动来引领社区建设和生态环境建设,以高标准的绿化、美化、净化来提升生态环境质量,以低生活成本、高生活品质和普惠化、便捷化的公共服务来提升居民生活质量,以精神文明建设、民主法制建设来提升社会文明进步和公平正义,逐步形成绿色低碳的生产方式、生活方式和消费模式,营造和美家园建设与和谐社会建设互促共进的机制和氛围,不断提升居民的幸福感。

积极探索中心镇向现代小城市蝶变的改革路径

当前,我国城乡分割的二元经济社会结构尚未从根本上突破,户籍、土地、住房、社保、公共服务等一系列制度障碍依旧存在;城乡财政体制和公共财政预算分配还存在严重偏差;中心镇作为农村行政区划和乡镇政府管理体制还有很多传统制约;现有城乡规划建设体制难以适应城市化和中心镇发展的新趋势新要求;城乡居民和各级干部在城乡发展的观念思路和工作方法上还存在严重的路径依赖。这些问题已成为中心镇向小城市蝶变的重要制约因素。要使中心镇快捷地蝶变为现代化田园城市,必须整体做好"变性、换壳、增容、扩域、转制、综改"十二字改革文章。

变性，就是要实现中心镇从大乡镇到小城市的质的转变，实现乡镇功能性质的中心镇向现代化田园城市的华丽蝶变。

换壳，就是要把中心镇作为小而全、小而杂的麻雀窝式的企业集中地转换成梧桐树式的专业化产业集群地，实现产业升级的凤凰涅槃。

增容，就是要坚持以人为本的城镇化，增强中心镇吸纳农民进城的承载能力，把吸引更多农民进城创业就业作为小城市发展的内源动力，让务工经商的农民工、农民企业家及其家庭成员实现向安居乐业新市民的身份转化。

扩域，就是要从增强中心镇小城市对周边农村的辐射力、带动力的目的出发，突破中心镇行政区划的局限性，因地制宜地把周边乡村并入中心镇的版图，增加中心镇发展的腹地，使中心镇实现从乡村地域的行政中心和经济中心向区域性的经济中心、公共服务中心和以城带乡的前沿阵地的完美转身。

转制，就是要把中心镇作为乡村基层政府的职能转变为能有效承担城市管理服务和以城带乡发展功能的公共服务型城市政府，实现从传统型乡镇政府到现代型城市政府的转型升级。

综改，就是要把中心镇作为率先推进城乡综合配套改革的实验区，联动推进土地制度、户籍制度、就业制度、住房制度、社保制度、产权制度等配套改革，突破城乡分割的体制障碍，促进资源要素市场化、进城农民市民化、农地经营规模化、农民居住社区化、村级资产股份化、集体建设用地资本化，努力实现从城乡分割的二元体制向城乡一体化新体制的历史嬗变。

十七、中心镇培育要分类推进

柳博隽

中心镇是介于城市与一般城镇之间，区位条件好、综合实力强、发展潜力大，具有组织本片区生产、流通和生活等综合功能的中心城镇。在行政建制上，中心镇属于"城镇"范畴，处在城镇体系的"末梢"；在地理空间上，中心镇位于一般乡镇和农村的中心，是连接城乡的重要纽带；在功能定位上，中心镇既能有效承接周围大中城市的辐射，又能带动周边乡镇和农村发展。

　　中心镇不论是承担都市圈中的城镇功能,还是承担农村的集聚中心功能,都须具有促进自我持续成长的城镇规模。根据研究,城镇规模在 10 至 20 万人口的小城市最具内生持续增长能力。为此,要通过要素集聚、空间扩容、产业转型等途径,加快培育一批产业特色鲜明、生态环境良好、公共服务齐全的中心镇。

　　《浙江省中心镇发展规划》已列出 200 个镇进行重点培育。目前,镇区总人口超过 5 万的中心镇有 22 个,财政总收入超 5 亿元的中心镇有 32 个,其中超过 10 亿元的有 7 个,非农业从业人员比重达到 77％,培育中心镇的基础条件良好。按照突出重点、梯度发展的原则,对这些中心镇进行分类指导、重点培育,具体可分四类:

　　第一类,在全省范围内,首批选择 20 个左右综合实力强的中心镇,按照现代化小城市的要求,进一步拓展城镇发展空间、增强集聚辐射能力、提升城镇服务功能,培育成为管理水平高、集聚能力强、经济繁荣、环境优美的小城市。

　　第二类,在大城市周边,选择一批发展空间大、非农就业高、基础设施好的中心镇,按照大城市卫星城的要求,以组团式发展的方式,主动承接中心城区人口和产业的疏散,以及城区部分生产、居住、商贸等功能的转移,培育成为大城市功能的组成部分。

　　第三类,在海岛及山区,选择一批区位良好、交通便捷、空间充足的中心镇,按照综合型城镇的要求,突出强调统筹城乡发展的战略节点作用,作为农村人口转移、农村产业集聚、基本公共服务均等化的重要载体,加快人口要素集聚、完善城镇基础设施、增强综合服务功能,培育成为集聚能力强、城乡联系紧、带动效应好的城镇。

　　第四类,在其他地区,选择一批资源优势鲜明、产业特色明显、专业功能突出的中心镇,按照专业镇、特色镇的要求,根据各自的资源禀赋、产业优势,通过主导产业选择、商贸流通激活、农业规模经营等多种途径,培育成为专业突出、特色鲜明的城镇。

　　中心镇培育是一项系统工程,必须有计划、有步骤地推进。

　　加快推进强镇扩权改革。将非行政许可事项由县级有关部门直接交由中心镇行使;行政许可事项由县级有关部门依法委托中心镇直接行使。创新机构编制管理,允许中心镇根据人口规模、经济总量等情况,在额定编制总数内统筹安排机构设置和人员配备,积极探索综合执法和行政审批等服务平台建设。创新垂直部门和派驻机构管理体制,事权接受上级主管部门指导,财政以属地管理为主。

　　加快推进人口要素集聚。进一步做优做特"一镇一业",加快推进统筹城乡综合配套改革,建立城镇"拉动"和农村"推动"的双向联动机制,促进农村劳动力向城镇二、三产业转移。同时,在中心镇范围内,整合农村危旧房改造、土地整理、村庄整治等,推动农村宅基地的异地置换和农民集中居住区建设。

　　加快推进城镇功能提升。把中心镇作为城乡基本公共服务均等化的重要载体,加快基础设施的对接、延伸和覆盖,形成共建共享、城乡一体的设施网络布局。重点是拓宽融资渠道,加强建设资金保障。支持具备条件的中心镇设立村镇银行和小额贷款公司,支持金融机构在中心镇率先开展农村住房产权、土地承包权抵押贷款业务,鼓励社会资本参与中心镇基础设施和社会设施建设。

十八、微博成长与改革决心

社　评

越来越多的政府部门参与微博,这样的信息公开有助于公共生活之理性化,这样的官民互动也可以增强政府的响应性,拉近政府与民众的距离。但在另一方面,人们也要警惕以技术升级替代制度变革的倾向。对政府、对民众来说,都是如此。

过去一年中,微博迅速成长为至关重要的大众媒体。怎么对待微博?国家互联网信息办公室近日召开"积极运用微博客服务社会经验交流会",办公室主任王晨表示,希望党政机关和党政领导干部、特别是与民生密切相关的部门和公职人员,通过微博问政于民、问需于民、问计于民,妥善回应网上热点,努力引导好社会舆论,切实维护人民群众的合法权益。

这也许是技术带动政治变革的一个新例证。

在中国历史上,官僚政治的一个突出特征是关门决策。如今,这个问题依然存在。而政府在几乎所有事务当中都扮演重要角色,因此常常成为新闻主角。一旦发生事故,一些地方政府倾向于封锁信息——不仅对民众封锁,也对上级政府封锁,此即"欺上瞒下"。

不过,网络技术逐渐改变了这一点。从1990年代末开始,网络媒体开始显示出其大大不同于传统媒体的地方,那就是信息源之多中心性,与传播之多通路性。借助这些特征,门户网站在一定程度上突破了地方政府对媒体的严密控制,论坛给一些公民提供发布信息的渠道。

尔后,微博极大地拓宽了这一渠道。随便一个人,只要持有一部手机,就可以成为记者,可以向外界报道他所看到的事情。而只要它确实具有新闻性,很快就会通过指数级别增加的转发,而为整个世界所知。同时,人们就此可以方便地发表简短而有力的评论,这些评论很快就可以汇集成为一股不容忽视的公众舆论。在微博上,一条具有重大新闻价值的信息,只需一两个小时,就可以形成舆论之大潮。

由于这些特征,在微博时代,对待舆论的传统思想面临着两大挑战:第一,政府不可能隐瞒任何公开发生的新闻事件。第二,舆论形成的时间极快,声势也极为浩大。这两点,在温州钱运会事件、在温州动车事故、在上海地铁事故等诸多事件中,已经充分地表现出来。

在这些事件中,人们基本上是通过微博来实时掌握事件最新进展的。据此,网民们也可以做出判断,这些判断迅速传播。由此,对于事件,人们会迅速形成某种见解。这些见解构成了人们接受政府发布之信息的先入之见,人们将据此判断政府是在说真话还是说假话。因此,微博时代,民众与政府对信息之主动权发生了某种程度的颠倒,有些时候,政府获知信息的时间比网民还要晚。

信息权力倒转格局对政府当然构成了巨大压力。对于公众舆论,政府不能不做出反应。否则,政府的消极、隐瞒、不作为本身又会引发新一轮批评性公众舆论。那些较有政治责任心的官员,在意识到这一问题后,也就做出回应,不少地方政府和官员也就开始进入微博世界。

按照官方提供的数据,目前,党政机关及公职人员已开设几万个微博客账户,包括四川成都形成以"成都发布"为中心的政务微博群,江苏省南京市政府新闻办、新疆维吾尔自治区阿克苏市政务微博群、山东省菏泽市牡丹区政务微博群等党政机关官方微博也相当活跃,它们及时发布政务信息,并对民众做出积极回应,与公众互动。上海也在积极构建以"上海发布"为中心的政务微博群。可以推测,各地开设政务微博群,将成为一股潮流。

也就是说,微博带动各级政府开始更为积极地向公众发布政务信息,更为积极地与民众互动。这样的信息公开有助于公共生活之理性化,这样的互动也可以增强政府的响应性,拉近政府与民众的距离。

当然,微博只是一种信息传播、舆论生成的技术手段而已。过去十几年来,技术新手段确实带动政府部分改变了其行为模式,不过,这种改变远没有达到人们、尤其是活跃在网络上的人们满意的程度,这并不奇怪。真正推动一些制度变化的决定性因素不可能是技术,而必须是技术之外的因素。这包括政府对现实的正确判断,以及由此而形成的自主实现变革的良心与决心。

也就是说,对于技术推动治理变革的作用,不宜估计过高。相反,面对微博带来的些许变化,人们也要警惕以技术升级替代制度变革的倾向。对政府、对民众来说,都是如此。

十九、"用工难"倒逼转型升级

郭继强

随着一年一度春节的临近,民工潮水般地返乡过年,给企业留下一个巨大的问号:回家过年的民工兄弟姐妹们,年后是否还会继续回来?

一个严峻的现实是:昔日,民工输出地政府主动与浙江各地政府联系,希望能够多招当地的农民来浙打工。如今,浙江主动去招工却遭对方的谢绝。

事实上,自2004年以来,浙江企业招工难有增无减,企业求人倍率(需求人数/求职人数)从2003年的1.34猛增到2010年的1.95。民工输出地的劳动部门甚至还主动出击,到东部来看望民工,劝说民工回家乡就业和创业。可以说,民工输出地近年的加速发展给浙江劳动力市场乃至浙江经济产生了相当大的影响。

直观上看企业招工难,是工资逐渐缺乏竞争力,但深层原因则在于浙江现行的经济结构。即便劳动者能够按照劳动贡献获得相应的劳动报酬,浙江"低、小、散、弱"的劳动密集型经济结构仍严重制约了劳动收入的提高。而人民币汇率变动和调整更是让出口企业占大半壁江山的浙江雪上加霜。

根据人口普查资料推算,我国的人口红利将在2016年左右结束,届时人口抚养比将掉头向上。按照国家统计局2009年公布的数据估算,外出民工中至少六成以上是新生代民工,他们在外出就业动机、对职业角色的认同、对劳动权益的诉求、对未来生活的物质和精神追求上均不同于传统民工。显然,试图在低劳动力成本、低资源成本(包括土地成本和环境成本)和低产品价格的增长道路上惯性前行,已难以为继。

面对企业招工难,政府部门提供公共就业服务信息、为企业和劳动者搭建就业服务平台、规范企业用工行为、改善用工环境等措施,无疑是有助于缓解企业的招工难。但有迹象表明,这些措施缓解招工难的边际作用在递减。也就是说,这些措施虽有潜力可挖,但边际效果在下降。持续的、严峻的招工难,倒逼着浙江转换劳动用工思路。

浙江企业、政府和社会只有善待民工,才能吸引更多的民工返乡后回归。从国内外经验看,劳动力成本上升是必然趋势。企业与其被逼无奈,不如主动应对。企业如果能把盯在劳动力绝对成本上的目光转向相对成本,通过提高单位人工成本的产出率和经济效益来消化绝对成本的上升,那么,招工难的问题就容易解决得多。

劳动力成本上升会促进企业改变用工方式,譬如取消对性别和年龄歧视性的用工;促进企业用资本和技术对劳动力的替代。长期看,只要应对得当,劳动力成本上升所形成的激励或逼迫,将推动企业从"低成本依赖型"的竞争战略向"创新推动型"转变,推动企业从"低技术、低价格、低收益运营模式"向"高技术、高附加值、高收益发展模式"转变。如此,事业留人、待遇留人、感情留人和文化留人也就有了坚实的基础。

宏观上,浙江经济结构的转型升级可以说是浙江企业用工及其变化的"牛鼻子",因而,浙江的劳动用工应放在加快推进经济结构调整、发展方式转变、人力资源强省和城乡一体化的大背景下统筹思考。做诗的功夫既在诗内,更在诗外。同时,还要注重教育市场、劳动力市场和产品市场之间的互动与匹配。在这些方面,浙江各级政府是大有可为的。

（作者为浙江大学风险管理与社会保障研究所所长）

第五部分

精粹评论选篇

第七章　精粹评论选录

一、面试如何考出真本事

——省竞争性选拔干部面试题目解析

记者：方力　通讯员：闫拥洲

如何测试干部真水平,怎样考出干部真本事？今年,我省竞争性选拔省管领导干部面试中,命题组对试题和形式作出创新和改进。记者采访了有关专家评委和省委组织部有关负责人等,对面试题目进行解析。

"三合一"复合面试

"实地调研＋无领导小组讨论＋结构化面试",今年面试首次推出"三合一"复合式面试方式。无领导小组讨论围绕一个主题,结构化面试回答3个问题,力求更加客观公正地评价应试者的能力素质和岗位匹配性。

与以往不同,无领导小组讨论环节今年首次出现在竞争性选拔干部面试中。

面试前,考生被分成9个调研组进行两小时实地调研。根据调研情况,在不预先指定讨论组长或主持人的情况下,请每位考生就命题组确定的话题,用3分钟时间陈述主要观点,再进行讨论,要求最终达成一个统一的观点。

专家评委之一、省政府研究室副主任盛世豪说："这是对领导干部全方位的测试,在讨论中,大家相互平等,这样就能够清楚地看出每个人分析解决问题能力、人际沟通能力和组织协调能力,有些考生急于表现,不顾周围人,只顾自己滔滔不绝地说话,说明他这些方面的能力还有所欠缺。而有些考生能够主动与其他几位考生协调，尊重他人，并吸收容纳别人的观点，自然就会得到其他人的支持。这考的就不仅仅是组织能力，也是考察领导干部为人处世的态度。"

"量身定制"面试题

省出版集团副总裁职位题目是"电子书畅销对传统出版物的影响及应对措施"，温州大学副校长职位无领导小组讨论的题目为"本科生是否要取消毕业论文"……一道道具有时代性、专业性的面试题，都出现在今年竞争性选拔干部的面试中。

"干什么、考什么"，不同职位有不同题目。为了增强针对性，今年的面试中，命题组共设计60套试题，其中30套无领导小组讨论试题，30套结构化面试试题，均为不同职位"量身定制"。

试题几乎各不相同，突出个性化、弹性化，有效测试应试者的实际能力和领导潜质。试题中还大量引用改革发展和现实生活中的最新素材。

"如何加强与驻沪世界500强、跨国公司的联系，助推浙江转型发展？"这是省政府驻上海办事处副主任职位的面试考题。"刚拿到这道题的时候，心里没底。"考生陈澄坦言，长期从事民政工作的他，虽然平时对经济知识学习研究较多，但是想完全回答好这道题，还是很有难度，"这就是对这个职位具体业务能力的考察，针对性强，岗位切合度很高"。

注重解决实际问题

"面试题很大的一个特点就是紧密围绕工作实际，联系当前我省经济社会发展热点、重点，以解决实际问题为导向，考察考生对中央和省委决策部署精神的理解和把握程度如何。"盛世豪介绍说。试题在针对贯彻落实科学发展观、加快经济发展方式转变、建设生态文明等重大理论和实践问题进行测试的基础上，注重对解决工作重点、热点问题能力的测试。

无论是无领导小组讨论，还是结构化面试，所涉及的题目都与选拔职位息息相关。

省农业厅副厅长职位的无领导小组讨论题是如何提高农民的组织化程度、推进农业产业化；浙江日报副社长职位的结构化面试，其中一题是美国《新闻周刊》以一美元出售的事例，谈谈新闻传媒网络化、数字化趋势，对浙报集团发展战略的启示；省卫生厅副厅长职位无领导小组讨论的题目就是关于基层卫生体系建设问题，紧密围绕中央提出的深化医疗改革的重点……

"考生的表现差异性还是很大。有些考生的回答确实很出彩，不光是对问题简单的理解，还能够把问题放到工作全局中深刻把握，而有的考生只是泛泛了解，谈得比较浅显。"盛世豪说，这是对考生贯彻落实科学发展观、切实履行岗位职责综合素质的检验，很明显，平时善于学习、思考,有实践积累的人,更容易胜出。

"通过参加竞争性选拔,明白了组织上需要什么样的领导人才;借助与其他干部同台竞争的机会,发现了自身存在的差距,这些都给自己今后提升素质、培养能力指明了方向。"陈澄在接受记者采访时深有感触地说。

干得好的选得上

自我认知能力、综合分析能力、组织协调能力、开拓创新能力、语言表达与气质,这些都是面试中评委对考生的测评要素。

"面试主要测试考生在领导能力素质、个性特征等方面对选拔职位的适应程度。这次面试主要突出三个重点:领导能力和素质,包括综合分析、组织协调、决策、创新和应变等能力;个性特征,包括自我认知、气质与仪表等;职位适应程度,包括职位业务能力和职位匹配度等。"省委组织部相关负责人介绍,对不同类别的职位有不同要求,对省级机关事业单位副厅级领导干部、本科高校副校级领导干部,主要测试综合分析、组织协调、决策应变、开拓创新、自我认知等能力;对省属企业领导人员,根据企业特点和任职要求,主要测试战略思维、决策应变、组织实施、管理创新等能力。

在省级机关事业单位副厅级领导干部职位的面试中,有一道应对网络舆情、媒体监督的题目,主要是测试领导干部运用和应对媒体的能力、决策应变能力。"这道题非常考验我们的应急处理能力,平时有实践经验积累的人肯定会回答得更好些。"一位来自舟山的考生说。省农发集团总经理职位的结构化面试,设计了一道关于冷链物流方面的题目,主要测试考生是否能够分析与把握国内农业企业物流业发展趋势,结合岗位特点,提出企业发展策略的战略管理能力。

"只要平时注重学习、善于思考、能写、能说、能干事的,往往都能考出好成绩。"参与全程监督的民革省委会专职副主委计时华认为,考题的设计就是注重能力导向,真正体现能力强的选得上。

二、新闻发言人还在路上

王勇平卸任了,这个当了8年多的铁道部新闻发言人,就此也许逐渐淡出公众视野。尽管相关负责人强调,王勇平卸任"不是免职或被停职",并且还特别表示"王勇平的级别待遇没变",但在这个节骨眼上。王勇平卸任,必然给公众极大的解读空间。在此际,我们不妨跳出这一事件本身,以更为开阔的视野审视王勇平的卸任。

其一,新闻发言人的脑袋并不完全长在自己的肩上。平心而论,许多时候,发言人说什么、怎么说,什么时候出来说、什么时候缄默,出来说要说到什么程度、要有几分火候……确实并不是由发言人自行决定的。

其二,新闻发言人必须做到"不知道的不说,不清楚的慎说,没有把握的不乱说,必须说的好好说"。清华大学新闻与传播学院教授史安斌认为,好的新闻发言人应该始终坚持两个原则:一个是"忠实说,迅速说,首先说";另一个是寻求部门利益和公众利益之间的平衡点,制造社会共识,而不是引发官民对立。

如果说新闻发言人缺乏技巧,倒也不致命,有的发言人不仅未成为信息公开的推动器,反而成了障碍物。日前,央视主持人认为:"本来新闻发言人制度应该是以说实话、好好说话的方式推进信息公开,推进政府和民众沟通理解的渠道,现在却成了对付媒体,掩饰责任的诡术。在各种新闻发言人的培训上,教诡术的还备受欢迎。不要以为有了就是进步,走上岔路离目标更远。你以为臭鸡蛋砸的是发言人吗?砸的是政府公信力!"无论是诡术还是耍小聪明,都背离了新闻发言人制度的应有之义。

新闻发言人,不能让新闻"发炎"。众所周知,我国的新闻发言人制度已走过多年,基本上确立了一个国新办、各部委、地方省市的三级新闻发言人制度。而2008年政府信息公开条例的实施,为发言人制度提供了一定的制度推动力。但是还应该看到,不少新闻发言人尚有改进的巨大空间,国新办副主任王国庆曾指出:"新闻发言人成为一种'形象工程',有的部门和地方的发言人名单一公布,并无后续,发言人不发言;新闻发言人制度的建设成为了某些政府官员拒绝媒体采访的盾牌,而新闻发言人再度垄断信息,躲避记者,或者总是无可奉告,使新闻媒体原本很困难的采访变得更加困难。"这些现象并不少见,确实一针见血地陈列了不少发言人的失当以及新闻发言人制度的缺失。

"传播力决定影响力,话语权决定主导权,时效性决定有效性,透明度决定公信度。"去年,国新办主任王晨在《求是》撰文如此表示。今天,公众的知情欲比以往任何时候都强烈,政府公开信息比以往任何时候都有必要,不断推出称职的发言人,不断健全新闻发言人制度,才会满足公众的知情、参与表达和监督等权利,推动社会进步。

(据《北京青年报》)

三、新兴产业如何兴

访省发改委宏观经济研究所所长朱李鸣

记者:夏芬娟

物联网产业的异军突起,云计算的开始运用,传统企业纷纷转战新能源……浙江已经掀起一轮战略性新兴产业的发展热潮。为更好地引导浙江传统制造业向战略性新兴产业转型升级,加快经济增长方式转变,省委、省政府近日出台了引导发展战略性新兴产业的26条实施意见。

浙江发展战略性新兴产业背后动因是什么?"新政"又将如何引导战略性新兴产业的跨越式发展?为此,记者专访了省发改委宏观经济研究所所长、省规划研究院副总经济师朱李鸣。

记者:对省委、省政府此次出台《实施意见》的背景,该如何理解?

朱李鸣:战略性新兴产业是以重大技术突破和重大发展需求为基础,对经济社会全局和长远发展具有重大引领带动作用的产业。其知识技术密集、物质资源消耗少、成长潜力大、综合效益好等特性,正符合浙江作为资源小省、制造大省亟待转型升级的现实需求,是提升经济可持续发展能力的要求。

国际金融危机也加深了我们认识发展战略性新兴产业的重大意义,同时强化了加快培育发展战略性新兴产业的紧迫性。

自国家2009年9月提出大力发展战略性新兴产业以来,省委、省政府高度重视,先后多次召开会议,审议通过了生物医药、物联网、新能源、新材料、高端装备、节能环保、海洋经济、新能源汽车、核电关联等九大战略性新兴产业发展规划。去年10月,国务院作出《关于加快培育和发展战略性新兴产业的决定》,我省《实施意见》的起草工作也随即开展。

记者:浙江的战略性新兴产业发展特点如何,还有哪些不足之处?

朱李鸣:近年来,我省在战略性新兴产业领域已培育了一批企业,建设了一批技术创新平台,创建了若干个产业基地,在一些重点领域形成了一定的竞争优势,具备了较好的产业基础。如浙江大功率风力发电整机研发已经取得了突破性的进展;纯电动汽车、生物疫苗和检测、有机硅材料等处于国内领先水平。物联网、云计算等产业的发展也均位居全国前列,还涌现出像海康威视这样的细分领域领军企业。此外,以阿里巴巴为代表的浙江电子商务发展也成为该领域全国商业模式的创新楷模。

但从整体来看,我们还面临着企业技术创新能力相对较弱,产业基地建设进展不快,应用市场开发力度不够大,支持创业创新的投融资和财税政策、体制不完善,人才队伍建设保障重点不突出等问题。这些都有待"十二五"期间有所突破。

记者:针对现有产业特点,此次《实施意见》与以往相比最突出的特点是哪些?

朱李鸣:新举措包括科技创新、市场培育、财税政策、金融政策以及土地和环境资源保障、体制机制创新等多个层面。如果从企业当前发展最急需的要素角度去审视,资金和土地政策是最大的亮点所在。

资金支持方面,在整合相关部门用于战略性新兴产业发展资金的基础上,省财政预算安排一部分资金,设立 5 亿元的战略性新兴产业发展专项资金。希望这部分资金能够有效激发企业技术创新的积极性。

从前期调研摸底的情况来看,相比资金需求,土地要素的需求更加迫切。因此,意见特别规定了各地应优先保障战略性新兴产业用地。并提出,在产业集聚区开发建设中,确保新增战略性新兴产业发展用地占全部新增产业用地的 50% 以上。

另一个举措亮点是各市根据自身的特点和优势,分别确定了重点发展领域。如杭州市重点培育和发展生物、物联网、节能环保、高端装备制造等产业;宁波市重点培育和发展新能源、新材料、物联网、海洋经济等产业;温州市重点培育和发展新能源、新材料、高端装备制造等产业,这样既重点突出,又避免了相互间的过度竞争。

同时,意见中明确提及的政府加强培育市场也是以往不曾有过的新举措。

记者:目前国内战略性新兴产业普遍存在高端产业"低端化"的现象,浙江如何避免?

朱李鸣:我省民营经济发达、浙商嗅觉敏锐。但也存在着急功近利、注重短期效应的缺点。多数企业没有耐心去技术研发,导致研发投入普遍偏低。我们调研发现,有些企业的研发投入与销售收入的比值远低于国内平均水平,这样的氛围不利于战略性产业的长效发展。

"十二五"期间,激励战略性新兴企业增强自主研发能力和增加投入比重,建立一套战略性新兴产业长效发展机制,需要政府部门与产学研各界共同努力,持之以恒。

四、以德考官，借百姓慧眼

本报评论员　薛建国

　　只因在公共场合与别人吵架，在工作之余"小赌怡情"，仙居县一连有8名进入考察程序的干部被暂缓提拔。

　　这些事儿听起来就是"一地鸡毛"，8名干部为此前途受阻是不是有点"冤"？若你也是这么认为的，不客气说，你的认识有待提高。在组织部门眼里，小事不小，这是"失德"。以德考官，浙江在全国率先而行。8名干部暂缓提拔，且见实效。

　　"有德有才是正品，有德无才是次品，无才无德是废品，有才无德是危险品"，有了这几句话，可以更好地帮助我们理解"德才兼备，以德为先"这一提拔干部的重要准则。加强官员德行考核，实际上是借百姓慧眼为干部选拔把关。8名干部的"失德"行为就是在德行考察中，被群众打钩打出来的，"群众的眼睛是雪亮的"不是说说的。比如小区乱停车，违章搞搭建，这些事儿也许能逃过组织，但能逃过百姓的眼睛吗？

　　有很多时候，德就体现在某桩小事上，比如"小赌赌"。若要从严治官，这不可轻视。用千万元公款去澳门豪赌的贪官，起步也是从"小赌赌"开始的。以德考官，就是要"较真"。一个厚德之人，才会有爱民情怀，才能走到百姓中间。

　　浙江以德考官，是加大选拔任用中的民意权重，以改变"画画圈、勾勾票，谁优谁劣领导定调"等弊端。民众少有话语权，就使得我们有不少官员不把百姓当回事了。百姓对自己工作的批评、建议根本不放在心里，而自己所要求的是上级官员的一个"好"字。长此以往，一些官员就养成了两眼只往"上"看的习惯，而"对上负责，对下失责"则成为他们的官场游戏规则。把民意纳入干部的考核体系，百姓有了话语权、评判权，不少官员可能就会改改"居高临下"的作风了。

　　以德考官，让百姓对干部多了一种有效的监督权。它促使每位干部都要在群众中找准位置，把精力和智慧用在为人民谋利益上。但愿此种模式能成为我们政治生活的常态。

五、"五步流程法"主动引导网上舆情

本文作者：中共台州市委常委、宣传部长

正确认识和应对网络舆情，理解把握网络传播规律，发展运用好网络新媒体，是当前信息化时代背景下摆在各级党委、政府面前的重要课题和必须面对的重要挑战。我市从现实问题入手，积极探索，在实践中建立了突发性公共事件网上应对"五步流程法"，改变突发网络舆情应对无章法可循现象。

突发性公共事件网上应对"五步流程法"

第一步：网上快报。规定在事发 3 小时黄金时间内必须快报事实，先入为主，实现"网络首发"。如 2009 年 9 月 9 日路桥区"幸福人家"工地发生泥浆池坍塌死亡 7 人的重大事故，在事发 2 小时内就在主流网络媒体主动发出简讯，第一时间抢占了网上话语权。

第二步：网上通报。迅速召集网上新闻发布会，通报事情相关情况。时间须在 12 小时内，快则几小时。相对完整报道突发事件相关情况，但要留有余地，特别是慎报原因，基本原则是"快报事实，慎报原因，多报态度"。如天台"2·18"事件连续举行 6 次新闻发布会，让广大网民拥有充分的知情权，赢得了事件的成功处置。

第三步：话题引报。在网上新闻发布会或新闻通告发布一结束，立即发动网络评论员主动研判和设置话题，分核心话题、次生话题、衍生话题三类，超前发布，跟帖引导，如三门"4·5"交通肇事案发生后，三门县及时展开正面引导，发动网络评论员设置话题，正面回应。

第四步：后续跟报。对突发事件中的新进展，立即采取网上新闻发布跟进，让网民有更充分的知情权。如温岭"6·6"看守所在押犯罪嫌疑人死亡案，我们及时做好后续跟报工作，将舆论热点转移到死因报告上，让公众明白真相。

第五步：尾声少报。当整个事件处置接近尾声且网上舆论相对缓退平息时，原则上以少报为妙。无需在网上总结，无需续报经验做法，以免再起网络风波。若该事件无新进展或无传统媒体跟进报道，一般在网上延续时间不会太长，短则 3 天，长则 7 天。

实施"五步流程法"的基本成效和体会

"五步流程法"的实施,使我市网络管理工作有章可循,初步步入常规化、程式化的管理轨道,在实践中我们认识到要做到"三个转变":

从以堵为主向以导为主转变,提高网络舆论引导开明度。以前一发生突发网上负面舆情,第一反应是封、堵、删,现在的做法是如何开流、疏导,重在用主流、权威及真实可信的声音占领网上舆论主阵地。去年5月,"全国道德模范郭文标被打"事件在网上出现时,我们没有简单删帖,而是主动设置话题导报,开展网络大讨论,发动网站论坛设置主题帖,及时引导,网友纷纷跟帖谴责肇事者,形成了对郭文标一边倒的支持。后来,肇事者主动上门道歉。此事件既教育了肇事者,也教育了广大网民,成了一堂生动的精神文明教育课。

从被动应付向主动应对转变,增强网络舆情预警能力。以前大多是网上出了事才发现,跟在后面监管,被动应对。实施"五步流程法"后,特别是坚持了网上快报,使网上舆情早知道、早发现、早处理,第一时间了解、掌握、研判、应对,从而变"被动"为"主动"。如2009年因杭州银泰进驻椒江新时代购物中心,商场重新装修,有些摊位撤柜,网上出现"新时代倒闭了"的声音,严重影响了商场的经营与声誉,椒江区网宣办发现后及时在网上通报相关情况,迅速平息了"新时代倒闭门"。他们还与信访局、区政府热线、重点工程指挥部等建立点对点联系人制度,保持信息互通,有效实现网络舆情预警、引导。

从突发救急向常规常态转变,形成流程式操作模式。以前突发网络事件一发生,如同"救火"一般慌里慌张、忙前忙后,无章可循;现在有了"五步流程法"后,按照流程步骤操作,使应对处置有流程、有步骤、有秩序,趋于常态化。路桥"9·9"重大事故和天台"2·18"事件的成功处置,得益于我们启动了网上舆情"三个时节点"监管机制和"五步流程法",依照有条不紊的流程操作和及时连续的新闻发布会,主动发出强大的网上主流声音,抢占了网上话语权。

六、做食品的就是做良心

相信关于醋的科学讨论,大多数人并不能真正弄明白。事实上,这也不是一个普通人需要去明白的。在吃饭这件事上,科技与反科技、发明与反文明的博弈从未停止。重要的是,人类究竟该怎样与科技共处?

2011年无疑是现代食品行业的多事之秋。台湾塑毒风波,欧洲毒黄瓜事件,人们心目中的安全"高地"相继失守,进一步恶化着食物与人类的关系。

国内知名的电视评论人曹景行评论说:"今天我们还有什么可以吃,什么可以喝。应该好好去思考一下,现代食品到底给我们带来了什么,我们整个现代食品工业走到了这一步,是不是已经走歪掉了?"

今天,几乎没有一种流水线上出来的食品是不含添加剂的。事实上,这条路已经走了几千年。公元前1500年,埃及用食用色素为糖着色;公元前4世纪,人们开始为葡萄酒人工着色。最早使用的化学合成食品添加剂是1856年英国人从煤焦油中制取的色素苯胺紫。不过,直到20世纪初,食品添加剂才真正让"化学改善生活"成为事实。而"化学化食品"的灾难也紧随而至。

现代食品工业中本应值得称道的科技发明,如今却屡屡闯祸,甚至"消耗"人类的健康?尽管多数专家认为,食品科技本身无害,食品安全灾难频发的源头是食品生产者对科技产品的滥用和恶意使用所导致的;是人类在利益驱动下,打开了潘多拉魔盒的后果。

眼下,在德国,很多人开始主张吃没有化学添加剂的"祖母的面包"。这也许只是一种美好的幻想。事实是,我们既无法再回到自给自足的年代,也不可能让现代食品工业就此停住脚步。

"消费者至少应该有渠道了解食品危机的幕后真相,从而做出自身的判断。"日本国立筑波大学学术博士、浙江大学农业与农村发展研究中心的金少胜说,"而非一味地视食品工业流水线上的产品为洪水猛兽"。

"消费者并不具各专业知识,他们也没有这个精力来判断什么可以吃什么不能吃,这就需要我们的政府做好监管工作,让消费者在吃的方面,没有后顾之忧。"浙江著名的"三农"问题专家顾益康认为,眼下的食品生产急需一场政府主导的安全运动。

为何问题食品屡屡现身?很多学者将矛头直指社会道德文化的缺失。

在塑化剂风波中,当那名台湾普通母亲意外地检出这个潜伏三十年的隐身杀手时,一些食品行业的人居然说,她只是说了一个"人人都知道的秘密"。

温家宝总理在谈及近年来相继发生"毒奶粉"、"瘦肉精"、"地沟油"、"染色馒头"等事件的时候,也发出沉痛感慨:这些恶性的食品安全事件足以表明,诚信的缺失、道德的滑坡已经到了何等严重的地步。

但是,"人人都知道的秘密"所包含的真相,"为什么可以被一个行业隐藏如此之久? 他们中的任何一个,不会在某个深夜的自省中忽然痛哭流涕? 为何人性基于真善美的自律会失灵?为何我们的社会对这种集体性的道德失检,居然无从约束?"南京大学一位从事美学研究的学者对记者说,温总理的话击中了这个社会的痛处,"我们也努力想从社会文化的角度去审视餐桌丑闻背后的深刻原因"。

"中国自古就强调道德的重要性。"知名的人文学者、浙江大学人文学部主任徐岱对本报记者说:"商业人同时又是道德人,这一点在中国古时文化中非常突出。"

明清时期著名的商帮晋商,为时刻提醒商人诚信公平,防止失信现象出现,赋予量具秤以道德色彩:秤的准星不用黑色而用金色或白色,代表不赚黑心之钱,光明磊落;十六个准星中一两的位置代表福星,二两的位置代表禄星,三两的位置代表寿星,警示商人买卖要公平,如短一两则损福,短二两则伤禄,短三两则折寿。

在这种传统的商业文化之下,缺斤少两已经是很严重的诚信缺失。与之相比,如今的食品生产中频频出现的制假售假,甚至投入毒物、异物,直接伤害消费者的行为,已经大大地背离了中国人传统的商业伦理、道德准则。而在"赚钱就是成功"的价值观影响下,社会文化中,对"诚信经商"、"童叟无欺"这些戒律的呼声反倒弱了。

一个社会如果道德滑坡,食品安全往往是重灾区;反过来讲,提升食品安全指数,道德重建是重要一步。

"做食品就是做良心。"在全国食品安全宣传周启动仪式暨第三届中国食品安全论坛上致辞时,中粮集团董事长宁高宁说,"食品企业应该把食品安全作为道德底线,只有诚实的生产、诚信的经营才能够确保食品的安全"。

但道德的重新捡拾,社会文化的匡正并非一朝一夕。短时间里,"勾兑门"不会是最后一只恐龙。

七、以勤为先

俗话说:"为官勤为先"、"官勤民少忧"。所谓"勤"就是做事尽力,不偷懒,勤快,勤劳,勤学苦练。一个"勤"的民族,是一个兴旺强盛的民族;一个"勤"的政党,是一个蓬勃向上的政党;一个"勤"的人,是一个胸怀大志的人。

从古到今,大凡有作为的官员无不"勤"字当头。从人民的好总理周恩来,到县委书记的好榜样焦裕禄,从新时期的好干部孔繁森,到为民书记郑培民、党的好干部牛玉儒、人民的好村官沈浩,他们都有一个共同的美德——勤奋,就是勤勤恳恳,任劳任怨,常怀忧民之心,常解民忧之困,一心一意干工作,全心全意为人民。

勤学勤干才会不懈怠,勤思勤为才会提能力,勤政为民才能赢民心,勤政廉洁才能防腐败。

勤是一种务实作风的体现,勤了作风就会深入、就会扎实,要以勤求实。勤是干好工作的前提,"业精于勤荒于嬉",一分耕耘一分收获,要以勤为先。勤也是事业心、责任心强的表现,勤政爱民、勤政廉洁是基本要求,要以勤为本。勤还是一种美德,中华民族就是一个勤劳的民族,勤还是一种高尚的精神追求,一种境界,要以勤为荣。

共产党人所倡导的"勤",就是要尽心尽力、勤勤恳恳、任劳任怨、全心全意为人民。

八、监管失职,问责需到位

先后三次检查非法屠宰场,竟都不依法处罚、取缔,结果病死猪肉不断流入市场……

王宏光,这个温州市瓯海区经济贸易局生猪屠宰和肉食市场管理领导小组办公室市场检查分队原队长,继12名贩卖病死猪肉当事人因生产销售伪劣产品罪被判刑之后,日前也因涉嫌玩忽职守罪被押上被告席。

回顾近年来各地发生的食品安全事件,对当事企业、商家的司法追究,可以说越来越到位,但很少听到有失职、渎职的监管者被司法问责。

这些监管不力的官员,一般只是道歉了事,严重的也不过是行政处罚,或内部纪律处分,更荒唐的是,少数监管不力的官员还进入调查组去查处别人。

事实早已证明,食品安全事件频发,那些无良的当事企业、商家罪不可恕,混乱缺失的行政监管也难辞其咎。

但现实中,监管失职的成本如此之低,就难怪少数食品安全监管人员对眼皮底下的违法犯罪行为也是睁一只眼闭一只眼,盖盖章、签签字,得过且过。在瘦肉精等食品安全事件中,甚至还出现监管人员与不法企业、商家结成利益同盟,监守自盗的现象。

这样的食品安全防线,怎么可能不频频沦陷?

食品安全的监管积弊不除,食品安全的承诺必成空话。而体制内的积弊,光靠自检、自查不可能破解,需要强有力的问责与外界监督。

因此,要根治当前的食品安全乱象,就必须加强对监管失职的司法问责,实现对违法犯罪行为的严厉打击和对监管人员的失职问责双管齐下。

只有这样,才能有效督促食品安全监管人员提高履职责任心,强化监管力度,使那些无良企业、商家不敢乱来,从而重唤公众对食品安全的信心。

九、减轻税负,让中小企业"轻装快跑"

"做梦都盼着减税!"眼下,国内中小企业普遍反映税费负担仍然偏重,一些老板感叹有相当于近半利润的钱都上缴了。记者调查的几家中小企业反映,利润微薄,税制结构不合理,征收方式难以灵活调整,生产成本高,经营环境恶劣,导致中小企业生存及发展困难。

中国社科院财贸所税收研究室主任张斌坦言,目前我国中小企业要缴纳、承受六种税费或"隐性"负担:税,包括增值税、营业税、所得税等;费,包括教育附加费、水资源费、社会保险费等。据估算,通常交1元税,就要交0.5～0.7元的费。向企业征收税费多寡是决定中小企业的发展空间、生命周期乃至生存数量的关键因素。税费过高必然压缩企业的利润空间,不利于中小企业扩大生产和经营规模,甚至会因税费过高而亏损或倒闭,致使准备创业的人望而却步,最终导致企业数量增长缓慢。

中小企业是产业发展的基石,是国民经济持续发展的重要力量。经济发展形成的是一种"金字塔"结构,塔尖是少数大企业,塔底则是众多小企业。一个国家的经济是否有活力,与中小企业是否活跃健康关系密切。

许多发达国家政府通过采取各种政策和措施,积极扶持和保护、促进中小企业的发展。德国中小企业的"集体成功",得益于德国一系列扶持中小企业的政策。德国把促进中小企业的发展提升为国家战略的一部分,上至国家立法、战略规划、机构设置,下至税收、信贷、培训、信息等各个方面,对中小企业给予全方位的支持。在发挥财政金融支持作用上,日本专门设立了中小企业金融公库、国民金融公库、商工组合中央公库、中小企业信用保险公库和中小企业投资扶植株式会社等五家面向中小企业的金融机构;德国有以中小企业为主要对象的合作银行、大众银行和储备银行,专门为中小企业融资服务,为中小企业提供全方位的财政金融扶持。我们应借鉴发达国家的经验,加大对中小企业的扶持力度,为中小企业的生存发展创造更加良好的环境。

与大企业相比,中小企业有自身天然的弱势,因此,相关政策应更多向中小企业倾斜,应尽快完善促进中小企业发展的法律法规,使符合国家法律法规的中小企业获得国家各方面的支持。从国家层面来看,需要为企业发展提供政策支持,对中小企业实行普惠制,适当减税减费,消除一切阻碍企业提升竞争力的因素。从区域层面来看,地方政府需要为企业发展提供基础服务支持,鼓励和促进中小企业发展。对不按政策规定办事,以检查名义向中小企业吃、拿、卡、要的违法违规行为,必须严厉打击和制止,对有些只收费不管理的部门也应追究主管领导的责任,切实营造有利于中小企业发展的经营环境。

（据《新华每日电讯》）

十、"干什么、考什么"视阈下,领导考评路径及制度设计

姚 成

党的十七届四中全会强调:"完善公开选拔、竞争上岗等竞争性选拔干部方式,突出岗位特点,注重能力实绩。"落实这一要求,关键是解决好"干什么、考什么"的问题。虽然竞争性选拔干部成效明显,但"会考不会干"、"会干不会考"、"选得上用不好",干与考相分离,德和能不相符,依然是影响和制约干部考试与测评效度和选人用人公信度的痼疾。因此,必须有针对性地从深层次上破解这个难题。

一、路径分析

坚持"干什么、考什么",提高领导干部考试与测评方式的科学化水平,要求围绕选拔职位工作职责和工作实际,突出考试测评的针对性和有效性,形成干得好、考得好、用得好的辩证统一。

1.引入职位分析,弄清"干什么"。加强选拔岗位的职位分析,摸清职位所要求的核心能力

素质,制定职位说明书,包括选拔职位的职位概述、职位职责、职位权限、任职条件和资格等内容,明确选拔标准,合理设置选拔条件,为开展考试测评提供可靠依据。同时结合干部履历进行分析,重点看"学过什么、干过什么、干成了什么",合理确定考试评价依据,把考理论与考实践、考知识与考能力、考一时与考平时结合起来,提前预判,将"高分低能者"和"考试专业户"筛选出局。

2.针对岗位特点,突出"考什么"。根据岗位特点和履职要求,科学设置考试内容,充分体现履行岗位职责所需要的理论素养、知识水平、专业技能,重点检验干部的基本素质和分析解决实际问题的能力,努力做到命题方式"三贴近":贴近所任领导职位的素质要求,贴近参选人员的知识能力水平,贴近行业特点。着力解决公选考试中存在的理论知识与实际能力脱节的倾向,实现考试从知识向能力、从理论向理论与实践结合、从复习应试向现场实际能力展示转变。

3.运用多种方式,抓好"怎么考"。充分运用现代信息技术手段和人才测评工具,以测评手段多样化适应人才的多样性。根据实际需要,优选无领导小组讨论、履历评价、驻点调研、情景模拟、文件筐测试、心理测试等测评技术,充分发挥多种测试模式的功能作用,突出考试测评的实践性、开放性和灵活性,增强考试测评的科学性和准确性,实现"高分高能"、"高能高分",最大限度地考评出干部的德才表现和事业潜力。

二、制度设计

在竞争性选拔干部中实现"干什么、考什么",需要进行科学合理、周密细致的设计与操作,实现考试测评工作的制度化和规范化,体现竞争性选拔制度的公信度和生命力。

(一)建立健全考评标准,提高"干什么、考什么"的针对性

1.实行岗位分类管理。进行明晰的干部岗位分类,使不同干部岗位有不同的测试要求,通过差异化考评选拔出最适合的人选。如教育、卫生系统,与专业联系紧密,需要单独命题。如纪检监察、组织人事系统,尽管部门不同、岗位不同,但工作职责理论相同、实践相似,这样的岗位可以划分为同一类,用同一套试题进行测试。

2.建立职位分析制度。根据干部岗位分类,对每一个具体领导职位进行科学分析,制定以职位描述和职位任职资格要求为主要内容的职位说明书,做到"一职位一分析"、"一职位一说明"。在进行公开选拔考评工作中,以职位分析说明书为依据,形成选拔职位能力素质说明书,促进选拔考评工作人岗相适。

3.构建岗位胜任力模型。参照选拔岗位职位说明书和能力素质说明书,采取访谈分析、问卷调查、专家研讨等方法,进一步明确选拔岗位的职位责任、履职能力和素质要求,构建领导岗

位胜任力模型,包括政治素养、为人处世、工作能力等,为确定考试与测评标准体系以及采取何种考试测评方法奠定基础。

(二)科学设置考评内容,突出"干什么、考什么"的实践性

1.坚持按岗命题。围绕"干什么、考什么",采取分职分类方式,坚持按岗位命题,实现"一职一卷"。具体内容既要体现对选拔职位所需的必备知识的测试,又要体现对选拔职位所需的特殊能力测试;既要有针对领导能力素质普遍性要求的测试,又要有针对解决不同岗位具体问题的个性化测试,使应试者的素质、能力和职位需求相匹配。

2.突出能力导向。围绕选拔职位的工作职责和要求,体现对岗位实际的测试,突出检测应试者解决实际问题的能力。题目应尽可能与工作实践挂钩,增加主观题型,减少客观题型,强化实践类题目,弱化纯理论类题目,重点解决岗位工作实际与经济社会发展中的重点、热点、难点问题,重点考察应试者的理论水平、分析能力和思维深度,检测应试者的政策水平、工作水平和领导水平。

3.加大区分度。根据选拔职位的岗位需求、职级层次,注重开放性和灵活性,体现试题的广度和深度,科学设置试卷难易程度,较好地反映不同岗位对领导干部能力素质要求的差异,实现从考知识向考能力、考素质转变,从而把众多的应试者区别开来,选拔出最符合职位需要的优秀人才,保证有真才者胜出。

(三)切实改进考评方式,增强"干什么、考什么"的科学性

1.采用多元测评技术。加强对评价中心技术的开发与研究,打破单一结构化面试的传统模式,尝试采用半结构化面试,无领导小组讨论、领导实践模拟等新方式,从多角度、多层面测试应试者组织领导、宏观决策、综合分析、专业管理、沟通协调以及应对复杂局面的能力。

2.实行大评委制评价。探索实行专业评委和群众评委相结合的大评委制模式,专业评委可以由组织人事干部、专家教授、实践经验丰富的相关领导等组成;群众评委可以由"两代表一委员"、公选单位干部群众代表、服务对象代表等组成。专业评委、群众评委按不同权重计分,尽可能全面客观地衡量应试者的德才素质。

3.开展心理素质测评。深入了解应试者的个性特征,适当增加心理素质测试环节。依托有关高校的组织心理学和行为学专家教授,制定符合领导干部心理特征的测评量表,采取纸笔或"人机对话"方式,对应试者进行心理素质测试,重点考察其管理能力倾向、管理人格倾向和心理健康三方面的素质。

(四)着力加强考评监督,体现"干什么、考什么"的公正性

1.进行群众公认度测评。制定群众公认度测评表,在应试者报名后、考评前,由各单位召开公认度测评会对本单位符合报考条件的人员采取无记名投票方式,进行群众公认度测评,群众公认度偏低的不准报名。切实将那些平时热衷于公选考试,不安心本职工作,工作实绩差、群众基础差的"考试专业户"挡在考选门外。

2.引导群众参与监督。积极引导群众有序参与考试测评工作,增强考试测评工作的开放度,广泛接受群众和社会的监督、评判和检验。在适当条件下,可以通过电视、网络直播和市民旁听等形式,将考评全过程向社会各界公开,扩大公众参与度,使考试测评工作更加公开透明。

3.完善干部任后考核。将民意调查、民主测评等方式引入干部考评工作,加强对公选干部的考核,使考评工作与后续管理工作同步配套,相互衔接,在制度层面避免公选重选拔、轻管理,重使用、轻培养,重结果、轻过程,重进入、轻退出情况的发生。组织部门要及时追踪公选干部的能力变化,多角度、多侧面考察和检验公选干部的实际能力和胜任程度,合理使用考核结果,形成人员能进能出、职务能上能下、待遇能升能降的用人机制。

总之,坚持"干什么、考什么",是公开选拔、竞争上岗的重大原则,同时也是提高干部考试测评方式科学化水平的内在要求,对提升干部队伍专业素质、为民情怀,引导和促进广大干部把心思和精力用到务实为民、干事创业上来,用到不断提高实际工作能力和素质上来有着重要意义。

(作者系安徽省马鞍山市领导干部考试与测评中心副主任)

第六部分
面试历年真题篇

第八章　面试真题选录

一、2012年浙江省公务员面试真题

4 月 21 日(上午)

1. 谈谈你对新生代农民工的看法。

2. 去企业调研农民工的就业现状,调研重点是什么?

3. 假如你是社区工作人员,你对如何丰富新生代农民工的业余生活,有什么建议?

4 月 21 日(下午)

1. 谈谈你对道德档案的看法。

2. 组织主题活动"诚信从我做起"。

3. 结合材料谈谈对道德体系建设的看法。

4 月 22 日(上午)

1. 谈谈社会组织的积极作用。

2. 结合实际,假如你是一名民政局基层工作人员,要对本地社会组织进行调研,谈一下调研对象和调研方法。

3. 如何保障社会组织健康发展?

4 月 22 日(下午)

1.谈谈对城市执法管理工作的看法。

2.假如你是城管,怎么改变乱占道现象?

3.硕士生当城管,你同意还是不同意,选个观点演讲。

二、2012 年浙江省公务员监狱系统面试真题

4 月 21 日(上午)

1.对警力有限人民群众的力量无限的看法。

2.组织一次监狱警察文化活动。

3.漫画题(漫画是食品安全问题)。

4 月 21 日(下午)

1.请你谈谈怎样树立人民警察形象。

2.请你负责策划一次暑期"关爱服刑人员未成年子女"的活动。

3.作为学校环保社团的负责人,你发现学校教工食堂和学生食堂都存在浪费粮食的现象,你应该怎么处理?

4 月 22 日(上午)

1.是盾,就矗立在危险前沿,寸步不退;是剑,就向邪恶扬眉出鞘,绝不姑息。谈谈你对这句话的理解。

2.在你执法过程中,有人对你的执法过程并不满意,并且对你扬言:我记住你的工号了,我要去告你。你如何应对?

3.很多机关单位都建立了网络工作日志,要求单位每一位员工都记录日常工作内容。请你谈谈看法。

三、2010年浙江省公务员考试面试真题

2010年3月20日　浙江宁波

小李是新进的公务员,以"谦虚低调"为处事原则,只埋头苦干自己的事,不管别人,平时开会也不发表意见,只知道附和别人,久而久之,同事们都认为他没有进取精神,缺乏主见,你怎么看待他的处事原则,小李应该怎样改进?

2010年3月26日上午　浙江(招警)

1.奉献是社会主义核心价值体系的重要组成部分,作为一名人民警察,请你谈谈对奉献的理解。

2.作为一名人民警察,你所在的小区经常发生抢劫案件,影响了居民的日常生活,领导要你调查此事,你怎么展开调查?

3.春秋时代中国就开始了户籍制度,但是现在有人说"户籍制度是经济发展的绊脚石",你怎么看?

2010年3月27日上午　浙江

1.谈谈你对方言类节目兴起的看法。

2.假如你是政协委员,要在政协委员会上提交一份关于方言类节目的提案,首先要做一个调查,请问在调查过程中注意哪些问题?

3.作为广电局总管,你要组织一个关于省各级电视台方言类节目的一次会议,你如何准备?

2010年3月27日下午　浙江宁波

1.幸福的定义,给出快乐、健康等,再说出你认为幸福的一个定义,并阐述你的观点。

2.一个单位新到的三个大学生,一位不做事,大家不愿让他做事;一位任劳任怨,老好

人,什么活大家都愿意让他干;一位能力很强,既能发挥自己优势,又能提出自己独到见解。谈谈你对这种现象的看法。

3.网络的好处和坏处。

2010 年 3 月 27 日下午　浙江

一段材料讲中国大学生自主创业的比例低以及一些数据。

1.请你讲一下自主创业比例低的原因。

2.假如你是学校的一个主管,怎样促进学校学生自主创业?

3.请你谈谈自己的一个创业项目。

2010 年 3 月 27 日上午　浙江(招警)

温家宝总理说,让人民生活得更幸福,更有尊严。

1.对总理提出的"让人民生活得更有尊严"这句话,谈谈你的理解。

2.某政府在管辖区内要开辟"残疾人就业一条街",领导把此项工作交给你去负责,请问你怎么处理?

3.某医院开展"微笑服务百日活动",医护人员在平时工作微笑不微笑,都将与奖金挂钩,如果微笑不够,会通报批评,其所在科室也会受到相应的处罚,请你谈谈看法。

2010 年 3 月 27 日上午　浙江(招警)

1.请以"忠诚"为题做一个 3 分钟的演讲。

2.一个人来你科室办事,因为不符合政策规定,来了很多次没办成,而且你科室的工作人员态度不是很好,后来这个人在本地一个著名的论坛上添油加醋地发表了一个帖子攻击你科室,你该怎么办?

3.上海熊猫乳品厂等厂商生产的糕点三聚氰胺超标,请问你对此怎么看?

2010 年 6 月 1 日　浙江(中层轮岗)

1.西南干旱非常严重,针对这种情况,县领导非常重视,决定组织兴修水利项目,由你来组织这个项目,但群众积极性不高,你怎么办?

2.村里来了笔新农村建设补助资金,大学生村官主张用于信息化建设,村长主张用于修村里的自来水工程,村支书主张修路,他们发生了争执,你怎么来协调?

3.想让农村致富,有人说政策很重要,有人说人才很重要,有人说技术很重要,请你结合自己的工作,谈一下什么最重要。

四、2009年浙江省公务员考试面试真题

2009 年 4 月 11 日　浙江宁波

1.关于"如何提高自身修养",有人给出下面一些方法:勤学、反思、明辨,请你自己再补充一个,谈谈你的理由。

2.两个大学生刚到单位一个月,以下是两人之间的一次谈话:

大学生甲说,我现在不知道要怎么办,以前都是老师教的,现在什么都要自己做,就不知道该怎么做了。

大学生乙说,我现在很怕做错,常常担心自己会出错,而且越担心越出错。

请你就两个人的谈话,说说你的想法。

3.某官员提出,新世纪人才培养中的有关标准,首先要有一颗爱国心,然后要有很好的奉献精神,最后要有专业能力和过硬的知识水平,才能更好地为国家作贡献。请你谈谈你的看法。

2009 年 6 月 20 日　温州龙湾区(事业单位)

1.单位中有一位大你二十岁的领导,非常器重你,与你无话不谈,但与其他同事之间的关系却非常差,他要求你事事要与他一致,你怎么办?

2.某媒体报道了一次关于你所在单位服务质量的新闻,对你单位造成了严重的负面影响,领导要你出面解决,你该怎么处理?

3.四川省纪委发布了关于公务员八小时以外严禁沉溺于夜生活的通告,纪委领导解释说,一些公务员晚上消遣到十二点多,严重影响了次日的工作,纪委将对此进行监督调查,对于此事,请谈一谈你是怎样看待的。

2009 年 8 月 2 日　温州永嘉(事业单位)

1.你新到一个单位,A 对你热情,B 对你冷淡,听 C 说 A 和 B 之间有矛盾,你怎样处理?

2.领导叫你带队到外单位考察,但是到达后发现外单位已有其他考察团在考察,你怎么处理。

3.漫画(民警宣誓:我保证今天中午未饮酒)。

济宁市要求民警每日上班必须签订"今日中午我未饮酒"的监督表单,以表示工作期间未违反纪律,谈谈你的看法。

2009 年 8 月 16 日　浙江

1.假如你刚到新岗位,领导就委以重任,但因此同事开始远离你,你怎么处理?

2.单位 5 名骨干分子要去温州、台州等地考察民营经济情况,领导要你做好准备工作,你怎么安排?

2009 年 8 月 22 日　杭州市拱墅区(村官)

1."成功是给那些正确选择的人准备的",结合你的情况,谈谈对这句话的理解。

2.社区里张某养鸽子影响了陈某的生活,陈某向社区反映后,领导让你处理这件事,你打算如何处理?

3.有人说,现在很多农村都是村支书一个人说了算,你如何看待?当前农村党内民主还有没有必要搞下去?

2009 年 9 月 26 日上午　浙江(政法干警)

1.警服象征着什么?

2.如果你被录用了,今后两年你打算怎么学习?

3.作为一名警察,你怎样与服务对象搞好关系?

2009 年 9 月 26 日下午　浙江(政法干警)

1.基层岗位工作那么艰苦,你为什么要报考这个岗位?

2.作为一名警察,如何做好基层的协调工作?

3.在基层工作中,怎样才能取得群众的信任和支持?

五、2008年浙江省公务员考试面试真题

2008年3月15日上午　浙江省宁波市面试真题

1. 对零距离的看法。

2. "手表定律"的启示。一个手表能准确掌握时间,两个就不能掌握。

3. 政府自主创业的措施(5选2),并谈谈看法。

   A. 税收/人事等优惠政策

   B. 放宽市场准入

   C. 拓宽融资渠道

   D. 加强教育培训

   E. 中介服务

2008年3月16日上午　浙江省宁波市面试真题

1. 谈谈对孝的理解。

2. 分配给一个人任务时能积极完成,分给很多人时就相互推诿,谈谈看法。

3. 关于物价上涨,选出你最关心的两个问题,并谈谈看法。

   A. 国家调控物价

   B. 穷人的生活保障

   C. 打击哄抬物价

   D. 发展生产增加供给

2008年3月16日下午　浙江省宁波市面试真题

1. 谈谈对"80后"的看法。

2. 谈谈对"从众效应"的看法。

3. 感动中国人物评选的价值标准(5选2),并谈谈看法。

A. 推动历史进

B. 平凡岗位平凡事

C. 改善社会风气

D. 推进精神文明建设

E. 增进社会诚信

2008 年 3 月 22 日上午　浙江省公务员面试真题：温州、台州、舟山、监狱系统

1. 一位警察自掏腰包在办公室安装摄像头，问：你的看法。

2. 你执法被投诉，年终考核奖金被取消，领导批评你，你怎么办？

3. 让你负责上述摄像头安装工作，你如何开展？

4. 单位决定在每个办公室安装摄像头，领导让你去做试点工作，你怎么开展工作？

2008 年 3 月 22 日上午　浙江省公务员面试真题：金华、丽水、嘉兴、省直

材料：今年 1 月 28 日，安吉仍然是一片雪的世界，李雪涛的手机不断在响，都是各地的农技员告诉他哪里又倒了多少竹子。"我们能不能搞一份告诉竹农如何自救的小材料分发下去，也好让大家减少损失。"李雪涛马上给局领导打电话提议，很快建议得到批准，李雪涛从乡镇赶回办公室，一个晚上就搞出了详细的材料，办公室的工作人员又在第一时间将其汇总印刷，迅速分发投递到全县所有的农民信箱里，也送到所有基层农技员手里。

李雪涛不知道印刷了多少份，就知道，在 2 月 1 日最大的一场雪正面"攻击"安吉时，相当部分的安吉竹农是看着这份指南在山上救竹保竹的。

春节过后，天气转晴，情况变化了，这份指南也悄然变化，雪融化之后该做哪些都写了进去，详细到一亩大年的竹林要施多少斤尿素，施肥的深度要多少……

安吉大概有 180 多个行政村，其中大部分都种有竹子，李雪涛仅在节后的这几天中就已跑了其中的大部分村，行程有 2000 多公里。

"全县倒了 700 多万株竹子，损失超过 6 个亿，这时候，就需要我们这些搞林业的去帮着出出主意。"这样的想法，让李雪涛大年三十的傍晚，还上山帮竹农救竹保竹。

而在整个安吉，有更多像李雪涛一样的农林技术人员，正奔波忙碌在各个依然还有积雪的山头竹林……

1. 这个公务员身上具备了怎么样的品质和能力？你作为一名公务员，应该如何向他学习？

2.如果你是他的同事,领导让你负责处理倒地的竹子,你会怎么做?

3.作为一个政府公务员,从这次雪灾中你得到什么启示?

2008年3月22日下午　浙江省杭州地区面试真题

材料的内容有三段:

第一段讲这个政协会议有20名群众代表旁听;

第二段讲其中有一个大学生叫韩吟,发言关注大学生创业问题;

第三段讲政府如何改善民生。

问题:

1.政协会议有20名旁听代表,对此现象怎么看?

2.领导要你对群众关注的热点、难点、焦点问题进行调查,广泛提取意见,你怎么做?

3.要组织一次十七大精神研讨会,有各方面的领导包括区长、副区长等,在制订会议方案时要注意什么?

2008年3月22日下午　浙江省温州市公务员面试真题

1.请谈谈乡村教师流失的原因,以及引发的结果。

2.你认为应该怎样解决乡村教师流失问题?

3.假如你的解决乡村教师流失问题方案在单位讨论会议上,反对意见不少,你会如何处理这个方案?

2008年3月23日上午　浙江省公务员面试真题:温州地区、监狱系统

1.对公务员节约纸张、随手关电灯等,你有什么看法?

2.叫你写一份关于开展节能减排之类的通知,你觉得应当注意哪几点?

3.办公室有不节约的不良习惯,且一直有领导晚上下班都不怎么关灯,你应该怎么办?

2008年3月23日上午　浙江省公务员面试真题:丽水、省级机关

材料是关于大学生就业难的问题。

1.你对这种现象怎么看?

2.你作为人事部门的工作人员,对大学生就业有什么建议?

3.你被录用到一个用人单位,人际关系很好,但需要做冷板凳。你的领导又是一个实干家,具有"水滴石穿,勤能补拙"的工作精神,在这种环境中,你如何做?

2008 年 3 月 23 日下午　浙江省丽水地区面试真题

材料:关于外来务工人员在杭州打工,政府给他们种种优惠政策。其中的"六有"中有一条规定农民工有资格参加两会,成为代表。

1. 关于这个材料谈谈看法。

2. 如果你成为政府公务员,如何和外来务工人员和谐相处?

3. 如果大会上领导因为某某事表扬你,但是你并没有参与此事,你怎么处理?

2008 年 3 月 23 日下午　浙江温州地区面试真题

某个交警带情绪执法,乱开罚单,被人投诉。针对这个现象出台了某个法案专门允许情绪不好的员工可以请假。

1. 如果你在工作中遇到情绪不好,如何处理?

2. 谈谈对上述条例的看法。

3. 如果领导要你落实这个条例,如何展开工作?

六、2007 年浙江省公务员考试面试真题

2007 年 3 月 10 日上午　浙江省宁波市面试真题

1. 谈两会中你最关心的两个问题。

2. 有些人学历高,自恃其高,但是实际工作却拿不上手,该如何看待和解决?

3. 漫画题:经济发展和保护环境的关系,可持续发展问题。

2007 年 3 月 10 日下午　浙江省宁波市面试真题

1. 今年是浙江省的作风建设年,就你所知,作风建设该怎么办,谈谈看法。

2. 单位有一项新的项目,你认为无论是经验还是能力,交给自己最合适,可领导交给了别人,谈谈想法。

3.两漫画：××局内又是空调又是电灯又是电扇，××小区的一户居民家只有一个节能灯，谈谈看法。

2007年3月11日上午　浙江省宁波市面试真题

1.就和谐社会建设谈谈你的感想，举实例。

2.有项工作，别人都不愿意做，你接手后有一定起色。这时候有个同事要求接手，你怎么办？

3.一幅漫画，画了一栋漂亮的房子，左边是社会主义新农村建设，楼上的农民讲"拿钱买了房子，没有钱还债"，旁边是"前面风光，后面垃圾"，谈看法。

2007年3月11日下午　浙江省宁波市面试真题

1.现在社会上有很多缺乏社会公德的事，说一件你亲眼目睹的事。

2.你刚进单位，发现单位有一些陋习，你先说又怕得罪其他人，你会怎么处理？

3.漫画：卫生部门和药监部门对问题药品互相推诿，谈谈看法。

2007年3月17日下午　浙江省公务员面试真题：温州、杭州

1.诗《快乐的思想》："做每一件事情，都给它一个快乐的思想，就像把一盏盏灯点亮。砍柴的时候，想着的是火的诞生；锄草的时候，想着的是丰收在望；与你同行，想着我们有共同的理想；跟你分手，想着会师时候的狂欢……"请谈谈对这首诗的理解。

2.你在单位负责接听电话咨询，有一个咨询者有事咨询你，你告诉他可以上有关网站查询并下载信息时，他还是不依不饶地咨询不休，为此领导批评了你，你该怎么处理？

3.单位换了办公场所，领导把分配办公室的任务交给了你，请问你该怎么处理？

4.漫画题：有三个人站在同一起跑线上，有个标着外地户口的人排在最后并且脚上锁上了链条，谈看法。

2007年3月18日上午　浙江省公务员面试真题：杭州、台州

1.右面字体的图形可以看成圆、数字或其他，请你作多种联想，并谈谈其寓意。

2.你出差期间，一位同事受你委托，代你办理了一项审批手续，报领导同意后批复给申请人。你回来后了解到，申请人并没有提交完备的申请材料，代办的同事也没有认真审批，可能会有后遗问题，你打算怎么办？

3.请仔细观察漫画《十年寒窗不如一朝选秀》，然后谈谈你的看法。

4.近日有媒体报道，某市将出台《城市设摊导则》，"市区部分路段经市民同意，可设置部

分便民类摊点,马路摊点不再一律封杀"。有些人为之叫好,也有人明确表示担忧,请谈谈你的看法。

2007 年 3 月 18 日下午　浙江省温州市面试真题

1.漫画。《厚此薄彼》:左边是一本书,上面写着《收费指南》,右边是一张纸,写着《服务指南》。谈看法。

2.说三个最近新闻时事中的关键词并说明出处,然后考官会给个主题,请你串句。

3.某企业拖欠民工工资,民工投诉,你下去调查时,企业全程陪同,热情招待,且没工人投诉,你怎么办?

4.关于网络的利弊分析。

七、2006 年浙江省公务员考试面试真题

2006 年 3 月 25 日下午　浙江省宁波市面试真题

1.如果你进入一个新的单位,什么事你优先考虑? 有 1~7 个选项,良好的人际关系,工作内容及目标等。

2.如果有一个同事上班时间打游戏、聊天,你作为行政效能的监督员,会怎样与他沟通?

3.北洋战争时,一个英国的将军,看到北洋水师的船上挂着衣服等,就说这个队伍肯定是要吃败仗的。请谈看法。

2006 年 3 月 25 日上午　浙江省宁波市面试真题

1.如果你的领导刚上任,有以下几种领导方式,你觉得哪两种更为重要并说明理由:

①令行禁止;②强调远景目标并号召为之奋斗;③建立情感纽带建立和谐关系;④允许下属充分发表意见并达成共识;⑤设立较高的绩效标准并身体力行;⑥注重对未来的目标培养下属。

2.假如你被录用为公务员上班第一天,单位举行欢迎会,你作为新人的代表做一下发

言,要注意哪几点?

3.一天晚上,帕瓦罗蒂想睡觉,传来了隔壁小孩的哭声,并被连续几小时洪亮的哭声吵得睡不着。后来他发现,小孩子之所以能长时间大声哭是因为在哭到嗓门快破时能收回来,他想自己唱一个小时的歌就经常累得不行,是不是可以改进唱歌方法像小孩哭一样长时间地唱歌,最后他终于成为一个歌唱家。请结合这个故事谈谈你的看法。

2006 年 3 月 26 日上午　浙江省宁波市面试真题

1.在一个团队中有很多角色,你喜欢哪种角色,请选择其中两种,并说明原因,具体角色有执行者、协调者、完善者、决策者等。

2.共青团委要在五四青年节组织一个活动,访问帮助几个老人,你作为组织者在志愿者招募大会上发言,你会说些什么?

3.一个关于拳王阿里与弗雷泽比赛的故事,两人在最后都筋疲力尽,但阿里直到最后都保持了绝不认输的气势,弗雷泽在最后关头无法坚持而认输,比赛一结束,阿里便也倒在了地上,弗雷泽这才知道阿里也同样没有力气了,他为自己放弃比赛而后悔。对这个故事请谈谈看法。

2006 年 3 月 26 日下午　浙江省宁波市面试真题

1.下面几种个人能力性格或行为方式中,你最看重哪两个?

①思考能力;②谨慎的人际关系;③适应能力;④挑战性。

2.本单位邀请其他单位人员参加一个关于提高服务意识,加强行政能力的会议,你作为会议主持人应当在会议开始时说些什么?

3.大意:一个猎豹一直追一只羚羊,虽然旁边还有不少惊慌失措的羚羊,但只认定了一只,因为它知道,追的这只会筋疲力尽,而其他羚羊力气还有很多。谈谈对这个故事的理解。

2006 年 4 月 1 日上午　浙江省公务员面试真题:湖州、金华、余杭、杭州

1.有人形容公务员考试是"报考要勇气,考上要才气,落榜别丧气,再考显豪气"。结合自己实际报考经历谈谈体会。

2.漫画题大致是:大金鱼缸代表大城市,小鱼缸表示小城市及乡镇,金鱼表示人才。大鱼缸鱼满为患,小鱼缸寥寥无几。谈谈你对这种现状的看法。

3.你要陪领导去兄弟单位参加座谈会,发言资料已汇总并经领导审批过了,只等下午三点去开会,但是下午一点的时候领导临时有事,失去了联络,你该如果处理?

4.历史上有闻名全国的"晋商"、"徽商",现代又有"哪里有市场,哪里就有浙商",谈谈你对这种"商帮"的社会历史现象的看法。

2006年4月1日上午　浙江省公务员面试真题:绍兴、台州

1.有人形容公务员考试是"报考要勇气,考上要才气,落榜别丧气,再考显豪气"。结合自己实际报考经历谈谈体会。

2.漫画题大致是:大金鱼缸代表大城市,小鱼缸表示小城市及乡镇,金鱼表示人才。大鱼缸鱼满为患,小鱼缸寥寥无几。谈谈你对这种现状的看法。

3.德国对闯红灯采取非常严厉的惩罚,措施是车辆年检不过关,吊销驾照,还有降低银行信用额度,请结合我国的实际谈谈你的看法。

2006年4月2日上午　浙江省公务员面试真题:丽水、杭州、舟山、嘉兴

1.漫画:一个人扛着一个像糖葫芦一样的架子,上面插着"暂住证"、"身份证"之类的牌子在叫卖,针对这种假证现象谈谈你的看法。

2.以"责任"为主题,用"春光明媚"、"夸夸其谈"、"突飞猛进"三个成语编个故事。

3.例子:北京农村选大学生村官。过去的"村官"中鲜有大学生,现在国家出台了许多政策鼓励大学生去当"村官",比如……(讲了一些具体的优惠政策)。问:

①谈谈你的看法;

②如果让你去做"村官",你会怎样做?

2006年4月2日下午　浙江省杭州市面试真题

1.自己说三个形容词,报给考官,考官给你个主题。然后你围绕这个主题,用上这三个形容词,说一段话。

2.北大才子卖肉,高考状元卖糖葫芦,新闻媒体为他们宣传后都找到了合适的工作,请根据这个事情谈谈自己的看法。

3.你的领导很器重你,经常越过你的直接上级叫你办事,甚至叫你一起去赴宴,同事之间为此流言很多,都疏远你,碰到这种情况你会怎么办?

4.现在学生中每7名就有1名择校生,尤其是重点学校,据说上重高是考上大学很重要的一步,请你就这个现象谈谈你的看法。

2006年4月15日上午　浙江省温州市面试真题

1.如果你被录用该怎么摆正位置?

2.你是一名新人,到岗后听到领导和同事在背后议论你,你怎么办?

3.怎样组织一个关于"八荣八耻"的宣传活动?

4.漫画题:一个长卷,卷上第一个人拿着公文包,第二个背着大袋子,第三个继续爬上去……卷上写着:许多承诺与签名。

2006 年 4 月 15 日下午　浙江省温州面试真题

1.自己录用后缺乏哪方面能力,怎么改进?

2.领导交给你重要的任务,同事来帮忙,可是他做事方法太灵活,有点违背原则,你怎么做?

3.你参加工作后,有次同事都不在,你一个人在岗,前来办事的群众队伍排得很长,大家纷纷埋怨你,说你办事效率低,你怎么处理?

4.一句古谚,对"治国先修身"的理解。

2006 年 4 月 16 日上午　浙江省温州面试真题

1.择业观:工作稳定性和福利待遇哪个是你选择工作时的首选?

2.领导要你写一个调查报告,原说好一个月时间,但过了 10 天,领导过来向你要了,并说你工作不用功还没弄好,你怎么办?

3.单位要举行"八荣八耻"学习会,请了某某老师过来讲课,你怎样安排这件事?

4.串词:诚信、荟萃、财富、机遇、挫折。

2006 年 4 月 16 日下午　浙江温州面试真题

1.如果你被录用,请谈谈你如何设计你的职业生涯? 如果不被录用,你会怎么做?

2.如果你手头上的工作已经非常繁重,但领导又安排了任务给你,你怎么办?

3.小王受单位指派,从温州坐大巴送紧急公文到省城,路途发生交通事故,大巴无法再走,有部分旅客受伤,小王受轻伤。这时,你认为小王应该如何处理?

4.著名的雕塑家罗丹专注于手的艺术创作,有次他创作了一件得意之作,罗丹唤来了自己学生来欣赏。学生连声赞叹:"好极了,这真是一双奇妙的手啊!"然而,他听了这句话,找来了一把大斧,噼里啪啦地把这双手砍掉了。请问你对此事有何看法?

八、2005年浙江省公务员考试面试真题

2005 年 4 月 9 日上午　浙江宁波面试真题

1.到一个新的单位,很多问题你都不懂,去请教老同志,但领导说你办事效率不高,你怎么办?

2.如何成为有为政府? 你的理解是什么?

3.从政府和民营经济自身,从发展的角度,谈谈如何认识民营经济。

2005 年　浙江省公务员考试面试真题

1.打造阳光政府的政策及做法是什么?

2.你到了新单位以后,有不懂的问题总是去问一个老师傅,渐渐地你发现他的方法不灵了,你如何看待这个问题? 会采取什么方法?

3.未雨绸缪,生病之前就要开始锻炼身体,要是等到生病了再想到锻炼就晚了,对此你是如何看待?

4.各地政府都将各地的"行政管理中心"的机构牌子换为"行政服务中心",谈谈你的看法。

2005 年 4 月 9 日下午　浙江宁波面试真题

1."如果你是一滴水,你就要灌溉大地;如果你是一粒粮,就要抚育人群。"谈谈你的理解。

2.处理人际关系:你的朋友知道你同事有权力,要你帮忙,但如果帮忙,你的同事就违反规则,你怎么处理?

3.对社会事件发表看法:国家提倡求真务实,某县 50 万元搞节庆活动,但该县还有很多贫困问题没有解决,谈谈你的看法。

2005 年 4 月 9 日下午　浙江宁波某县级市面试真题

1.处理人际关系:别人利用你的职务之便求你办事,但违反规则,你怎么处理?

2.社会事件发表看法:某市 50 万元搞节庆活动,但市里还有很多贫困问题没有解决,请谈谈看法。

2005 年 4 月 10 日上午　浙江宁波面试真题

1."上帝关上了一扇门就必然为你打开了一扇窗",谈谈你的理解。

2.机关里有位同志在处理工作的时候效率不高,做事没有成果,领导派你去协助他开展工作,哪知,那位同志对你的介入有很大的抵触情绪,不与你合作,请问你该怎么办?

3.最近社会上公共卫生事件层出不穷,比如阜阳有毒奶粉大头娃娃事件,最近的苏丹红事件,危害人民的生命健康,试从政府的社会职能角度,谈谈你的看法。

2005 年 4 月 16 日上午　浙江省公务员面试题:杭州、绍兴

1.别人说三十而立,但是你当了公务员后可能到了 30 岁后还是没有什么事业,问你怎么看?

2.现在的孩子只记明星和偶像的生日,但是父母的生日却不知道,问你怎么看?

3.区决定慰问困难户 15 户,但是到现场时发现慰问品、慰问金才 10 份,一时买不到同样的礼品,怎么办?

4.成功论说,要成功就不要说不可能,但是也有人说,要知难而退,怎么看?

2005 年 4 月 16 日下午　浙江省公务员省级机关面试真题

1.你喜欢交什么样的朋友?

2.贫困大学生打工反哺家庭,有人说是自强不息,有人说是不务正业,你的看法?

3.别的部门的领导觉得你不错要你过去,你也想去,本部门领导不愿放你,你怎么办?

4.到一个目的地有主干道和侧干道,往往人们都走主干道,其实走侧干道可能更快,谈谈你的看法,举生活中的例子。

2005 年 4 月 16 日　浙江省公务员面试真题:丽水、黄岩、台州

1.每个人小时候都有一个梦想,结合你报考公务员的实际谈谈你梦想的进程。

2.领导派你组织 10 个人到社区进行普法义务宣传工作,你该怎么做?

3.你是一名新公务员,到新单位后同事经常叫你做一些烦琐的工作,由于工作没做好,

领导因此批评你,你怎么办?

4.附近的一家服装店贴出这样的字条:"博士3折、硕士5折、本科7折,大专生对不起不打折",面对此现象你如何看待?

2005年4月17日上午　浙江省公务员面试真题:杭州、浦江

1.你最喜欢的一本书。

2.很多学生把户口挂在人才市场,进行读研或创业,你有什么看法?

3.你通知会议,可是开会时间错把明天写成后天了,通知发下去了,现在下班时间,你怎么办?

4.惩前毖后才能纠正错误,还有句话是"鼓励人才能防止犯错误",你怎么看?

2005年4月17日下午　浙江省公务员面试真题:杭州、浦江

1.公务员中有论资排辈现象,年轻人进了公务员队伍会丧失进取心,你怎么看?

2.海归变还待现象,你怎么看?

3.你在接待一群情绪激动的上访人员,这时上级领导说15分钟后来你单位视察工作,你怎么办?

4.一句话,大意是淹死的人往往是会游泳的,但是徐霞客却葬身于山林,你有什么想法?

2005年4月20日　浙江省公务员面试真题:开化、衢州

1.你如何看待群众事情无小事?

2.如何看人际关系及末位淘汰?

3.单位领导都不在,办公室就你一个人在,这时候来了三个本单位退休的老同志反映问题,你将如何解决?

4.五四青年节要举办一次辩论比赛,请你以团支书的身份做一个4分钟左右的演讲。

2005年4月28日　浙江公务员面试真题

1.谈谈农村税费改革以后的"一事一议"的组织过程。

2.张某平时工作很努力,工作能力也很强,但是很"叫板",李某平时工作能力一般,但和领导同事的关系很好,你怎么看这两个人?

3.谈你工作中最委屈的一件事,并说说经过。

2005年5月14日上午　浙江省温州面试真题

1."每个人都是生活在中间的",结合实际谈谈你的理解。

2.你的上级领导很关心你,经常给你提建议,你怎么办?

3.做人要像人,做官不要像官,谈谈你的看法。

2005年5月14日下午　浙江温州面试真题

1.现在很多人下海经商,你为什么还报考公务员?

2.你正在接待一群上访的群众,领导打电话过来要你过去办事,你怎么办?

3."橘生淮南则为橘,生于淮北则为枳",你怎么理解这句话?

2005年5月15日上午　浙江温州面试真题

1.机关工作循规蹈矩,且人人有棱有角,你适应机关工作吗?

2.你刚刚上班,领导决定由你和老同志下基层调研,并要求你写调研报告,你怎么办?

3.温家宝说:"事成于惧,败于忽。"你怎么理解?

2005年5月15日下午　浙江温州面试真题

1.对企业员工与公务员有什么不同的要求?为什么认为你更适合做公务员?

2.你进了新单位,单位有位老同志对你很严格,给你很多任务?你会怎么想?怎么做?

3.目前中国的房地产市场秩序很混乱,从中央到地方政府都采取了很多措施,但都无法抑制房地产价格的上升,没有什么成效?你如何看待这个现象?

九、2004年浙江省公务员考试面试真题

2004年3月　浙江省公务员国税系统面试真题

1.你在大学里学习的主要课程有哪些?这对你从事税务工作有什么帮助?

2.你如果被录取,你认为你在工作中将碰到什么样的困难?你将怎样克服?

3.你怎样看待现在的大学生就业难的问题?

2004 年 5 月 15 日上午　浙江省政府机关、公安系统面试真题

1.有人说优秀学生出国,进外企或大公司,二流学生才考公务员,结合自己情况谈谈你的看法。

2.下级单位有人来你单位办事,只有你一个人在办公室,而你又不会处理,你怎么办?

3.最近引咎辞职较多,谈谈你的看法。

4.高速路是全封闭的,路上有快车、慢车、高速车,为了让高速车跑得快,特意留了快车道。结合实际谈谈你的看法。

2004 年 5 月 15 日下午　浙江省杭州市面试真题

1.如果你是新招收的公务员,最近有群众投诉你行政不作为,你如何处理?

2.五四青年节到了,如果要策划一次青年活动,你需要拟订两个方案,说出你的方案思路和活动内容。

3.请谈谈行政机关效能建设的看法。

4.漫画题大意是:一个渔夫有一鱼竿和一篓鲜鱼,两个路人其中1个要了鲜鱼,1个要了鱼竿,要了鲜鱼的路人很快就将鱼煮熟吃了,不久他就饿死了,而要了鱼竿的路人向大海走去,可是还没到海边他也饿死了。你是怎么理解的?

2004 年 5 月 16 日上午　浙江省公务员面试真题

1.怎样表现自己?

2.接到四个电话,一个是咨询电话,一个是调研组来的调研电话,一个是外省来考察取经的电话,一个是投诉电话。你怎么处理?

3.智者说,快乐是由自己带给别人的,要把自己看成别人,要把别人看成自己,要把别人当成别人,要把自己当成自己。你怎么看?

4.有些人是公务员,但也下海经商了,你怎么看?

2004 年 5 月 16 日下午　浙江省公务员面试真题

1.公务员考试的目的、意义。

2.单位有信访群众来上访,领导打电话让你接待,你该怎么办?

3.古人说:"临渊羡鱼,不如退而结网",你怎么理解?

4.反腐败问题,有人说,要法律制度的健全;有人说,关键是领导干部的廉洁自律。你怎么看?

2004 年　浙江省金华地区公务员面试真题

1.如果你被录取,公务员的工作经历将会给你今后的工作和生活带来怎样的影响?

2.在现在这个物欲横流的世界,很多人认为雷锋精神落伍了,你怎么看?

3.让你组织一次事业单位的录取面试,你将怎么准备?

4.如果你这次被录取为公务员,你会怎么处理与上司和同事之间的关系?

2004 年　浙江省舟山地区公务员面试真题

1.你是什么样的性格?

2.谈谈你的工作或学习经历,以及你为什么要报考这个职位?

3.如何最快和陌生人谈话拉近距离?

4.你认为怎么样才能提高政府效能?

2004 年 5 月 18 日　浙江省衢州公务员面试真题

1.对谈资论辈的看法。

2.对事物曲折中前进的看法。

3.领导器重你让你,做一些工作以外的事,为此同事们疏远你,你该怎么做?

4.叫你去别的单位传授创新经验,该怎么做?

2004 年 5 月 18 日　浙江省开化公务员面试真题

1.如何看待单位里论资排辈?

2.领导经常交付你办私事,导致同事逐渐疏远你,怎么办?

3.如何组织一次到别的单位取经的活动?

4.如何理解事物是螺旋式上升?

2004 年 6 月 5 日上午　浙江温州公务员面试真题

1.如果你考上了,组织上去你学校政审,你的老师同学会怎样评价你?

2.一个故事,就说明了利益面前大家一拥而上,责任面前大家作鸟兽散的现象,请谈谈你的理解。

3.如果公务员考试中存在作弊,有群众来信举报,让你调查,你怎样做?

4.请谈谈有关创新问题。

2004 年 6 月 5 日下午　浙江省温州公务员面试真题

1.你为这次公务员考试做了什么准备？录取后,你觉得你适合做什么工作？

2.你的领导和一同事对一个问题的处理发生冲突,你如何调解？

3.你带一名同志去调研,你怎么做？

4.有人说"以史为鉴",马克思说不要让死人抓住活人,你怎么看待？

2004 年 6 月 6 日上午　浙江省温州公务员面试真题

1.你的人生目标是什么？如果你这次考不上,你会做怎样的选择？

2.在人际交往中,有人说要善于表现自己,也有人说要善于克制自己,你的看法是什么？

3.让你组织一次人才招聘会,你会做什么准备？

4.古人云:"举一纲而万目张,解一篇而万篇明。"谈谈你对这句话的理解。

2004 年 6 月 6 日下午　浙江省温州公务员面试真题

1.工作环境,工作待遇,发展机会,薪酬待遇,工作地点,个人兴趣,工作内容等七个因素,选出你最看重的因素,说出理由。

2.你在工作中表现很好,领导也很器重,但他经常让你帮他做一些工作之外的事,对此同事颇有微词。你怎么处理这个问题？

3.单位里其他领导和同事都不在,只有你和大学实习生在,要你处理以下四件事情,你会如何安排处理？

一是去接你第一次来温州的父母；

二是公安部门的一个会议和市里头的一个会议；

三是领导交代的让你近期拿出的一个纲要；

四是需要向上级汇报的紧急文件。

4."人非圣贤,孰能无过",结合实际来谈谈这个问题。

十、2003年浙江省公务员考试面试真题

2003 年　浙江省金华人民警察面试真题

1.你被录用,有些什么情况你会提出辞职或者调离?

2.如果有个你很不愿意打交道的人做同事,你会怎么处理?

3.现在招聘单位对文凭的要求越来越高,你对这个现象是怎么看的?

4.你被录用为新的岗位,你将如何开展工作?

十一、2011年国家公务员考试面试真题

2011 年 1 月 24 日—1 月 25 日　国家公务员面试真题:外交部

1.有人说生活的理想就是为了理想的生活,你怎么看?

2.简单介绍一下你的家庭。

3.领导对你的工作提出意见,你怎么看或者怎么办?

4.开会前一小时发现会场的后背景有一个汉字写错了,你怎么办?

5.开展工作可能需要长期驻外,你怎么看待?

6.你迄今为止最失败的事情是什么? 你本科是哪里读的? 为什么本科毕业不报考外交部? 你如果进入外交部以后的 10～15 年怎么计划的? 如果没能进入外交部,将来会怎么办?

2011 年 2 月　国家公务员面试真题：陕西国税

1.媒体报道中国 2010 年奢侈品消费达 400 亿,但是都是穿在身上,戴在头上的奢侈品,不像外国的"无形"的上流社会,因此,有人说中国没有真正的上流社会,你怎么理解?

2.原谅别人的错误,不一定是美德;原谅自己的错误,却是对自己的一种放纵。你怎么理解?

3.与同学交往中,你怎么处理沉默是金和知无不言?

2011 年 2 月　国家公务员面试真题：陕西国税

1.某县存在教师吃空饷的现象,你怎么看?

2.现在青年人贪图安逸,缺乏竞争,有些人认为这样不好,你怎么看?

3.因为你的工作失职,群众给你单位送来一面"办事不力"的锦旗,领导让你挂上,你怎么办?

2011 年 2 月 19 日　国家公务员面试真题：重庆国税

1.春节前夕,中国政府组派 8 架飞机赶赴埃及,在 3 天 45 个小时内,总计接回 1800 国人回国,请谈谈你的看法。

2.你和同学一同考入新单位,你工作勤奋,成绩突出,但领导对你印象不佳,同学受到领导信任,并且经常为难你,你怎么做?

3.领导安排你组织单位的春节联欢晚会,你怎么把这个活动落到实处?

4.你进入新单位,认为工作待遇和工作环境不理想。此时,另一家单位给你打电话邀你面试,你将怎么做?

2011 年 2 月 24 日上午　国家公务员面试真题：陕西国税

1.请谈谈对中国成为第二大经济体的看法。

2.请谈谈"对捐助穷人不好"的这种说法的看法。

3.单位年终考核,一个同事不合格,而且这个同事是埋怨型的,领导让你去告诉他这个结果,你该怎么办?

2011 年 2 月 20 日　国家公务员面试真题：重庆国税

1.重庆前一段时间全面开展了"唱红讲"(重庆开展的特色文化活动,分别是"唱红歌、读经典、讲故事、传箴言",也叫"唱读讲传")活动,请问你对这个活动有什么看法?

2.你新到一个单位,同事对你不是很信任,领导也只是交给你一些琐碎的事情做,请问遇到这种情况你怎么办?

3.单位要组织一次培训,领导把这项工作交给你来做,你怎么开展?

4.单位让你组织一次会议,当会议时间快到的时候领导来了,还有一些与会人员没到,请问遇到这种情况怎么办?

2011 年 2 月 21 日　国家公务员面试真题:重庆国税

1.温总理就"十二五"规划向农民、工人等征求意见,你怎么看?

2.你制定了一个绩效考核方案,领导也同意了,而部分同事反对,你怎么办?

3.五四运动是一次关于理想和信念的运动,要你组织一次纪念五四的活动,你怎么组织?

4.单位举办一次会议,临近开会时,有一些同志缺席,你怎么处理?

2011 年 2 月 23 日上午　国家公务员面试真题:深圳海关、南京海关

1.广州亚运会期间实行地铁免费政策,施行后造成地铁人满为患,四天后取消这项政策,改为发交通费补贴,对此谈谈你的看法。

2.每年大学生毕业,宿舍问题都是一个难题,如果你是宿舍管理员,你会怎么做?

3.你是单位里的一个新人,有的老同志经常刁难你,排挤你,认为新人不行,你会怎么办?

4.武警对于我们海关工作有很多帮助,领导决定让你安排一次慰问活动,你怎么执行?

2011 年 2 月 23 日上午　国家公务员面试真题:湖北国税、民进中央机关、水利部

(第一环节:首先每个考生进入备考室,然后负责人发给考生一则材料,让先看 10 分钟。第二环节:进入面试教室,4 道题,这 4 道题是关于这则材料提问的。念一题答一题,有纸和笔。)

一、背景材料(看材料,大约 10 分钟)

某省会城市有一个非盈利性公益组织,由一些大中型企业赞助,教育援助办公室是其中的一个部门,主要负责对教育资源缺乏的地区提供帮助。

该办公室有三个人:主任王立、小方和大姐李娜。

王立,已有多年公益事业经验,在本部门已工作 3 年,非常有责任心,但要求严格,经常指导小方,对小方规定过严,有时干涉到工作细节方面,甚至影响了小方独立性的发挥。小

方,新分配到这个部门,到本部门半年多时间。李娜,原来在师范院校团委工作了7年,来本部门1年多。李娜原负责师资筹备工作,现在这个工作由小方来接管。

该省有一个教育落后的贫困县,教育资源十分贫乏,最近,向这个组织提出教育援助申请。基金会考察后同意援助,在经过多方筹集之后,资金还缺200万,师资资源也较为缺乏。具体的工作落到了小方这个部门,王立让小方负责师资援助方面,李娜负责资金筹措方面。

二、根据材料回答问题(考官读题,无题本,有可能追问)

1.在对贫困地区的教育扶持方面,你认为政府、社会和公益组织应该承担什么样的责任?

2.如果你是小方,怎样处理人际关系,提高本部门工作效率?

3.如果你是小方,怎样完成师资扶贫这一任务?

4.如果你是小方,忽然得知本省团委也在组织对该县的一个支教工作的方案,你会怎么办?

2011年2月23日　国家公务员面试真题:国家安监总局、民航总局

地点:北京

时间:7:30入考场隔离,9:00正式开始面试

方式:采用无领导小组讨论方式,考生成弧形面向考官;共70分钟,前面个人发言,再讨论50分钟,最后一个人总结陈述(5分钟)。

题目:弘扬"忠孝仁义礼智信"传统文化,提高机关干部思想道德素质。

任务1:忠孝仁义礼智信中,哪三项最重要?

任务2:就这三项,提出具体的措施。

2011年2月23日下午　国家公务员面试真题:中国出入境检疫局

一、背景材料(阅读材料,10分钟)

某城市推行一个便民工程,主要的服务对象是老年人和残疾人。这一工程需要各个部门一起配合,才能推行。这一工程在推行的进程中,要上马大量的电子设备,主要有三种设备。这个便民工程涉及的范围非常广,光其中一项设备就达3万台。

现在以民政部门牵头,多部门协调合作,成立一个工作组,该工作组包括人事局、各银行机构和一些基金会等机构部门。这一便民工程在推行的过程中得到了广大民众的支持,当然也产生了一些反对的意见。

二、根据材料回答问题(考官读题,无题本,有可能追问,25分钟)

1.请你谈谈对该城市推行这一民生工程的看法。你认为在推行的过程中会遇到哪些

困难?

2.在工程推行的过程中,有不少的老年人认为这些东西不太实用,而且还得支付一定的费用。若你作为一名工作组成员,遇到这种情况,你怎么做?

3.领导要你做一个关于这一工程的总结报告,你认为该报告应该包括哪些内容?你会以什么样的方式获取资料?

4.在网上,一个网友发表博客说这项工程是一个面子工程,不实用,此博客的传播范围较广,已经引起了一些市民对于此项工程的异议,若派你去跟这位博主沟通,你会怎样说服他?现在我就是这个博主,请现场模拟一下沟通过程。

2011 年 2 月 23 日下午　国家公务员面试真题:海关系统

1.我国目前血荒现象严重,努力采取措施也没有完全解决。对此谈谈你的看法。

2.网上出现一个帖子,你们单位有人穿着制服和群众发生暴力事件,你怎么处理?

3.你们公司有个重大项目,之前是小李负责,但是由于去年小李出现重大失误,今年由你负责。小李因此不配合,你怎么办?

4.你们单位要招聘一些人员,现在有 10 个人通过了笔试,要进行面试,你怎么安排?

2011 年 2 月 24 日　国家公务员面试真题:中央直属机构、辽宁邮政、西安铁路公安局、国家统计局、山东直属调查队、吉林出入境检疫局、石家庄铁路公安、保监会

1.关于老年人权益,尤其是精神方面的权益,最近进行了立法,如果子女不回家看望父母,将受到法律的制裁。请问对这一问题的看法。

2.伴随社会的发展,留守儿童的问题日趋凸显,很多儿童存在心理问题,如果你是妇联部门的一个工作人员,请针对上述情况策划活动,举出三个主题。

又问:以其中的一个主题为例,叙述实施中应注意的重点。

3.材料题:(大意)办公室工作人员小王在办公。李某是一退休职工,有事来找领导,小王向领导汇报,领导说:你跟他说我不在。小王于是对老李说领导不在。可是老李没走,一会领导出来了,遇到老李。老李说:你不是没在吗?领导说:我一直都在啊……于是老李到处说小王欺上瞒下,品质差。下面有 ABCDE 五个选择方式。问,这五种方式有什么弊端?你会怎么选择?

4.关于绿色出行,政府决定要建自行车出租站,如果要你做调查工作,请问你怎么展开相关的调查?

5.一个新闻记者去你们单位采访民生问题,结果第二天见报后与事实不符合,民众纷纷

致电单位,领导也表示关心。问你该怎么办?

2011 年 2 月 24 日上午　国家公务员面试真题:满洲里海关、宁波海关

1.对社会上的热门事件,在网上有很多简练的热词,对于热词有什么看法?

2.在广州亚运会中你当一名志愿者,你认为怎么才能做好?

3.你是一名硕士生要参加 20 天的脱产培训,但是你的单位工作多人手少,领导不太愿意让你去,你该怎么办?

4.昨天你制定了一个方案已经公布并开始实施了,今天领导叫你谈话,说有关部门来电话,反映执行起来有难度,你该怎么做?

2011 年 2 月 24 日上午　国家公务员面试真题:北京国税

1.现在有关政府加强了对老年人的重视,公布了相关法规,加强了人们对老年人的重视,你有什么看法?

2.现在有很多的留守儿童,他们因为得不到社会的关心,产生了很多心理问题,社联让你针对这些,想三个活动主题,针对你想的三个主题,说其中一个重要的主题的重点难点在哪里。

3.你代表本单位接受相关媒体的采访,可是结果媒体刊登出来的东西和你说的很不一样,引起了社会的关注,领导也批评你,你怎么办?

2011 年 2 月 24 日上午　国家公务员面试真题:民进中央

每个人发言 5 分钟,然后自由讨论,分别完成任务一和任务二,最后总结发言 5 分钟。共 70 分钟。

材料:上面列了 2010 年与干部观念相关的几个新闻热点事件:强拆不行了、学习很重要、网络是个好东西、管好老婆孩子、比 GDP 不如比民生、眼睛应下看。

任务一:找出三个你认为重要的领导观念排序。

任务二:针对上述观念,制定一个领导干部教育方案。

2011 年　国家公务员面试真题:南昌海关

1.最近网络上频频曝光富二代、官二代事件,你怎么看?

2.海关要组织一场解决群众困难问题的现场办公会议,原来负责的同志生病住院了,领导让你继续负责,你怎么做?

3. 你的同事上班期间出去办了点私事，很快就回来了，没和领导请假，领导知道后批评了她，她一赌气不好好工作，每天很懈怠，作为她的好朋友你怎么办？

4. 10 个大学生要到你们单位实习，领导让你负责这件事，你怎么安排？

2011 年 2 月 24 日下午　国家公务员面试真题：中国出入境检验检疫局、湖北国税

1. 为了保持汉语纯洁性，禁止在汉语出版物上的文章中夹杂外来词汇（比如英语），就这个现象谈谈你的看法。

2. 老龄委要给空巢老人搞活动，要你提出三个有新意的主题，选其中一个开展活动，要谈谈你认为其中的重点和难点是什么？

3.（1 分钟阅读材料）处长派你去基层调研，一个基层干部向你反映你处里的同志老张与人相处有问题，做事也有问题，对以后完成工作会有影响，你也知道那些情况是事实，然后给了 5 个选项：A. 把所调研的情况全部如实向处长汇报，B. 把情况全部告诉老张，C. 有选择性地向处长汇报，D. 什么都不向处长汇报，E. 旁敲侧击地提醒老张，委婉地向处长汇报情况，让你选择一个谈怎么处理？

4. 某地规定购车要有相应的停车位才给上牌照，这项措施实行半年之后领导派你去调查实施的效果，你要怎么调查，其中你认为最重要的是什么？

5. 某地在网上开展评选优秀教师的活动，结果出来之后有记者质疑这样网上评选的方式是否恰当，获奖者的票数远远超出人们的期望，是否存在网上刷票的情况？ 就在这个新闻发布会上，你是发言人，你会怎么回答记者的问题？ 现场模拟一下。

2011 年 2 月 24 日　国家公务员面试真题：云南国税

1. 开空巢老人研讨会，你负责确定出席人员名单、联络、接待，你如何进行？

2. 有人说社会化的养老机构好，有人说尊老是中华民族传统美德，要自己赡养年迈的父母，你怎么看？

3. 你是养老院院长，今年冬天天气很冷，老人要增加一些取暖设备，现在资金缺口 20万，我们是企业负责人，你怎么说服我们给你院捐赠 20 万元，现在就现场模拟下。

4. 有人举报养老院服务人员态度太差，你是民政局的负责调查干部，但是在调查现场有大批记者要采访，你如何应对？

2011 年 2 月 25 日　国家公务员面试真题：中央部委、广电总局、国土资源部、国家土地督察部、无领导小组讨论题

为鼓励教师，提高广大班主任的教学积极性，某县教育部门组织开展了"优秀班主任"

的评选活动,经初步筛选,有以下 6 名班主任入围:

1.王建强,男,大学专科,二级教师。20 多年来一直在偏远山区教学,母亲去世,父亲年迈,妻子得了重病,一家人全靠他一人的工资生活。

2.××,女,大学本科,一级教师。从 2001 年开始教学,创造出了课间教学的创造性的教学方式,得到了学校老师和领导的一致认可。撰写的论文获得市级评比二等奖。

3.张萌,女,大学本科,一级教师。有 10 多年教学经验,5 次获得校级"优秀班主任",教学方式灵活多样,课堂气氛活跃,善于因材施教,激发学生的各方面的能力。她教过的学生有许多都在体育、音乐等方面表现突出而被大学特招走。同学们都称她为"知心大姐姐"。

4.刘华军,男,大学本科,特级教师。教学成绩优异,所带班级连续 3 次获得年级高考成绩第一名,去年所带班级为年级成绩最差班级,但仍有 20 多人超过二本分数线。教学中善于调动学习兴趣,善于引导同学们发挥自身潜力,通过有效手段解决学生打游戏的问题,效果非常显著。

5.×××,男,思想政治学硕士,特级教师。注重学生的素质教育,发明了一种教学方法,实施后效果很好。写的一篇论文在国家级刊物上发表。

6.黄丽丽,女,大学本科,一级教师。对学生给予许多关怀,善于带领后进学生取得好成绩,先后有几百名学生在她的帮助下顺利完成学业。有一名女同学因家庭贫困而辍学,她千方百计找到那名女学生,劝其回到了学校。

身份和任务:

假如你是评选活动的评委,要评出一等奖 1 名,二等奖 2 名,三等奖 3 名。你怎么评选并说明原因。

要求:

个人陈述,时间为每人 3 分钟。

自由讨论,时间 50 分钟。

自由讨论结束后,选出一位考生做总结发言,时间 5 分钟。

2011 年 2 月 25 日上午　国家公务员面试真题:北京海关

1.农民工小李想要查阅关于土地补偿的红头文件,但查看政府网站时发现内容两年未更新。这种现象被称为"休眠网站",请你谈谈对这种现象的看法。

2.你是一个旅馆的服务员,有一个客人说他忘带房卡,你怎么办?

3.你刚到单位,就在言语上得罪了一个老同志,这位老同志工作上不给你指导,还经常在别人面前批评你,你怎么办?

4.单位要你组织一次义务献血,有的同志心存侥幸不愿参与,有的同志已经献过血,有的同志很积极但是不符合要求,请你谈一下具体如何实施。

2011年2月25日下午　国家公务员面试真题:北京边检总站、厦门边检、总工会、辽宁统计局、北京边检总站、甘肃国税

1. 中国承诺2011年公共场所实现全面禁烟,后因各种原因,禁烟效果不明显,中国禁烟承诺失败,对此你怎么看?

2. 某市团委要组织一个青年志愿者公益实践活动,请举出一个主题,并谈谈如何开展活动。

3. (材料题)简述为:小张是借调到某单位的年轻职工,他和该单位领导及该单位职工老赵一起去某县调研。该县是领导以前工作过的地方。在调研中小张发现该县存在很严重的问题,他对老赵说要向领导汇报,老赵建议小张谨慎点好。调研结束后还没等到向领导汇报,两人就被邀请去吃饭,席间小张对该县情况插话较多,而且把他发现的问题直接提出来了,导致当时现场气氛尴尬。

问:你觉得小张做得有什么问题,为什么? 如果是你,你会怎么做?

4. 要开展大学生村官工作情况的调研,你会怎么开展调研? 你怎么保证调研成果的真实性和可靠性?

5. 你去某企业考察改制情况,在与企业座谈时,突然出现情绪激动的下岗职工在场外要反映问题,你会怎么处理? 再问:下岗职工反映他们收入与该厂在职职工差距过大,生活困难,要求该厂进行解决,如果让你去解决,你会怎么说? 请现场模拟一下。

2011年2月26日　国家公务员面试真题:中央部委、江苏国税、广东国税、石家庄铁路公安

1. 一些地区为鼓励志愿者活动,把志愿者作为评优加分或保研依据,你怎么看?

2. 某市有二十几个志愿者组织,但是服务水平一般,为加强管理,要开展调研,怎么开展?

追问:你认为这次调研的重点、难点是什么?

3. 现在由你负责组织志愿者的团体负责人召开调研会,当你给大家讲志愿者的意义和目的时,大家反应冷淡,并且有些志愿者团体负责人有异议,请问你怎么让会议顺利进行?

4. 志愿者管理规定征求意见稿公布,志愿者组织里的一些成员有意见,有的人反对,作为这个组织的负责人,你怎么办?

追问:针对上面的几个问题,请问你还有什么需要补充的吗?

2011年2月26日　国家公务员面试真题:北京铁路公安、神华铁路公安处

结构化面试题目:

1.近年来,我国的犯罪率不断上升,很多案件侦破不了,现在有关部门提出一项举措,如果办案人员可以侦破案件,就可以根据办案情况给予提升晋级,对此你怎么看?

2.现在让你负责组织一次宣传民警破案经验的活动,你打算怎么做?

3.现在,很多农民工带着辛苦打工一年挣的钱回家,但是在春运回家的途中却有可能被盗,你作为一名乘警,应该怎么做才能减少农民工的辛苦钱被盗?

视频题目:

视频内容:(时间大约2分钟)在一列行驶的火车上,有四个人很开心地打着扑克牌,这时有一个犯罪嫌疑人把自己的衣服脱下来,挂在了这四个打牌人旁边的衣服架子上面,然后此犯罪嫌疑人去了列车的洗手间,在他回来取衣服的同时,犯罪嫌疑人先是东张西望了一会儿,然后他把手伸向了挂在他衣服旁边的衣服兜内。

视频问题:

1.通过以上这段视频,你发现犯罪嫌疑人有什么异常举动?

2.如果你作为这趟列车的乘警,你打算怎么抓住犯罪嫌疑人?

2011年2月26日　国家公务员面试真题:辽宁、上海铁路公安机关

结构化面试题目:

1.现在科技发展很快,GPS应用广泛,对于防范犯罪领域有很多高科技的技防设备应用,对人防有很大的冲击,请谈谈你的看法。

2.连日雨雪天气,造成大量人员涌向火车站,所长让你负责安全方面工作,你怎么做?

3.你是一名民警,帮助一位残疾人买了票,别人说你利用职权插队,你怎么处理?

视频题目:一段发生在铁路卧铺车间的盗窃案视频。

视频问题:

1.请复述案件发生的过程。

2.如果火车三十分钟后到站,你怎么在到站前判断出犯罪嫌疑人,并将其抓获。

2011年2月27日上午　国家公务员面试真题:银监会

1.自我介绍。

2.你现在在做商业银行改革调查报告,已经在拟定阶段,领导又交给你一项新的紧急任

务,你怎么办?

3. 英语题:How do you think about CBRC? 为什么选择成为监管者(英语)。

4. 银行资本分为核心资本和附属资本,分别包括什么?

5. 银行资本不足,有哪些方法补充?

6. 你怎么看待银行监督?

追问:请你现场模拟,对聚集在企业门口的下岗工人做一段讲话。

2011 年　国家公务员面试真题:国务院法制办

1. 单位要开一个有关养老模式的研讨会,让你负责确定、联络、接待工作。

2. 社会上对养老有两种观点,一是养老院模式,一是家庭养老,你怎么看?

3. 有人反映养老院服务态度差,单位让你去调查,你在调查时,有记者去养老院采访这件事,你怎么做?

2011 年 2 月 27 日上午　国家公务员面试真题:银监会计算机岗位

1. 说说你的个人情况。

2. 假如你现在做一项很重要的任务,然后领导又给你做另外一项,你该怎么办?

3. 防火墙的功能和缺点。

4. What do you know about CBRC?

5. Why do you want to be a banking regulator?

2011 年 2 月 27 日上午　国家公务员面试真题:银监会法律岗位

1. 自我介绍。

2. 领导给你一个报告让你写,你又有接待的任务,又有人来投诉,三个任务很紧急,问你会怎么办?

3. 刑法:信用虚假申请罪的含义以及对银行业的影响。

4. 行政复议的种类,接着又问做出行政行为的要件、合法行政的标准。

5. 英文:你对银监会的了解以及为什么想成为一名银行业监管者?

6. 央行的货币政策。

2011 年 2 月 27 日上午　国家公务员面试真题:银监会

1. 自我介绍。

2. 你现在在做商业银行改革调查报告,已经在拟定阶段,领导又交给你一项新的紧急任务,你怎么办?

3.英语题:How do you think about CBRC?

4.为什么选择成为监管者?(英语)

5.银行资本分为核心资本和附属资本,分别包括什么?

6.银行资本不足,有哪些方法补充?

7.你怎么看待银行监督?

2011 年 2 月 27 日　国家公务员面试真题:河北银监会市县辖内监督办事处

1.自我介绍。

2.领导给你一个关于理财业务的新任务,但你对这方面不了解,你该怎么办?

3.请你谈谈名义利率和实际利率对经济的影响。

4.你对银监会了解多少? 你为什么报考银监会?

2011 年 2 月 27 日上午　国家公务员面试真题

1.某地政府出资,让农民工免费外出接受专业知识的培训,完成后返回家乡建设,你对此有何看法?

2.某村主要种植蔬菜,你是村长助理,邻县的蔬菜销售搞得很好,你去邻县学习,需要注意什么问题?

3.某村要开展规划,你是新上任的大学生村官,你的思想(发展理念、发展规划)和前任村长完全不同,前任村长十分不满,你该怎么办?

4.你是个有两年工作经验的大学生村官,现在你村的村民看到去年大蒜价格很高,今年想广泛种植大蒜,对这种情况你要怎么办?

2011 年 2 月 27 日下午　国家公务员面试真题

1.关于节能减排的宣传工作,一些人认为宣传对象是企业管理者,一些人认为是人民群众,你怎么看?

2.对节能减排调研你认为最重要的是什么? 你该怎么办?

3.有家企业排污,现要关闭,但工人反对,政府派你去解决,你该怎么办?

2011 年　国家公务员面试真题:哈尔滨银监局

1.自我介绍,包括你的年龄、你的学习经历等。

2.会计专业题目,会计计量的属性。

3.专业题目,哪些企业的财务报表可以合并?

4.团队合作和个人的操作能力是否矛盾,怎么协调应用?

5.政府为什么对银行进行监管?

6.英语问答题,你的什么技能使你适合在银监会工作?

2011 年 2 月 27 日　国家公务员面试真题:山东国税

1.有人认为富人应该多捐钱,有人认为应该少捐,你怎么看?

2.单位每个人都很忙,但都没忙到点子上,你刚到单位,怎么处理这件事?

3.山东发展半岛经济、生态经济是国家的战略,作为税务部门,你认为应该怎么做?

2011 年 2 月 28 日　国家公务员面试真题:安徽国税

1.看图说话:两个圆,大小相同、相离,请你联想。

2.你是学校学生会成员,让你组织一次图书馆学生阅读情况调查,关于网络阅读和实体书阅读对大学生的影响。有两问:

1 问:调查方法;

2 问:调查内容。

3.材料:你和小张在一个办公室做一样的工作内容。副主任让小张写材料,估计大概 3 个小时就能完成的,上午副主任来问小张下班之前能不能给他把材料写好,但小张说有事情完成不了,这时你怎么办?

追问:副主任给你打电话,你会怎么办?

4.你是国税大厅办事的工作人员,临近下班,业务系统设备坏了,还有十几个人排队,纳税人不满,你怎么办?

2011 年 3 月 1 日　国家公务员面试真题:四川国税

1.以前县委书记是"没有时间睡觉",现在的县委书记是"睡不着觉",对此你怎么看?

2.材料题:以前美国政府报告总是说要帮助中国发展什么什么,今年的美国政府报告明确提出要以中国为榜样,向中国学习。对此你有什么看法?作为中国政府应该怎么做?

3.很多行政执法人员表示:自己也是用心努力工作,但工作中总是处于群众的对立面,对此你有何看法?对于这些行政执法人员,你认为他们应该怎么做?

2011年2月25日上午　国家公务员面试真题：北京国税、天津国税、张家口统计调查大队

1. 现在流行国学热，不少学校让小学生学《三字经》、《弟子规》等国学经典，并要将国学作为学生的日常学习规定，请对此谈谈你的看法。

2. 你是市残联的工作人员，现在让你组织一个关爱残疾人的活动，你打算怎么开展？

追问：在活动中有什么重点难点？

3. 材料：小张和小王一起吃饭，小张问小王，新来的刘处长水平怎么样，小王没有正面回答，小张说他觉得刘处长水平不怎么样，因为有一次他发现刘处长审批的材料有明显的问题，而刘处长却审批通过了，小张并没有向刘处长提及，而是向王副处长汇报了此事。问题：请你对小张的做法做一评价。

追问：如果你是小王，你打算怎样劝说小张？

4. 学校食堂的承包方和业主发生纠纷，食堂承包商停止供应，你是教育厅的工作人员，领导让你去调查此事，你如何保证调查的真实性？

5. 作为就业指导中心的工作人员，你正在组织一次大学生下基层动员会，期间有一学生在会上说基层条件艰苦，没有发展前途，并引起其他学生附和，引起混乱，你怎么处理？现在请你将考官作为大学生，现场模拟一下你的发言。

后　记

　　由浙江大学出版社出版的《申论写作技巧50例》问世后,得到广大考生的真诚赞许,誉之为"架设在考生与公务员之间的桥梁"。

　　国家公务员是国家行政管理活动的主体,其素质事关国家形象、社会福祉。如何帮助有志于从事公务员工作(企事业单位面试)的考生如愿以偿,我们感到有责任给广大考生指点迷津,使广大考生比较顺利地实现人生的理想。

　　正是这种初衷,促使我们在广泛搜集资料的基础上,运用已有的知识为广大考生奉献这本《面试技巧与训练》的工具书。

　　《申论写作技巧50例》和《面试技巧与训练》是姐妹篇关系。

　　前者侧重于申论写作,后者侧重于面试技巧。对广大考生而言,这本书更为贴近实践,更为指导中肯。

　　我们不敢说,一册在手,稳操胜券。但是,一册在手,应答如流的效果还是能体现的。

　　在此,真心感谢邱广武、方剑良、赵忠宝等先生的鼎力帮助;感谢浙大出版社黄宝忠先生以及编辑老师给予了我们极大的支持;感谢资深学者马卫国先生特为此书作了序。

　　我们的团队学生严伟伟、李德文、何丁凯、杭峰、吕文奎为此书的编撰做了相关工作,对此,向他们表示衷心的感谢! 另外,书中收录了部分精粹文章,供读者参阅,对这些文章的作者也一并表示感谢!

　　面试是一项很具挑战性的社会活动,如果本书的出版,能对广大考生朋友有一些帮助、一些启迪,我们会感到十分欣慰。学无止境,我们愿与广大考生朋友一起快乐学习,快乐生活,共同走向成功的彼岸。

编　者

2012 年 6 月